每个人都是管理的主

The Great Game

伟大的

Of

商业游戏

Business

〔美〕杰克·斯塔克　鲍·伯林厄姆 —— 著

汪晓波　裴虹博 —— 译

九 州 出 版 社
JIUZHOUPRESS

目 录

新版序

　　我认为，在大多数人心中，他们都会想要写一本书。而且，很多人都有能力实现这个愿望。这里为写书的人提一点建议：不要写商业类型的书。写任何内容的书籍都可以，无论是西方文学还是浪漫小说，但不要写商业书。为什么呢？因为几乎没有人会珍藏你这本典型的小书。他们看完之后就会将其抛在脑后，忘得一干二净。他们很少会把书页折个角，贴上便签条，用标签做记号，插个书签，把重要的地方强调或用下划线标出。而当你写一本商业类型的书时，时间好像就停滞不前了。如果你写悬疑小说或浪漫小说，几乎不会有人在20年后拿着这本书来问你，第121页写的内容是什么意思，或者你是否还在推行第67页提到的内容。当你在所写的商业类型的书中，宣称会将提到的经验付诸实践时，你就彻底地把自己的名誉悬于一线了。而且，你的读者可能事实上正在按照书中写的建议推行某些创举。这可真是莫大的责任。

　　20年前，鲍·伯林厄姆和我创作了一本书，名叫《伟大的商业游戏》。我们并没有另辟蹊径，只是在书中记录下我们在美国密苏里州春田市的春田再造公司所经历的一切：我们的业务是如何运营的，以及业务重点放在哪个领域。当时，我们主要经营卡车和汽车发动机的再制造，那是一家出色的汽车修理店。但真正让春田再造公司变得与众不同的要素，是我们的业务模式。它区别于那种传统的从上到下、管理与控制相结合的方式，该方式曾经（或依旧在）被其他大多数公司应用。我们则构建了一个能够被重复且多次验证的管理体系，让我们的工作伙伴也能够加以利用并以此来运营他们自己的公司。我喜欢把这称为"商业人士的经商之道"，如果每个人都选择学习这种方法，那么他们就有机会获得成功。

名称背后的故事

我们将自己的领导力体系，称为"伟大的商业游戏"（也称为"伟大的游戏""游戏"，或缩写为"GGOB"）。多年以来，这个名称让很多人百思不得其解。有些人认为它把商业经营等同于游戏，是对商业的贬低。在他们心中，商业经营是一件十分严肃的事情，因为稍有不慎，就会让人们的生活陷入危机，甚至让毕生积蓄毁于一旦。这的确是一个客观事实。

之所以为自创体系取名"游戏"，是因为我们希望找到一种切实可行的方法，可以让制造车间或办公室里的工作伙伴感受商业经营亲切自然，而不是令人生畏。商业经营并不是一门艺术或科学，而是一项充满竞争的事业，里面有各种规则，有赢家和输家，有各种评价方式，还有运气和天赋。它不会成为探索未知的工具，也不会被贪婪驾驭，甚至不需要专门的MBA学位来理解。基于以上思考，我们有理由相信，我们可以成立自己的公司，公司里的每个人都参与这个游戏，并且共享所得收益。我们要揭开商业经营的神秘面纱。

事实上，当年我们还在为万国收割机公司工作时，就已经非常擅长生产发动机和拖拉机这样的产品，但没有人告诉我们应该如何创建一家公司。我永远都不会忘记当时在工厂车间里负责操作钻床的那个人。从字面意义上来看，他的工作就是通过调整毫米级的差异，从而打出最完美的孔。必须不多不少，刚刚好。令我感到惊讶的是，有人告诉我这个钻床操作员居然是一个白手起家的百万富翁，他凭借对房地产投资领域的深刻理解而完成了财富积累。我的身边居然有一位出色的创业家，而我却让他整天钻孔。这真是暴殄天物！

这件事萦绕在我的心中很久，因为我们错过了充分挖掘和利用这个钻床操作员各方面聪明才智的机会。我们只要求他钻出最完美的孔，却没有跟他了解一下，在他看来，应该如何创建一家更优秀的企业。在过去的33年当中，我们只让他踏实地思考如何控制好图纸、测量和生产量。他为我们贡献了他的技能，但我们却没能够倾听他的智慧。在当时，我们没有意识到的是，由于我们没有发掘公司中每一位员工的长处，因此他们变得日益平庸，而我们也走进了死胡同。

当万国收割机公司表示要关掉我们的工厂时，这简直是五雷轰顶。1983年这家工厂被我们收购，大家一致认为应该找到一种更加高明的方式来运营公司。原有的模式不再适用。我们从前学习的指挥与控制模式，多年来一直被沿用，而现在我们需要在它的对立面去找点有价值的东西。哪怕只有一丁点成功的机会，我们也会努力把它创造出来，而这就需要充分挖掘公司里每一个人的潜能。

在刚开始的那段时间里，没有人知道如何运营企业。要冲破原有模式的束缚，真的十分艰难。甚至在我们已经拥有了这家公司的情况下，管理者和工人之间仍然存在着"我们和他们"的对立态度。你仍然能够看到颐指气使的管理者和唯唯诺诺的工作者。我们有很多的工作职责描述，它们会告诉你要打出完美的孔，需要何种尺寸、测量方法和工具。但那些内容，却不能为公司全局的成功贡献一星半点。这就是我们的不足之处。

即便我们已经成了公司的所有者，也没有任何实质性的改变。我们仍在受困于工业革命时期的遗留产物。没有向前迈进，反而不断倒退。这就是指挥与控制模式极具破坏性的明证。

直到我们唤醒了每个人的竞争意识，改变才悄然发生。有一项通用的自然法则是，如果你让一群人针对某一个观点进行投票，几乎不可能让所有人达成共识。唯独成功是个例外。每个人都渴望成功，没有人愿意失败。这也是为什么我们尝试通过类比游戏的方式开辟新的事业，因为大家都对游戏感兴趣，并且在参与的过程中感受到其乐无穷。工作是索然无味的，但人们喜欢参与游戏或竞技。你可以把这称为"诱饵"。直接把商业经营的各种衡量标准交给大家，实在是一件让人很崩溃的事情。我们希望找到一种方法，可以让人们把制造完美拖拉机的技能用于创建完美的公司。这只需要转变关注重点，把公司当作我们的产品。

"伟大的商业游戏"变成了一个加速学习的过程。在这个过程中，我们引入了一种文化和行为的改变，推倒了指挥与控制模式残留的藩篱。当希望被重新点亮时，我们从真正意义上开始思考如何齐心协力创建一家伟大的公司，这样的转型是惊艳的。

1992年，我们创作完成这本书的第一版，当时的业绩已经十分惊人。公司的营业收入从1600万美元增长到8300万美元，市值从10万美元攀升至2500万美元。同样重要的是我们的员工持股计划（缩写为"ESOP"），最初加入春田再造公司的小时工持有的股份，都已经增长到3.5万美元。抛开这些特定的数字业绩不谈，在第一版书中，我们对于自己的目标直言不讳，那就是每一个为公司效力的人，都有机会买下属于自己的房子。

对于一群满手是泥、浑身是汗的小伙子和姑娘们，这是一个非常艰难的目标。多年以来，这个目标也一直备受关注。不计其数的人在读完第一版书之后过来问我，那个关于房子的目标最终实现了没有。现在我很自豪地向大家汇报，在2012年，公司创始员工的员工持股计划账户，平均价值已涨到40万美元。在密苏里州春田市，这么多钱足够买一座房子，而且是湖景房，还可以买下一艘游艇和一辆皮卡。最重要的是，我们的员工知道了如何实现他们的梦想。这才是"伟大的商业游戏"真正的秘密。

毫无疑问，我们永远不会停止前进的脚步。在第一版书公开发行之后，我们的公司变得更大更强。这个过程虽然已经开始了很长时间，但它永远不会结束。我们越多地参与这个游戏，就能从中获得越多的成长；我们越多地对它进行修正，就能从中获得越多的提升：这就像工作在一个生机勃勃的实验室一样。

我们的成功案例中的一个关键要点是，越是更多地教予他人，越会在这个过程中学习与成长；越是更多地向他们揭示真理，越会激发大家的求知欲。这是富有感染力的。在指挥与控制模式下，人们不会提出问题，是因为他们不知道需要问些什么。但当你们需要通过集体的努力来创建一家伟大的公司的时候，这就是在提出艰巨的问题。每个人都会对提出那些艰巨问题的人充满敬意和尊重，这促使你变得愈发强大，因为你需要更努力地工作来解决这些问题。面对某一问题，有些人灵感乍现，而其他人随之敏感地捕捉到，这真是令我感到十分惊讶的转变。

在"伟大的商业游戏"的帮助下，春田再造公司从1983年的改革初始一直到现在，每一年都在持续赢利。公司的综合营收增长为超过4.5亿美元。同样重要的是，公司在过去的30年中，增设了超过60种多元化的业务线，为社会创造了数以千计的工作岗位。春田再造公司的再造产品，集中覆盖农业、工业、建筑工程、卡车运输、船舶和汽车制造等多个领域。而多元化的业务线，扩展到核心管理、故障分析、倒序制造、物流运输、配套采购与包装、仓储与分销等。大多数人会建议你把业务放在具备"核心竞争力"的领域。恰恰相反，我们还涉足银行、家具制造、生物技术、服装、零售和软件等行业。这些领域的多元化增长，推动春田再造公司的股价从1983年的0.1美元增长为现在的348美元，稍加计算，这是348000%的增长率。换一种方式来计算，如果你在1983年投入1000美元在标准普尔指数基金上，你现在就会拿到8434美元；如果你投入1000美元在沃伦·巴菲特的伯克希尔哈撒韦公司股票上，经过同样的时间，你的股份会值11.3万美元。这是非常不错的投资回报了。但如果你回到1983年，把1000美元投给春田再造公司，你现在的身价就会值340万美元。这实在是不可思议。

不断变化的视角

"伟大的商业游戏"带来的叠加效应，并不仅体现在股价上面。随着事情的进展日益顺利，大家愈发自信，面对其他事务也能从容处置，这是我在过去几年中注意和观察到的。当你进入一种正循环状态，这种状态是会感染到其他人的。你开始积极地面对家庭关系，进而是邻里之间，来确保这种正循环状态的运转。你开始逐渐把爱传递出去，而这种爱，恰恰在某种程度上容易被媒体遗忘，尤其在他们对成功的企业进行抨击时。

作为对我所述事实的证据，我让春田再造公司的员工关系管理团队去统计一下，有多少同事在密苏里州春田市的各大社区的志愿者服务机构中效力。他们告诉我，超过115位员工在一系列行政职务上负责，从学校区议会成员到联合之路的组织者，这着实让我有点吃惊。而且这还不包括那些乐于奉献的厨艺大师、少年足球队和棒球联盟的教练，每个人都通过他们力所能及的方式回报社会。你在积累财富，把它分享给需要的人，然后从你的社会关系中一代代持续循环。

我认为，那些花时间进行创业的人，与投资于创业公司的人同等重要。这在商业圈里，并不是一个能被普遍接受的共识。很多人会说，因为他们冒着风险把钱都投进去了，所以应该获得所有的回报。投资人投入 1000 美元赚得 290 万美元，但生产线上的工人为公司效力 33 年却只赚到工资？对于我来说，这就是资本主义黑暗的一面。

"伟大的商业游戏"的差异化优势在于，它让公司员工获得赚钱的机会，而不只是依靠那点工资。投入时间的人，应该被给予与投入资本的人同等的财富回报机会。"伟大的商业游戏"阐明了这样一个道理，一个人为公司效力的时间越长，投入的时间越多，那么当创业成功时，他获得财富的机会也将越大。

经营公司的唯一明智之举

我觉得，第一版图书如此受欢迎的重要原因之一，就是让读者有似曾相识的感觉。他们会发出这样的感慨："我以前就知道这个！我知道这是经营公司的正确方法，但现实不允许我这样做。这本书说可以这样做。"或者："我已经尝试过这里的某些方法，但至于它们为什么重要，我却不能确定，现在我明白了！"这是令人兴奋的感觉，让人们对我们的经营之道倍加关注。

结果就是，我们一边把书中的经营理念教授给公司的员工，一边敞开大门欢迎全世界的访问者参观学习。我们迫不及待地分享经验，帮助其他公司，让他们也能开始推行"伟大的商业游戏"，因为它让我们变得如此与众不同。而越多地展示我们的公司经营方式，春田再造公司也能越好地内化这种理念。人们不远万里，从欧洲、非洲、亚洲和南美洲来到我们的企业参观学习的事实，进一步验证了我们的体系，也鼓舞我们的员工再接再厉，继续深耕。越多地与他人分享，我们"伟大的商业游戏"也变得越完善。这种互惠效应真是令人惊叹。

首先，我们会带领大家走访参观。人们可以进来，与任何他们想交流的人沟通。然后，我们会召开讨论会，会上我们会分享一些方法，这些方法是我们用来教授员工如何开展"伟大的商业游戏"的。年复一年，许多人都会过来参观然后告诉我们，"是的，这就是我们需要的"。

这些讨论会最终演变成2012年的一场年度会议，我们称之为"游戏聚会"，这次活动也是为了庆祝它的20周年。在过去的20年间，总计有来自5000多家公司、超过1.5亿人参观过我们的厂址，参加过我们举办的会议研讨。这些人来自你能想象到的各行各业，有温泉疗养院、比萨饼店、医院，甚至政府机构。

最终，作为春田再造公司模式的实践者，我们还意识到应该创建一个培训和教育的公司，能够从春田再造公司的内部和外部同时发力，帮助教授和强化"伟大的商业游戏"的规则。我们把这家公司继续命名为"伟大的商业游戏"。现在，这家公司（登录网址 www.greatgame.com）成为全球"伟大的商业游戏"追随者的精神家园。

为什么"伟大的商业游戏"如此重要

有一个信息，我没有在第一版图书中着重强调，"伟大的商业游戏"可以让领导者们变得更加自由。我经常会看到这样的领导者，他们担心走出办公室时领带没有系正，或者认为自己应该无所不知而压力过大导致中风。在人们看来，作为领导者，他们应该有能力永远做出正确的决定，这让他们感到很害怕。

但领导者并不一定知道所有问题的答案，他们需要知道前进的方向。团队的凝聚力、信任基础上的合作关系、委任与授权、明确每个人的角色，这些机制会带来纯粹而绝对的影响，但在 20年前我对此一无所知。我当时只是认为，团队合作是一件正确的事情。这是一个常识。但我没有想到的是，"伟大的商业游戏"让每一个人都变得与众不同，无论他在公司中处于什么样的位置。这让人们得以解放。

与此同时，"伟大的商业游戏"如此重要，也是因为它有助于塑造领袖，在过去的30年里，我们在春田再造公司培养了一群优秀的领导者。这也是为什么我们能够创建一系列多元化的公司。企业家们经常会跟我说，他们眼睁睁地错过绝佳的机会，因为没有合适的人选来执行。如果人才如此重要，我们为什么不持续培养呢？为什么我们没有一个体系来给予人们成为领导者的方法？通过实践"伟大的商业游戏"，我们可以对部分信息进行授权，让人们对决策负责。
当人们有机会成为有影响力的人，他们就会更加珍惜当下的工作。
"伟大的商业游戏"很重要，是因为我们可以通过知识与沟通培养和
塑造领袖。这时，我们就可以让那些已经准备好拥抱机会的人领队。

从历史角度来看，人需要被管理，而这种观点被商业书和没
有真正管理过公司的专家所强化。但在内心深处，我相信，人不
喜欢被管理。工作是一个运转体系而非一种层级制度，当你出现
变化或偏离，你抨击的理由源于差异，而并非某个人。但反过来
同样正确：当有人逾越一项规则，没有人可以乘虚而入窃取他人
的认同。这是因为每个人都知道自己的本职。

"伟大的商业游戏"成了公司激励机制和认知体系的坚实基
础。信任和认可送给了那些值得拥有它们的人。没有人会窃取他
人的成就与成果。你也不会看到任何人会抢夺别人的功劳。在这
个体系中，你拥有自己的劳动成果。这种行为有助于员工成长，
进而推动公司的发展壮大。

致怀疑论者

尽管"伟大的商业游戏"在春田再造公司和全球众多公司取
得了骄人的成绩，令人惊讶的是，还是有人坚持认为这种机制在
他们的公司没有发挥应有的效用。相信我，我听过各种各样的
理由。有的担心公开的信息会让竞争对手有可乘之机，有的简单
地认为员工对公司管理不感兴趣或员工没有能力像个商人那样思

考。这些人居然会有这种担心，这让我感到难过。《公司》(*Inc.*)杂志前主编乔治·盖德伦（George Gendron）对此提出了一个雄辩的观点：人们不实行"伟大的商业游戏"的原因，是因为他们的公司藏着太多的秘密。

我相信，这些人错过了此生创建一家伟大公司的机会。我们再版图书的一个关键主题，结果的利害关系，就在强调当你停止让员工变得平庸，让他们不再只是生产商品和提供服务，让转型变得更加聚焦时，会产生惊艳的效果。如果你告诉员工，我们要创建一家伟大的公司，告诉他们如何实现，那么结果是，你会收获优质的产品和服务。真正意义上获得成功的唯一途径，是让你的员工懂得公司的宏伟蓝图，而不只是小目标。

傲慢和无知是导致公司经管失败的必然因素。不让员工了解公司的财务健康状况只会引发流言蜚语。我相信，对于不想解决的问题，这些商人有各种各样的托词。也许你不愿公开财务报表，是因为你不想别人知道公司的利润情况，也不想他们知道公司规模的大小。但在真实信息缺失的情形下，人们会用自己心中的数字填表。然后他们的数字当然会出错。当人们看不到事实的时候，他们会用虚构的情节填补空白，经常会想当然地认为公司的老板在地下室一排排垒金砖。根据我的经验，员工假想的数据与真实水平相差六倍以上。譬如，当决定在春田再造公司推行"伟大的商业游戏"之前，我们对员工进行了调研，他们认为我们的利润水平在40%～50%，而事实上，真实值只有3%～5%。当他们知道真实情况后，有一个员工甚至问我们为什么还能经营下去。

真相大白之后，你能明显地看到员工行为的转变，他们有更强烈的意愿贡献力量，努力让公司经营变得好起来。那些把经营数据藏起来的企业经营者，尤其是这些数据还很差时，他们其实正在对员工和他们自身造成伤害。当人们走向停车场时，意外地收到解聘通知书，这时他们都希望能做点什么来改变这种结局……如果他们知道如何做的话。

我之所以懂得这些，是因为很早以前，我也没有理解企业蓝图的重要本质。直到尝试寻求融资来购买公司时，我才意识到，虽然我几乎知道如何为推土机再造引擎的所有细节，但却一点也不知道如何在公司内部构建核心价值。当我学着像投资人或买家那样对企业进行估值时，才逐渐"恍然大悟"。

与此同时，我还开始意识到，几乎所有人都可以在指导下成为一名商人或领导者。我们开发出"伟大的商业游戏"，在遵循以下三项原则的基础上运作一个可复制的体系，把它作为帮助员工树立自信、成为商人的一种方法。

1.每个员工都应该被给予衡量商业成功的方法，并教会他们理解：**了解并教授原则**。

2.每个员工都应该能够在知识的引导下行动并改善绩效：**遵循行动并记录**。

3.每个员工都应该直接与公司的成败风险挂钩：**提供与结果相关的利害关系**。

如果你向每个人阐述你的公司是如何运营的，以及为什么把数字朝着正确的方向移动会带来更多的回报和认可，那么神奇的事情就会发生。这就是如何在员工的脑海中创造一种思想，我喜欢称之为"精神所有权"。因为你信任这些人并把信息分享给他们，他们会感受到一种对事业的责任，带着主人翁意识去执行。如果没有被给予充足的信息，人们怎么会承诺去执行或做出最终决策呢？

在推行"伟大的商业游戏"过程中，"公开财务账簿"是很重要的一个环节，但事实上这只是整个体系的一个组成部分。我相信许多人已经用"开卷式管理"这个概念来替换，把它看作"伟大的商业游戏"的推行。这一概念，是约翰·凯斯（John Case）1990年在《公司》杂志上提出的，令人印象深刻。然后，2009年《公司》杂志却把我称为"开卷式管理之父"，我觉得这实在是有些嘲讽。

从"开卷"的字面意思来看，它暗指公司只对员工公开财务数据信息。单纯分享这些信息，并不一定意味着这些员工理解或意识到他们的工作是如何影响这些数字的。譬如，仅仅在你的公司推行了一个利润分享计划，并不是万事大吉，只有你教会员工如何创造利润，计划才真正有效。

在过去的20年中，我遇到过许多人，他们把我拉到一边，向我倾诉内心的挫败感，正如他们说的那样，"我把这些数字告诉员工，但一无所获"。我不得不告诉他们，这是完全误解了本意。"伟大的商业游戏"，并不是告诉员工公司的经营数字，而是那些数字的责任人，应该努力为体系创造更好的数字。这些都回归到一个日本的商业准则，那就是，没有人比直接负责这项工作的人更懂得这项工作。换句话说，谁能比负责这项工作的人更清楚这些数字呢？

当不要求员工进行业务预测时，企业经营也会莫名其妙地脱离正轨。大家不会愿意在一个前瞻性数字的旁边写下预测人的名字。我甚至难以想象，在没有预测的情况下如何进行公司的运营。我们发现，将越多的信息分享给员工，他们就会做出越好的计划，预测的精准性也就越高。预测的整体思路在于，计划出未来的目标位置，并激发大家承诺努力实现。你并不是在编造一个数字来取悦领导，你是在做出承诺，与大家一起奔赴目的地。这是一件美妙的事情。一项精准的预测，有助于排除流程中的不确定性因素，并为你自己设置一个努力实现的目标。如果你能管理好一项预测，你就能掌控世界。我记得一位令人敬佩的CEO，当他的员工开始进行行业绩预测时，他告诉我："我简直不敢相信，在我自己的公司里居然有这么多信息！"

通过"伟大的商业游戏"，这些执行者们亲身追踪、预测并识别出公司成功道路上的最大阻碍和劣势。改变企业文化的秘密，就藏在这个简单的方法中，那就是重复，重复，再重复。这并不只是制订计划，也不只是奖金激励、股权共享，而是一种重复机制。它确定一种流程，让员工进行准确的预测，周而复始。通过这样的方式，人们才能够不断地学习，企业文化才能够不断地转变。这是一种常识性的企业管理，它是真实而有效的。

"伟大的商业游戏" 会适合你吗

曾经有人告诉过我，每年大概有一万种商业书刊出版问世。这得牺牲掉多少棵树。我不是一个环保主义者，因为我曾经也是书迷。为了更好地经营我们的公司，无论是全面质量管理、六西格玛管理还是目标管理，我花了15年的时间来寻找答案和灵感。而每一年，都会出现值得学习的新兴管理思想。虽然，这些流程的确值得学习和借鉴，但没有一个是基于他们自己努力而形成的整体解决方案。

这个想法，在我读完史蒂夫·普雷尔 (Steve Player) 和杰里米·霍普 (Jeremy Hope) 创作的《超越绩效管理》(*Beyond Performance Management*) 之后，更加确信了。作者在书中提到，变革计划成功的概率只有30%，看到这我一点都不觉得惊讶。变革计划的内容，包括平衡计分卡、商业对标以及客户关系管理计划；作者还花了一整章的内容，讲述开卷式管理。就像我之前提到过的，即便是开卷式管理，它本身也不会是一个终结。

直到我开始经历引入资本的环节，才意识到财务其实离我们并不遥远。从企业创建伊始，它就一直与我们同在。但现在很少有人读懂或讲清楚它们。当像我一样的经理人，正在寻找着各种对我们有益的体制时，答案就在前方。如果没有健康的资产负债表，你就不可能有健康的公司。我们怎么会忽略这么基本的事实呢？这也是为什么，我们在春田再造公司是拥抱财务数据，而不是拒之于千里之外。更好的是，通过"伟大的商业游戏"，我们找到了一种方法，让这些数字成为我们生活方式和企业文化的一部分。

有些人读过这本书，或者来春田参观过我们的公司之后，却仅仅收获到"伟大的商业游戏"的一部分，这着实让我感到难过。有些经理人和执行官喜欢我们的激励机制，有些喜欢我们运营公司的方式，或我们的开卷哲学。所以他们在周一上班的时候，把这些带回到公司。然后，当开始推行这些机制时，他们会看到明显的效果，并且效果会持续一段时间。但经常是，在几年之后，这种机制变得令人厌倦，每个人都恢复到以前的做事方式。问题在于，如果你没有实行预测机制，让每个人都朝着他们的目标努力，那么你的激励机制就不可能有效。你也不可能只计分，你需要让员工也参与进来。这就像人们阅读这本书，然后只把自己感兴趣的部分摘取出来，而没有意识到"伟大的商业游戏"的每一个组成部分，都应该是在整体机制的内部运转的。只有你把所有的步骤组合在一起，才能真正获得持久的发展。

回想1983年，当时我们在春田再造公司意识到，应该停止修补现有漏洞，取而代之的是为公司打造一整套全新的运营机制。这才是"伟大的商业游戏"的宗旨。我会第一个站出来承认，"伟大的商业游戏"的推行过程确实不易，尤其是在现有公司已经持续运营了一段时间的情况下。把你积累的所有经验放置一边，或从你已经养成的坏习惯中摆脱出来，这确实需要真正的勇气。

多年以来，怀疑论者同时还认为，我们的机制过于关注财务数据，而忽视了企业经营的"软性"因素，比如为客户提供更优质的服务，或创建一种更卓越的企业文化。让我来告诉你，我们拥有一些实力雄厚和要求严格的客户群。但他们并不只是喜欢我们的产品和服务，他们也喜欢我们的员工。当你专注于创建一家伟大公司时，你不得不提供优质的产品和服务来促使这一愿景实现。我们的机制，让员工避免骄傲自大，强制他们走进市场，发现客户所需，这样我们就能够及时交付时尚而又注重品质的产品。这就是我们让客户满意的方式。

每两年，我们会实施一个名为"高度参与计划"的流程。在这个过程中，我们让组织中的每一个人在前进的方向上暂停，转而研究经济形势、行业现状以及竞争关系。我们让员工认识市场，这样他们就可以做出一些更艰难的决定。他们都有机会为年度计划投票。只有相信计划的正确性，他们才会赞同。这种改变并不是在会议室里发生的，而是在每一位员工的心里。关于这个流程更多的细节，我会在第八章"制订游戏计划"中讲述。

一旦你让员工对一个决定竖起大拇指，那么他之后就不太会对此进行批评指责或无事生非。如果我们的员工想要健康保险计划，那很好，因为他们知道选择会对他们的底线和公司的股价产生影响。关于公司的股价，我敢保证，组织内的每一位员工都可以为你报出每周内每一天的价格。

在过去的30年间，我们会每6个月对员工进行一次调研，询问他们对工作是否满意，以及对整个公司是否满意。刚开始的时候，调研的打分结果告诉我们还需要进行一些改进工作。而现在，平均员工满意度已经是85分（满分100分）。而剩下的那15

分，让我们停下来继续思考。

能听到有那么多的公司也在推行"伟大的商业游戏"，这实在令人感到欣慰，同时也证实了我们的价值。能有机会与几乎全世界推行这一游戏的经理人们和员工们结识，是我们年会的最大收获之一。很多公司尝试了各种他们能想到的快速补救的方法，把"伟大的商业游戏"作为最后的手段，而这一手段激励他们取得了令人震惊的结果，我听到这样的故事已经不计其数。

对此，我能想到的最好的比喻是，我相信每个人的大脑里有两个飞轮。一个飞轮是我们的创造性，从这里获得一种商业（或一本书）的灵感。这个飞轮以每分钟6000圈的转速持续旋转。另一方面，我们还有一个金融飞轮。对于我们中的大多数人来说，这个飞轮的转速是每分钟60圈。但为了获得一个成功的结果，我们需要让金融飞轮以更快的速度运转起来。当你能够做到这一点的时候，那么你取得显著效果的时刻就到来了。

为什么我们要再写一本书

为《伟大的商业游戏》创作20周年纪念版，就像在两件事之间保持平衡，一边是把恰当和有效的内容弄糟，一边是把它们梳理得更清晰。所以当"伟大的商业游戏"的主席里奇·阿姆斯特朗（Rich Armstrong）和副主席史蒂夫·贝克（Steve Baker）分别温和地提醒我写一本20周年纪念版时，我面无血色。写第一版，以及与鲍·伯林厄姆（Bo Burlingham）联合创作它的续篇《伟大的商业文化》（这本书已于2001年出版），这两次都面临难以置信的挑战，而最终我都认为非常值得。但这不是我确定会随时准备好再做一次的事情。

然而，里奇和史蒂夫成功地说服了我。为什么？因为我认为自己挚爱的商业世界正在遭受侵袭。正如我所述，不只是创业者和小企业家在努力从国家近期最严重的经济衰退中恢复，我们自己也持续艰难地经历着不明朗的政治环境，在这样的背景下似乎没有人知道如何创造工作机会。回想20世纪80年代，像汤姆·布罗考（Tom Brokaw）那样的媒体人会告诉我们，全球化的竞争会预示着美国的衰落。当时的广播一直在我脑海中萦绕。现在与过去没有什么区别，政客和媒体人似乎在争先恐后地告诉大家，我们是如何惨败给中国和印度的竞争者的。

但我真心不同意那些批判者的言论。事实上，如果你从一个客观的角度，回看过去30年的经济情况，你会发现我们在生产力方面取得了不可思议的进步，因为许多人都在努力奋斗，让这些成为现实，至少在2008年我们全都泥足深陷之前是这样。而这次失足，至少在一定程度上，缘于我们的社会缺少经济素养和信息透明。如果我们在这两个方面更加注意，2008年的事件可能永远不会发生。非常幸运的是，我们已经在过去的30年间在春田再造公司实现了这样的经营。并且我们把这样的成功在很大程度上归功于所实行的机制，它让我们能够持续地扭转颓势，不断提升。我相信，之前分享的那些结果，可以为它们自己证明。

如果你是一位企业家或一位创业者，正在寻求如何预测即将来临的风暴，或如何把公司发展壮大、提供更多的工作机会来迎接下一个挑战，为什么要独自面对这些呢？为什么不求助于"伟大的商业游戏"高水准的思想并站在员工利益的角度尝试这样的机制呢？

令我感到十分满意的是，"伟大的商业游戏"虽然是我们拯救和创造工作的基础，但也在工作岗位上为孩子们创造着机会。企业文化在传承，星星之火在燎原。30年后，纵然这样的经营之道已经实行了很久，现在周围还是会有对此知之甚少的同事。这些人在商人的企业成长，反过来加速推动了"伟大的商业游戏"在公司各个层级上的演变和深化。我们希望持续培养能够创建伟大公司的领导者；我们需要战略家们做出改变，开启多元化进程，促进销售；我们需要转向与具备强大领导力技巧的代理商合作；我们需要能够建立社会关系的人物；我们需要如饥似渴地开发自身潜力的员工。

看到我们的下一代游戏推动者们，在努力地培育和孵化未来的新计划和新梦想，这真是令人既心潮澎湃又紧张不安。心潮澎湃，是因为他们掌握了创建和推动企业发展的要义，在我们已经创建好的现有机制上有条不紊地运营。紧张不安，是因为即便有些问题可能我心里很清楚，但我不得不让他们从一路走来所犯的错误中反思和学习，可能只会在他们将走到悬崖边上时才会把他们拉回来。

新的内容

这一版对原版进行了校订和延伸，我们努力通过对机制进行概述，更好地描述实施流程，在结尾处提供一种交互式"参与游戏"指导等方式，来强化原版内容。添加网络上的工具和资源，会有助于我们了解动态的内容和实时更新。关于如何把"伟大的商业游戏"的准则，嵌入其他组织机构的DNA当中，在过去的30年间我们学习了很多方法。结果是，在你工作的周围，有一大群游戏的参与者，他们拥有众多的资源，你可以借助这些资源启动"伟大的商业游戏"，而不需要独自面对。

过去的30年是一场疯狂之旅，我对那段时间里每一位春田再造公司员工所付出的辛勤努力和汗水表示由衷钦佩。这让我想到自己至今犯过的第二大错误，就是在写完这部商业书之后，把我的照片放在第一版上面当作封面。这不仅是一种难以忍受的折磨（就像在镜子中看着自己慢慢变老），而且没办法让读者相信，是所有人的共同努力才让公司达到现有的高度。所以我一定要确保我的照片不再是新版的封面。而这也是为什么，我会为所有的游戏参与者，贡献这本"伟大的商业游戏"20周年纪念版，无论你在哪里，你值得拥有。上帝保佑。

杰克·斯塔克（Jack Stack）

是真实有效还是蓄意炒作

年轻人，我希望每个人问这个问题时，我们能获得1美元；然后我们在给出每个答案的时候，获得5美元。让我们看看，这样会在借方记入"现金"，在贷方记入"其他收益"。日常支出、劳动力吸收和材料基本没有受到影响，所以可以直接看到盈亏底线是毛利润。这太棒了！我们的股票价值会提高，我们的工作会比现在更加踏实。看，在几乎没有开始阅读这本书之前，你已经开始玩这个游戏了。

如果你的员工是这样思考的，这会不会让你受到惊吓？如果你是这样思考的呢？

如果你对"伟大的商业游戏"表示怀疑，那么，欢迎你的到来。在最开始的时候，我本人就对此深表怀疑。这本书后面会介绍一个故事，讲的是一位年轻的女小时工，"游戏"的引入导致她的工作岗位，甚至一条生产线都被裁掉了。这位年轻的女士就是我，当事情没有朝着我预期的方向发展时，我只是安静地看着，默不作声。如果你认为这是因为春田再造公司没有充分地教会我如何应对"游戏"，那你可错了！

这是不是蓄意炒作？作为一个这么多年从小时工做到管理者并且已经转变的怀疑者，这确实是让你感兴趣的宣传主题。除此之外，这真实有效！

事实上，"游戏"以不同的方式，在触动着每个人。在春田再造公司，有许许多多的故事，讲述着到底是什么把一个个怀疑者逐渐转变成相信者。很难在同样的背景下，找到同样受影响的两个人。然而，"游戏"让我们团结成为一个公司整体，应对几倍于我们的竞争对手，让我们能够在野蛮的经济环境中得以生存。与此同时，"游戏"为我们提供了各种方式，能够对内挑战自我，对外在部门间创造友好的竞争关系。一路走来，我们乐在其中，欢声笑语。

怎样才能参与其中？

正如我们在春田再造公司所说——"你值得拥有！"

丹妮丝·布雷费尔特（Denise Bredfeldt）于1992年

春田再造公司前研究总监与变速器重建者

商业超级法则

1. 付出多少，就回报多少。

2. 一根筷子容易折，一把筷子难折断。

3. 善有善报，恶有恶报。

4. 做该做的事情。

5. 心之所向，素履以往。

6. 骗得了外行，骗不了内行。

7. 补足短板，优势更明显。

8. 有志者，事竟成。

9. 没有人关注，就没有人在乎。

10. 从高层开始改变，否则，像我们在密苏里州说的那样，麻烦总会急剧恶化。

终极法则

最高水准的思考，才能获得最高等级的表现。

THE GREAT
GAME OF BUSINESS

第一章　我们为什么要教人们如何赢利

当你没有钱，在外部没有任何资源，却有119个人指望你提供工作、养家糊口，甚至在可预见的未来吃一顿大餐，在这种情况下你若能做出点事情来，真是令人惊讶。

但这几乎就是我和12位经理人同事在1983年2月面临的状况，当时是我们公司作为一家独立的公司经营运作的第一个月。我们曾经是密苏里州春田市一家小工厂的管理者，当时这家工厂是万国收割机公司的下属企业。在那时，万国收割机公司遇到了大麻烦，业绩下滑比泰坦尼克号下沉的速度还要快，孤注一掷地要裁掉像我们这样松散的公司，试图弃车保帅。当万国收割机公司提出可以把工厂卖给我们，我们为获得了拯救工作的机会而感到欣喜若狂。这就像是在飓风席卷的中心，骤然出现了一艘满是补丁的救生筏。我们的新公司债务繁重，即便是一个最小的浪头过来，都能把我们掀翻。

我们内心很害怕。我们不能再依靠传统的管理方式，因为它们不能在短时间之内发挥作用来拯救我们。所以我们需要在认定的超级法则基础上，抓住一些新思路。

第一条超级法则：

付出多少，就回报多少。

第二条超级法则：

一根筷子容易折，一把筷子难折断。

我已经不记得从哪里学到的这些法则。你不会从学校里听到这些，它们却在大街上耳熟能详。但我知道，它们是真正的商业法则，是我们得以生存下来并一直成功发展的原因。正是基于这些法则，我们才创造了"伟大的商业游戏"。上面两条超级法则，对我们的成功进行了很好的总结；它们强调了我们彼此之间是如何的相互依赖，以及这种依赖让我们变得如何的强大。

我经常会被问到这样的问题，让我精准地描述一下，"伟大的商业游戏"到底是什么。不得不承认，这确实很难回答。这不是一个系统，不是一种方法论，不是一门哲学，也不是一种态度或一套技巧。它蕴含所有这些方面，甚至更多。它是以一种完全不同的方式经营企业，以全新的方式思考企业应该如何运转。"游戏"的核心在于一个非常简单的观点：

企业运营的最佳、最有效、最赚钱的方法，是让公司内的每一个人能够针对如何运营公司建言献策，并且与公司的业绩挂钩，无论好坏。

　　在这个观点的指导下，我们把商业变成了一个游戏，公司内的每个人都可以参与其中。这很有趣，但也蕴含深意：这种方法能够挖掘所有人心中对于赢的渴望，并将这种渴望转化成一种强大的竞争力。在"伟大的商业游戏"中获胜，会获得最优渥的回报：对你的生活和人生持续改善。然而，你获得的途径却很简单，只需要团队作战，建立一个充满活力的公司。

　　参与并赢得游戏，让我们受益颇深。从1983年到1986年，我们的销售额每年增长超过30%，从独立经营第一年亏损60488美元，到第四年税前利润达到270万美元（占销售额的7%）。我们从来没有解聘任何一个人，甚至在丢掉一个合约金额占全年营收40%的大单时也没有。在1991年，我们的全年销售额超过7000万美元，员工数从最初的119人增加到650人。但最令人印象深刻的是我们的股票市值，最初买断时每股10美分，1991年每股18.3美元，9年间增加了18200%。结果是，从一开始就参与春田再造公司员工持股计划的小时工，当时每个人的身价都有3.5万美元。这相当于1991年春田市一栋住宅的价格。

　　实现这样的成绩，我们并没有应用某些最前沿的科技或进入某些魅力四射的行业。再造行业是一个艰苦、喧闹、脏兮兮的行业。我们的员工每天戴着耳塞，在遍地油腻的工厂里工作。春田再造工厂再造的是各类发动机和它们的组件。我们把破旧的发动机从轿车、推土机、拖车卡车中取出来，对这些进行再造——保留完好的部分，修理受损的部分，更换无法修补的部分。但从某些方面来讲，机械只是我们的副业，我们真正的主业是传道授业。我们教给人们商业经营的真谛。我们给予他们知识，让他们能够学成而去，开展这个游戏。

游戏的基本规则

经营过企业的人都知道，商业中只有两个关键因素：一个是赢利，另一个是产生现金流。只要你正在做这两件事情，即便在过程中出现不可避免的错误，你的企业也会一切正常。我并不是说安全生产不重要，或产品质量、最终交付与客户服务不重要。这些都是关键问题，但它们只是经营过程的一部分。它们并不是最终的结果，更不是决定企业生存的条件。在商场上，你可能拥有最优质的客户服务，但最终失败；你可能拥有最严格的安全纪录，但最终失败；你可能拥有行业内最高的质量标准，但最终失败。

获得安全的唯一方法就是努力赢利并产生现金流。其他所有的事情是实现这一结果的手段。

这些简单的规则适用于各类商业。然而，在大多数公司里，员工并没有被告知，公司的生存取决于从事这两类事情。员工只是被告知在每天的八小时里应该做好哪些事情，但从来没有人向他们展示自己在公司蓝图中处于怎样的位置。没有人去解释，人与人之间的行为是如何相互影响的，各个部门之间是如何相互依赖的，员工对公司整体会产生怎样的影响。更严重的是，没有人告诉员工如何赢利、如何产生现金流。90%的员工，甚至不知道这两者的区别。

在春田再造公司，我们把这些规则教给每一位员工，然后我们在这些简单知识的基础上，带领员工一路走向复杂的所有权。我们持续努力地为工厂车间里的员工描绘宏伟蓝图。我们尝试消除工作中的愚昧无知，强制员工参与进来，当然不是通过威胁或恐吓的方式，而是通过教育。在这个过程中，我们试图跨越美国商业领域最大的鸿沟之一——经理人与员工之间的沟壑。我们开发这样一套机制，它能够让每一个人融入进来，并朝着同一个目标前进。为了实现这一点，你需要拆除把人们隔离开来的桎梏，它的存在让员工们无法凝聚成一个团队。

游戏的基本工具

在春田再造公司，我们做的每一件事，都是朝着"让员工们参与伟大的商业游戏"这一方向而努力。我们教给员工们游戏规则。我们向他们演示如何得分，如何完成规定动作，然后向他们灌输大量的信息，用于完成上述两点。我们也会根据结果给予他们股权——可以是普通股或利润，以及职场晋升的机会。更重要的是，我们应用的商业工具都已经存在一百年甚至更久的时间了。这些工具中最重要的，就是财务报表。

当人们来到春田再造公司工作，我们会告诉他们，工作中70%是诸如拆卸这样直接的职责内容，其余30%是学习。他们需要学习如何赢利，如何创造利润。我们为他们提供与会计人员一起开会的机会，让他们与经理和工长一起参加培训，并为他们提供教学资料等。我们教给他们，什么是税后利润、留存收益、股权、现金流，诸如此类的一切。我们希望每一位员工，都能够读懂利润表和资产负债表。我们会说，"你可以自己决定是否想要留下来工作，但这些是我们最基本的法则。"

这时，我们会提供大量的支援。比如，主管们会每周在公司内部召开会议，审阅更新的财务报表信息。每个人都要把数字记录下来。这些数字会告诉大家，当前的工作进展情况与年度目标之间的关系，以及是否会有季度奖金。员工理解得越多，他们想要知道的就会越多。竞争和来自同伴的压力，以及追赶的刺激，让这些数字飞跃式增长。随着员工们在游戏中不断地相互追赶，他们也在不断地学习和掌握。

突然间，商业对每一个人都意义非凡了。资本主义是有道理的。但为了理解这一切，你需要纵观全局。你不能把注意力集中在一项工作、一个部门，或一种职能。这是大多数组织中常见的现状：人们的视角非常狭窄。游戏的出现，拆掉了思维的藩篱。它强迫人们意识到，大家是一个团队，他们要么一起赢，要么一起输。而且，人们真心想要一起赢。这是最好的成功方式。这比独自一人获胜要有趣得多。因为你知道将会获得回报，其他人也是如此。当你研究目标时，比如利润或现金流，你就会明白它们是如何相互依赖的。这迫使员工从其他人的立场看待商业，从而有一个更宽泛的视角。

愚昧无知能够毁掉一个公司

令我感到吃惊的是，很多公司并不这样做。我曾经在芝加哥附近知名的万国收割机工厂工作过10年时间。每周五，我都会参加员工会议，工厂的负责人会说："我们将会赚更多的钱，我们将会获得更多的利润。"但他从来没有教过我如何赚更多的钱。我们会收到很多的指令——把曲轴箱运送到这样那样的流水线上，如果出现意外状况，就停止运转，如此这般地把生产力提升上去。我根本没有了解到如何赢利，而我还管理着成百上千号人。最终，我突然意识到，其实有一种更好的方式，让企业经营可以延续百年，这就是利用财务报表。如果人们知道如何使用这个，那真是经营企业最简单的方式。

如果人们不知道这一点，他们不理解这个道理，也不会做出正确的事情，那么在公司经营失败时，他们就会怪罪于你。他们会说："一直以来，你都在蒙蔽我们，告诉我们公司是多么的伟大。现在你反过来说公司要倒闭了。我们不能接受这些。我们拒绝接受。我们赚的那些钱都去哪里了？"

愚昧无知是最大的障碍

它会带来失望沮丧。在我看来，愚昧无知与失望沮丧是一回事，没什么不同。在大多数公司里，存在三个层面上的愚昧无知。

（1）高管层的无知，会想当然地认为，下面的人没有能力理解公司面临的问题和承担的责任。

（2）基层员工的无知，一般是指他们完全不明白管理者们为什么这么做，并把公司中出现的每一个错误，归咎于贪婪和愚蠢的结合。

（3）中层管理者的无知，是因为他们经常在高管层和基层员工的需求之间来回周旋。他们真的是公司中最艰难的角色，因为他们需要取悦两位主人。如果他们站在员工的一边，他们就处于高管层的对立面；如果他们站在高管层一边，他们就会与员工发生冲突。结果是，他们永远也没办法取悦自己。

所有这一切的根源，是对企业经营的愚昧无知。在公司里工作的大多数人，一点都不懂得经营之道。他们对此抱有各种各样的误解。他们认为利润是肮脏的字眼。他们认为企业的所有者会在夜深人静的时候把这些钱都划到自己的银行账户里。他们不知道超过40%的经营利润都交税了。他们从来没听说过留存收益。他们无法想象，公司一方面在赢利，另一方面却没有现金来支付账单；或者公司一方面有现金流，另一方面却在亏损运营。

如果你想让员工们团队作，你就要尽力消除这些愚昧无知。但消除的过程也很艰难，因为大多数人觉得企业经营极其无聊。

他们不想听到利润和现金流，他们也真的没办法对为他人赢利感到兴奋。当然，他们想要一份可靠的工作，但除此之外，他们希望最好不要参与进来。关于企业经营，他们听到的每一件事都似乎极其复杂、令人困惑、难以理解、极其抽象，甚至丑恶不堪。

这就是游戏存在的理由。我们告诉大家，他们对商业的理解是错误的，那真的只是一场游戏——不比棒球、高尔夫或保龄球复杂多少。最主要的差别是所承受的风险相对高一些。你垒球玩得好坏，可能只会决定最终是否获得一个奖杯；但你如何玩商业游戏，将会在很大程度上影响你养家糊口的能力，以及实现梦想的可能性。换句话说，为了赢得商场上的胜利，你并不需要成为像山姆·沃尔顿（Sam Walton）那样的创业天才。真正需要的是，学习游戏规则的意愿，掌握最基本的原则，以及团队作战。

为什么我们要玩这个游戏

玩游戏的理由 No.1：我们想要履行就业协议中的承诺

我一直认为，当你聘用一个人时，你就承担了一项巨大的责任。那个人需要给家里赚钱，养家糊口，照顾孩子。你不能轻视这项责任。当然，员工对公司也负有责任。雇佣关系是双向的。但尽可能地，我希望他或她，无论是留在公司还是离开公司，都是基于自己的选择。看到有些人因为不是自身的原因而被解雇，这实在令我感到苦恼。为了防止这类事情发生，我们员工内部有一项合约。我们做的每一件事情，都是基于一项共识：职业安全感是至高无上的。我们为员工创造的每一个就业岗位，它的期限不是一年或五年，而是五十年甚至更久。维护公司的长远发展是每一个人的责任。

这是我们开始玩这个游戏所首先考虑的真正原因——我们需要为自身谋求一定程度上的职业安全感和员工稳定性。我们从万国收割机公司的陨落中学到的教训之一是，愚昧无知是不会产生安全感的。了解你的工作是否安全的唯一方法，是研究财务报表。我们从未想到在万国的工作会处于危机之中。这可是一家百年老店，全美30强企业，拥有超过十万名员工。我的父亲就是从那里退休的，我也在那里工作了14年。我曾经以为我的工作是安全的，而我也没有任何方法来确认它是不是安全，因为甚至没有人教过我如何读懂一张资产负债表。后来，万国收割机公司就溃败了。

然而，当我们创办春田再造公司时，我们并没有不切实际地幻想：我们知道当下的工作是从危机中开始的。为了买下这个工厂，我们不得不拿出900万美元，从各个亲戚朋友以及自己的积蓄中，搜集到10万美元，剩下的钱都是借的。这就像是投入1000美元却买了9万美元的房子。你并没有真正拥有它，它归银行所有，只要你一次没有按时还款，银行就会撤资。用商业术语来说，我们的股本负债比是1/89。作为一家公司，我们几乎处于昏迷的状态。我们不能犯错误，连1万美元的损失都承担不起。

在理解所处境况以后，我们意识到有两件事情不能做。第一，我们不能耗尽现金流，因为这样我们的债权人就会把工厂关闭。第二，我们不能从内部瓦解，如果员工们的士气低落，会十分危险。如果任何一件事情发生，我们就会丢掉这家公司，以及119个工作岗位。每个人都不得不在每一个时点上，把握住公司的财务脉搏。我们需要告诉员工们，现金流在哪里，并确保他们参与进来，共同决策下一步该怎么走。这就是游戏的开始。

在实践过程中，我们探索了一种机制，通过给员工计分卡并教给他们影响分数的方式，把职业安全感的责任授权给每一个人。这个游戏让你亲自看到，你的工作是如何的安全，以及如何做能够让它变得更安全。它并没有提供一种保障，而工作本身也不再需要保障。

坦白地讲，绝对的保障根本就不存在。

玩游戏的理由 No.2：我们想要废除"工作"

你是否会经常听到这样的话，"我们对你的要求，就是把工作做好，别无其他"。然而，我并不想员工只是在工作，我希望他们对所做的事情有目的性，我希望他们的工作有进展，我希望他们起床时充满活力，并对当天的工作充满期待。也许，这只是一种手段，诱使员工们愿意来工作。之所以说"诱使"，是因为我并不认为这是一件自然而然的事情。比起工作，大多数人会愿意做任何其他事情——我就会这样，而他们之所以工作，也是因为感到别无选择。

公司的存在，强化了这种感觉。他们不仅告诉员工做事情，他们同时设立岗位，让员工们只能干活儿。他们会说："钻孔，越多越好，越快越好，不用考虑其他事情。"这是经营公司的一种方式。最终的结果就是员工们认为工作就是干活儿。我把这些员工们称为"活死人"。

我要摈弃这些"活死人"。我难以接受，走进工厂和公司，看到这些面无表情的人站在周围晃来晃去。他们看上去就不健康，他们也没办法健康地工作，他们是美国企业的一大问题。我现在所指的，是因为需要工作而留下来的人，他们的态度是，"我不得不在这里工作，但我并不需要喜欢它，我会为赚钱养家而工作，但这并不是自己想要的"。我们到底做了什么，才创造出这样的境况？我们应该告诉这类人，"你有责任让自己变得高兴起来，去那些让你感到高兴的地方，不要坐在我旁边表现你的悲惨。"这时我们就会思考，为什么会出现生产力的问题。有这些面无表情的人存在，你没办法实现高效生产。他们自己不快乐，面对工作也不快乐，他们会降低全员的士气。

从另一方面来看，你也并不能完全责备他们，因为他们总是被要求只需要干活儿，别无其他。当所有的公司都希望员工只干活儿，他们又怎么能思考工作背后的深意呢？然而，如果你把工作当作按目标前进道路上的一步，这时工作就具备新的含义。它就不仅仅是干活儿了。

为了实现这一点，你需要让员工们敢于做梦。你需要指给他们，彩虹的终点真的藏着宝藏，如果他们想要得到并愿意为之付出努力，他们就会得到宝藏。你需要告诉他们，企业经营是实现他们最高梦想——财富自由的一种工具。显然，对于有些梦想，企业经管也无能为力。它不能帮助人们恢复健康，它也不能给予人们艺术家的天赋。但它可以帮助大多数人实现人生中的一些成就，它可以给予人们希望。一旦你理解了游戏的真谛，你就能够尽快进入角色了。在我看来，让大多数人踌躇不前的唯一原因，是他们没有把出路摆在面前，他们限制了自己的能力。我们持续地挑战员工，让他们告诉我们想去哪里，以及他们如何看待自己的生活。当你这样做时，你就打开了许多扇门。你摆脱了许多人身上存在的挫败感。同时，你也免除了他们的各种借口和理由，这很重要。

坦白地讲，有些工作确实不好，很卑微——这种工作没人愿意做。我们曾有一个工作岗位，要用化学制品清理某些部位。工厂里有个清洁水槽，那个人需要穿着防溅式雨衣和雨鞋，一直站在里面，即便外面是32摄氏度。没有人愿意做这个工作，所以我们采纳了日本人的建议：撤掉这个岗位。我们告诉自己："我们要把大家不喜欢的工作自动化，通过编程来实现这些问题，让这种需求得以解决。"然而，一旦你这样做了，一旦你撤掉了那些最糟糕的工作，会发生什么？还是会有许多无聊的工作存在，比如把垫圈放到螺栓上。你绕不开它们的，它们虽然很无聊，但也需要被完成。

这个游戏，尝试创造一种氛围，每个人都能在其中愉快地工作，甚至把垫圈放到螺栓上的工人，也喜欢他们的工作。他们可以同时做点其他事情。我们的尝试，就在于让员工们在现有工作之上，为他们提供发挥聪明才智实现梦想的机会。事实上，你在员工努力工作时，偷偷溜进了他的大脑，打开了一盏灯，创建了一种模拟环境。他可能正在把垫圈放到螺栓上，但同时他也在思考各种可能的方式，让他的工作环境更美好、工作岗位更美好、生活更美好。他不仅是在为一个最终的成品做贡献，他也在为自己的生活做出努力。他在朝着一个积极的方向前进，他将会到达某个想去的地方。

玩游戏的理由 No.3：我们想要消除雇员心态

玩这个游戏对于我们的一大回报是，我们变成了一个更具知识储备的、更加灵活的组织。我们能够对市场上的变化即刻回应，我们也能够对客户的需求快速响应。一个电话的时间，我们就能够高效地解决问题。

我们之所以能做到这一点，是因为我们公司的员工，他们不只是所有者，他们还像所有者而不是雇员那样，思考和行动。这是一个很重要的区别。让员工们像所有者那样思考和行动，要远胜于给予他们股权。许多公司推行员工持股计划，希望这个计划能够带来员工工作态度的显著改变。然后他们震惊地发现，员工依旧是像雇员那样思考和行动：他们坚持让做什么就做什么，他们不会发挥创造力或肩负责任感，他们找各种借口并因自己的失败责备他人，他们总是在推卸责任。

这就是所有权的对立面。所有者，真正的所有者，不需要被告诉应该做什么——他们能够自己思考应该怎么做。他们拥有进行决策所需要的知识、理解力和相关信息，也具备快速行动的动力和意愿。所有权并不是一系列的法律权益，而是一种思想状态。你不可能一下子就让员工具备这种思想，只能通过一系列的教育慢慢培养。

而且，这个过程并不会终止，因为商业是不断变化的——市场在变化，技术在变化，客户在变化，公司的需求也在不断变化。因而，对所有者的要求也在不断变化。为了满足这些需求，你需要持续学习。这个过程的好处是，伴随着学习，你在成长，从生活中收获更多，你也更加快乐。

游戏背后的寓意，在于创造一种员工们可以持续学习的环境。他们能够观察到所有的境况。我们向他们展示着每个故事的双面性，让他们自己做决策，他们会因不正确的决策而失败，也会从失败中学习和继续尝试。财务数据是其中很重要的一部分。它们就像债权一样，是信任的基础。当把数字告诉员工时，我会说："如果你不相信我，就自己查看一下。看看我说的到底是不是真的。这就是我们将要面对的生活。它可能会令你感到挫败，但这就是生活。它没有什么可隐瞒的，都在这些数字里。"

玩游戏的理由 No.4：我们想要创造和分配财富

当前的经济整体的下降趋势让我忧心忡忡。随处可见公司裁员，用机器取代传统的劳动力。他们把人看作或有负债。他们忽视了一个现实，那就是生产力是依赖于人力的。对于机器的使用能够提升企业竞争力的观点，我并非不认可。它们能够冲销费用，它们不间断工作，它们不用休假，它们也不会坐在那里消磨时间。但机器不能做的事情，就是思考如何赢利。只有人能够做这件事情。如果你拥有知道如何赢利的员工，你将会是常胜将军。

然而，为了让员工达到这样的水平，你不得不教育他们。你需要教会他们，为什么赢利和产生现金流很重要，然后你需要想办法让他们专注于做这两件简单的事情。我觉得，如果我们告诉他们，除此之外还有其他方法可以提高生产力，那一定是在说谎。这很重要，因为只有提高了生产力，我们才能够改善人们的生活水平。所有其他增加产出的方法，都是通货膨胀式的。迟早，你会为此自食其果。

但是，如果我们可以提高生产力，我们就能够创造一个持续改善的社会，人们会更倾向于互相帮助。事实上，社会的贫富差距正在逐渐加大。现状是，富裕的人知道如何玩这个游戏，而且他们玩得很好。与此同时，社会的整体生活水平又在下降，而且会持续下降，除非我们想出高效地进行生产的办法。所以，为什么我们想不出来这样的办法呢？部分原因是，我们没办法在不创造财富的基础上提高生活水平，同时我们嫉恨那些创造财富的人——无论是石油公司，还是医生，或者创业者。这是一个巨大的误区。我们不应该嫉恨财富的创造。错误的是财富的分配。我们真正的问题，是没有教给人们如何在分配的过程中进行分享。

坦白地讲，无论是在这个国家还是全世界，我认为财富没有公平地分配。在我看来，李·艾柯卡（Lee Iacocca）在给自己开450万美元工资的同时，解雇几千名员工的做法实在是不可原谅的，但他也绝对没有犯法。从另一个方面来看，把艾柯卡的几百万美元没收，也不能够解决这个问题。这真的只是沧海一粟。从长远来看，解决这些问题的唯一途径，就是让人们理解利润，知道利润从哪里来，到哪里去。需要有人教会人们认识财富——留存收益、股权、市盈率，这些词汇都是什么意思，以及它们是如何影响到每一个人的。如果我们不这样做，我们永远也没办法改善生活水平。我们会停留在这个愚昧无知、休眠的阶段，继续认为工作就是干活儿。而人们的生活水平将会持续下降。

不要找借口

人们总是为他们陷入的境况寻找各种理由，这是人类的天性。我们责备公司，我们责备其他人；我们把问题归咎于外因，我们不寻找自己的内因。如果你想成为一名高效的经理人，你必须甩开所有的借口。你需要创造一种氛围，人们不能因自己的处境而责备其他人——这时他们会看到自己跟以前有很大的不同，不存在灰色地带。人们很容易认为自己不会有所作为，这是当下商业领域的一大问题。公司越大，问题越严重。这时我们就会向问题妥协，不再要求人们有所作为，也没有为此创造所需的环境。

但你需要让人们从他们所专注的、特定机械的事情上转移开来，因为商业远不只是那些。当前，商业正在解决我们身边最重要且迫切的社会问题，比如卫生保健。我能记得，这是第一个，车间的工人们，甚至那些初入行的"菜鸟"，都会格外关注的额外福利。健康险总是被认为是理所当然，现在它走到舞台的中心了，它成了一个高高在上的科目，一项隐形的成本，人们都不一定能够看得到。人们应该对成本予以足够的重视。但是，如果你没有设计一些机制告诉员工，这些都是有意义的，那如何让他们的关注点从垫圈和螺栓转移到卫生保健呢？

先付钱后干活的心态

人们的欲望是无穷的。他们想要丰厚的奖金，他们想要昂贵的额外福利。我的观点是，"好，你可以拥有这些，但你能够为此投资吗"。多数情况下，他们没办法投资，他们也不想花时间学习怎么做。他们想要先拥有——同时他们会担心后续要偿还。这种思考的方式，会毁掉一个公司。"先付钱，后干活"，这摧毁了一家又一家公司。你会在几乎每一个人那里发现这种想法，上至CEO，下到车间工人。你需要反其道而行之：先赢利。事实上，赚到钱之后，没有人会介意如何花出去。

游戏为我们提供了一个工具，告诉人们为什么赚到他们想要的东西会很重要，但我们仍然发现自己在与"先付钱，后干活"的心态做斗争。在工作场合，这可能是很大的问题。我担心的是，半夜醒来，说"好，我可以给你想要的。但因此，我不得不开除你"。如果你在赚到钱之前，就把利润和奖金给出去，你就会持续处于追赶的游戏中。如果情况变得糟糕，你可能会被强迫在利益之间进行平衡，那么最终的结果毫无疑问就是裁员。

游戏为我们提供了一种方法。我们教会员工如何照顾自己。在这个过程中，我们对财富进行重新分配——把公司赚到的收益，重新分配给创造价值的那些人。

THE GREAT
GAME OF BUSINESS

第二章　管理的谬误

你可能想知道，伟大的商业游戏，是否放诸四海而皆准。比如，在一个巨型企业集团的某个部门，或者在一个工会主导的工厂，再或者在一个没有股权激励但具备智能奖金体系的公司里是否适用。事实上，游戏开始的地方就是像上面所描述的那样，是位于伊利诺伊州梅尔罗斯帕克的巨型万国收割机公司的工厂里一个非常小的部门。就是在这里，我学到了管理的精髓，并努力忘掉过去的领导方法。

当年我在那里工作的时候，梅尔罗斯帕克是20世纪70年代全美最艰苦的工厂之一。工厂里有种族歧视、死亡威胁、焚烧雕像、炸弹爆炸、枪击事件、加重攻击——凡是你能说得出的都有。工人们和管理者们总是吵得不可开交。一年两三次罢工——这还是情况比较好的时候。效益不好的月份，会出现两三次窝工。每当环顾四周，总会听到工厂因为劳工问题将要倒闭的传闻。让我来告诉你，我们比那些失败者经历得更多。我知道，因为我也曾是他们中的一员。

我的父亲，曾是梅尔罗斯帕克的工长，他给我找了一份采购部收发员的工作。当时我19岁，因为纪律原因被大学和天主教神学院开除；因值班时打扑克，丢掉了在通用汽车的工作；因意外打斗导致部队录用考试不合格。在被教会、学校、部队、通用汽车陆续拒绝之后，我意识到梅尔罗斯帕克是我最后的机会。

因为某些我至今也不明白而且也没办法解释的原因，这居然是很适合我的理想之地。我在接下来的10年间从事了10种工作，到最后还接受了十分不错的管理学的教育。人们为我的经历得出了一个口号：有铁铲，走得远。每当出现一个需要收拾的烂摊子时，他们就会把我摆到中间，让我去处理。奇怪的是，我常常发现自己对于制造这个麻烦也有一定的责任。我会在一项工作中做一些事情，而没有意识到这项工作带来的影响，直到又开始下一项工作。这时，我不得不解决这个我也参与制造的问题。

但是，我确实学会了如何做事情。学习的途径主要在于忽略那些人们给我的关于如何做一名高效的经理人的建议。我发现，管理的实践充满了谬见，而这些谬见的存在，让过去的工厂或公司变得像梅尔罗斯帕克一样糟糕。背后真正的秘密在于，一位高效的经理人，应该学习如何避免这些谬误。如果你想让人们参与伟大的商业游戏，你不得不避免它们。

谬误No.1：不要告诉员工真相——他们会盯住你

与人坦诚相待，这无论是在梅尔罗斯帕克，还是20世纪70

年代的大多数公司里，都是闻所未闻的。大家普遍的心理是，保护好自己。如果你的工作是采购零部件，永远不要告诉供应商你的真实需求是多少，或者你何时需要它们，因为告诉他们实际情况后，他们就会盯住你，至少有经验的采购员是这样告诉我的。他们说："说谎，欺骗，说谎，如果你有足够的零部件可以支撑几周的时间，那就告诉他们你的库存只能支撑到周五。"这直截了当地说明了，没有人相信任何人提供的数字的原因，而且理由很充分。他们彼此之间都在相互欺骗，通过这样的方式来保护自己。

但那时的我有一个优势：我并不需要保护自己。我当时还没有成家，我不需要承担任何责任。所以，当供应商们问及我工厂里的实际情况时，我就告诉他们真实的状况。我告诉他们库存有多少零部件，以及在装配线出现问题之前我们可以支撑多久。我发现，当我越诚实地对待他们时，他们会越信任我。他们会有自己的计划问题，而他们却与可以依靠的信息隔绝了。结果是，他们保护了我。我是他们的资源，所以他们会尽可能地不让我失望。

当我开始与工人们打交道时，同样的事情发生了。当时存在一种情况，没有人相信安排给他们的计划，因为，每个人都在保护自己。假设，计划要求在某天装配线生产50款X发动机和50款Y发动机，但生产线上的工人没有足够的零件来完成X款的定额。取而代之，他们多生产了两天Y发动机。以这样的方式，他们保持了生产线的运转，这意味着他们自身得到了很好的保护，但他们让彼此之间极为混乱，甚至都不知道生产线上真正的需求是什么，或者什么时候需要。所以我走到装配工人那里，跟他们说：

"你看，从现在开始我们要实现自己制订的计划，并且我们要从装配线往回推导来制订计划。如果某一个零件在需要的时候没有出现，我们就不组装需要这个零件的部件，我们就会把整个生产线停掉。"

每个人都很震惊。他们说："你不可以这样做。装配线就是上帝。你不能把它停掉。"我说："哦，是吗? 咱们走着瞧。"后来的情况是，我只有一次不得不关停它。自从那以后，员工间的相互配合发展很快。他们认为，如果我宁愿关停流水线来让他们有一个可以依靠的计划，他们就会确保按时拿到充足的零部件。对于我来说，我需要确保他们拥有一切所需的零件来实现计划。如果一个部门遇到麻烦，我们会派其他人去帮忙。果然不出所料，我们的生产量开始提升。当我开始接管这项工作时，我们一天只能生产100台发动机。一年后我离开这个岗位时，我们一天可以生产300台发动机了。

> 我们彼此之间建立了信任，而建立信任的唯一方式是要说真话。只有员工们相信你，同时也相互信任，公司才可能运转起来。这教会我一个重要的教训：欺骗和不诚实会带来失败的企业。

谬误No.2：人善被人欺

我们都听说过这样的话，如果要想事业成功，你不得不变得不择手段。你不得不脚踩其他人，才能走向成功。你可以滥用职权，因为这是一个残酷的世界，通过威慑力才能获胜。这些都是胡说八道。我在基层的工厂车间里工作过。相信我，那里的人绝对不会听一个开奔驰车、殴打员工的人的话，去好好工作。当你在炫富时，当你在威胁他人时，当你在恶劣地对待员工时，你正在失去你的权力。我这一生看到过许多这样的人。我知道，他们早晚会自食其果。

第三条超级法则：

善有善报，恶有恶报。

当我看到有人利用他人时，当我看到某个老板无耻行径的时候，我知道他的好日子到头了。这种人把自己弄出了游戏之外。他们不理解游戏的真谛，一丁点都不理解。

但仍旧有很多蠢货在鼓吹这些垃圾，让这些谬误残存。我相信，这是许多员工痛恨管理的原因之一，这也是一个很严重的问题，它让优秀的员工不想成为管理者，但企业渴求各类优秀的管理人才。从流水线上的工作，转移到管理岗位，让人觉得恐怖。你最大的恐惧之一，是人们再也不喜欢你了。很多员工拒绝了管理层的工作，因为他们担心失去朋友。这成为一个真正意义上的身份危机。他们担心，当成为一名管理者之后，自己只能跟其他管理者建立联系了。

当我第一次成为一名管理者时，我也有过这些顾虑，但对于那些突然就不想坐下来跟我聊天的家伙们，我的反应是对他们很生气。这并不是我的问题。我并没有改变。他们才是那些变得不一样的人。他们的态度是，"你现在是老板，我们不能再跟你坐在一起了"。终于，我忍无可忍，把他们叫过来，我说："这是怎么回事？你们的意思是，因为我现在有了个职务，就跟你们不一样了吗？"我克服了这个问题，而且，我强迫他们也努力克服这个问题。但这并非易事。

坦白地讲，从流水线工作转到管理岗，这十分困难。这里出现了另一个谬误：管理者们应该比员工们表现更好。当你成为一名管理者，你的收入会增多，这是有原因的。因为你承担了更多的责任，而且你放弃了一部分自由。你搬进了一间玻璃房。当你成为某些人的老板，你做的每一件事都会被仔细审视，这是你在流水线上不会遇到的。你必须树立榜样，你必须言出必行，如果你不这样做，你将会是一名失败的管理者。成为一个卑劣的人并不能让你获得成就。这是我对那些鼓吹成功要不择手段的人，感到十分气愤的原因。他们不仅犯了致命的错误，他们还在宣扬美国商业史上最具毁灭性的谬误之一。

谬误No.3：管理者的工作就是要提出解决方案

管理者们，尤其是新上任的管理者们，认为他们应该针对出现的任何问题，提出解决方案。这种现象十分常见。那样的思考方式，会让你深深地陷入麻烦当中。一方面，它会让你有挫败感，因为没有人能够回答所有的问题。另一方面，它会逐渐降低你的威信，因为每个人都知道，没有人能够无所不知。它也会把你从员工群体中孤立开来。各个层级的管理者，都认为他们应该完美无瑕，这实在是一个大陷阱。我了解到，有些主管们不愿意召开、主持会议，因为他们担心有人会问出他们无法回答的问题。正如我之前提到的，我知道有些CEO为了保持形象，在离开公司时，领带一定要笔直，发型一定要规整。他们觉得自己不能辜负形象，要成为令人崇拜的对象，要成为某种位置的代言。

与此同时，他们又是失败的管理者，因为他们并没有做到优秀的管理者应该做的事情：在他人心中树立自信。为了实现这一点，你应该告诉员工，你是人，不是神，你不是无所不知，你也会犯许多错误。如果你努力变得完美，如果你总是想要自己解决问题，那就传达了错误的信息。你最好能够把问题摆在大家面前，与一起工作的员工们共同解决问题。

这是我从梅尔罗斯帕克学到的另一个教训。我记得，某一天卡车司机们举行罢工，封锁了高速公路。我们无法得到从印第安纳州盖瑞市美国钢铁公司工厂运输过来的钢筋，因为狙击手在向卡车射击。员工们将会被遣散回家——他们拿不到工资，没办法往家里买食物。我当时负责确保我们能够获取急需的钢筋，但我根本不知道如何越过狙击手获取它。

所以我把手下的五个人叫到一起，然后告诉他们这件事我束手无策。我们如何才能在枪林弹雨下，把两吨重的钢筋从印第安纳州运输到伊利诺伊州？有人提议："校车。他们不会朝着校车开枪，不是吗？"另一个人说："那得看是谁开着校车。"还有人说："他们不会朝修女们开的校车开枪。"这正是我们所做的：我们租了一辆校车，并把2个人装扮成修女的样子，他们把车开进了钢铁厂，把钢筋装进了校车里，然后把车开回了梅尔罗斯帕克。为了保持生产线运转，我们一直做着如此疯狂的事情，没有什么可以阻挡我们。我们所做的可能是你听到的最令人吃惊的事情，但它们通常是有效可行的。不是我给出了这个解决方案，而是我们一起得出的。

这就是我所提到的，与大家分享问题。这是一段分享式学习的经历，这是一个教学相长的过程。当你们可以彼此教会对方的时候，你们都会快速地成长。

事实上，我从这些过往的经历中学到了很多。除了与大家分享问题，它们还教会了我管理失落情绪的重要性、准备应急措施和后备方案的重要性。不失败几次，是不会轻易成功的。但如果你没有为可能的失败做好充足的准备，你就会被吓到并且被击败。所以你需要做好这样的思想准备，事情可能并不会按计划实现，你必须有备选策略。

秘密在于，把预见计划当作一种思维习惯。这是我走上领导岗位，遇到越来越复杂的问题时养成的一种习惯。我会把知道的一切教给员工，而且这还不够，所以我们需要在一起想出一个更好的办法。我知道，如果已经有退路，我会表现得更出色。也许只是一个把那些可以分享问题的特定员工叫到一起的计划。但至少，我不会被打击到，我不会呆若木鸡，我会马上行动起来。

这很重要，因为工厂里的工人需要依靠我们。当你肩负起照顾他人的责任时，你会不惜一切代价，让公司正常运转。

第四条超级法则：

做该做的事情。

你可以搁置其他一切事情，日夜专注于这一件事情。你竭尽全力去思考，如何激励、推动、暗中行事、威胁，尽一切可能，因为员工们的生计处于危急关头。越过这座高山，你必须越过这座高山。

要实现这一点，你不是要自己提出所有的解决方案，而是要产生一定水准的创造力，让答案自然而然地出现。真正让我们感到兴奋不已的，是我们做到了别人以为我们做不到的事情。我们可以看到，大部分的人都是太早就放弃了，他们在到达终点线之前就停止了前进的步伐。他们的一生都是这样度过的，因此他们困在一成不变的生活中。我开始意识到，管理者可以做的事情之一，就是将他们拯救出来。

谬误 No.4：让员工过快地晋升是一种错误

一种普遍的观点认为，员工们需要证明他们自身之后，才能得到晋升。而我经常是尽我所能地快速提升员工。有时，我直接在自己的部门给他们晋升。我喜欢给予员工机会，而且我不希望他们感到厌倦和陈腐，但我也有远期的动机考虑：我在整个公司里结交了朋友，从而让我的工作变得更容易。

视野狭隘是商业经营的一个大问题。当人们在某一种职能上花费了全部的时间和精力时，他们看待每一个问题都会形成单一的视角，他们不会考虑其他部门的需求。隔阂就这样产生了，沟通也变得很困难，导致某些事情更难以完成。我用来缓解此类困境的方法，是让我的人去其他部门办公。实际上，我为一起工作的同事提出了一项跨部门培训计划。他们从中学习商业差异化的各个方面，而且我构建了自己的沟通网络。结果是，我的部门运转得更加顺畅了。我们拥有了自己的支撑体系，这个体系由从前那些理解我们观点以及能够给予我们帮助的同事们组成。

因为我让员工很快地晋升，我的部门最终有很多的职位需要填补。而我却没有时间做深度面试和评估，所以我形成了独有的招聘方式：我挑选那些在曾在大学里的校内社团里当过队长的人。要成为校内团队的队长，你需要被队员选举出来。所以我知道，这些曾经的队长们是胜利者，而我们需要那些马上就可以成为胜利者的员工，因为我们确实是在一个濒临失败的境地中努力运营。

谬误No.5：不要担心那些重大的问题——只需要做好你的工作

像大多数美国公司一样，万国收割机公司的运营原则，是每个人都要专注于指派给他的特定工作。由此带来的必然结果，你只能告诉员工做好他们特定工作所需的信息；其他的任何事情，都应该被看作某种公司机密。不知为何，这反倒达成了一种共识，被认为是经营公司的一种好方法——实际上，变成了经营公司的唯一正确方法。这恰恰是最大的谬误。

如果你想让公司运转正常，你需要让员工们增长见识，而不是局限他们的视野。你为员工提供的蓝图越宽广，他们在前进路上看到的障碍就会越稀少。员工们需要伟大目标的指引。如果他们心中有宏伟蓝图，就会吹散那些渺小的困难。但如果你不让员工们超越日常的琐事去看得更远，如果你没有用员工们真心想做的事情去吸引他们，那么这些困难就会变成高山。这意味着，要让员工们有大局观；意味着要把事实分享给他们；意味着要向他们展示面临的挑战，让他们感受到游戏的快感、胜利的快感；意味着要用幽默、欢笑和兴奋来激励员工，这要比怒吼、尖叫和发脾气强百倍。

上述这些，都是我从第一次管理经历中学到的。我被安排负责为工厂采购零部件，有机会参加每周召开的管理层会议，从会议中开始得知公司的一些秘密。在那时，我们有一个大的合同，是要为苏联制造拖拉机。隐藏的问题是我们在这上面遇到了麻烦。对方在谈判时提出了一项惩罚条款，如果我们的工期超过10月31日的截止日期，就需要按日支付违约金。到10月1日的时候，我们离目标还差800台拖拉机，而且没人知道从哪儿能获得急需的零部件，可以把订单按时完成。其他管理者说："要保守秘密，这是一个非常严峻的问题，高管们会去处理，你只需要关注零部件的采购，我们会负责拖拉机的事情。"

这样的说法，对于我来说毫无意义。一方面，我非常不理解的是，为什么真实的目标是要把拖拉机从工厂交付出去，而我们却应该只关心把零部件采购进来。并且，我没有办法理解把这件事保密的意义所在。所以我在自己办公室的门口放了一个巨大的告示，上面写着——"我们的目标：800 台拖拉机"，同时告诉人们整个过程的来龙去脉。每个人都认为我疯了。我们每天只能交付五六台拖拉机，而当时距离截止日期只有 20 个工作日。按这样的速度，我们最终的缺口是 700 台拖拉机。为了实现这个目标，平均每天要生产 40 台拖拉机。我们第一天生产了 7 台拖拉机，第二天生产了3 台，人们都表示无能为力。但当我们更仔细地研究这个问题时，我们开始发现改善日产量的一些方法。例如，我们发现某些零部件并没有及时组装起来——它们被采购进来就进了仓库。这向我们表明，被运到工厂的零部件还不充足。我们需要敦促人们把零部件送到车间里去。同时，我们还发现，许多拖拉机只是缺少一些关键部件。如果我们把重点放在这些部件，我们就会出乎意料地增加交付量。

这就是一个有力的证明，把一个巨大的问题拆分成一系列小问题，是解决任何问题的最佳途径。而与此同时，我们会让每个人都看到公司的蓝图。这很有效。

一下子，我们的日产量提升到 55 台拖拉机，而且员工们干劲十足。人们对此很惊讶。在这个工厂里，有些人可能永远也不会跨出自己的部门，你可能需要一个通行证才可以进入他人的领地，但我们有同事们在做计划、生产控制、装配、测试、运输，从头到尾，全部涵盖。他们在工作数小时之后来到工厂，仔细检查这些拖拉机，弄清楚到底有多少拖拉机缺少这些零部件。然后我们走出车间，去跟主管和领班们交谈。我们让他们尽可能高效地计划时间，确保我们的零部件采购可以支撑他们的需求。

产量还在持续地增加。当我们生产出300台拖拉机时，每个人都注意到了。我们列出了柱状图，显示我们需要的零部件的确切数量，这些零部件由哪里提供，以及这些是如何影响交付量的。人们可以看到全局，他们可以看到全局的各个方面，这样或那样是否可行，我们就通过这样的方式赢得胜利。他们开始相信，他们能够做到别人认为不可能完成的事情。没有什么比让人们去相信更重要。利己主义消失了。没有人会让彼此失望。

到10月的最后一周，压力是巨大的。高管们会下来视察我们的进展情况。在还剩5天时，我挂出一条横幅写着"我们已经生产出662台拖拉机了"，场面一片沸腾。我们会按时完成吗？还是会错过截止日期？到这个时点上，每个人都参与进来了。装配产量飙升。人们都迫不及待地去获得最新的数字。我们在截止日期当天正好完成任务。在万圣节那天，最后的告示贴在我办公室窗户的外面：*已生产808台拖拉机。*

这是一件多么值得庆祝的事情！我们在告示周围挂满了气球，我们举办了一次庆祝会，会场上满是各种馅料的比萨。没有人能够相信，我们居然避免了惩罚条款。这真伟大，太了不起了。

　　这段经历给我很大的启示。我看到这些人对知识的渴望，我看到他们在努力推动和完成他们认为完全不可能的事情，我看到他们对日常工作的满意。我的意思是，他们都不认为自己是在工作！我在想，我的上帝，如果我可以让员工们都行动起来，每天愿意来工作，这将是多么大的一个优势！这是其他人都不曾做到的事情。假设我可以做到这一点，那么他们在早上起床后会说："哦，我身体不舒服，但我很想去工厂里看看有什么事情发生。"这就是提升产量的全部秘密。

　　而且，我还学到了其他的经验。这次经历让我更加确信，保守秘密是一派胡言。我当时决定，从那时起，我会让我的员工知道我知道的所有事情。最终，这演变成教会人们如何赚钱的想法。

第五条超级法则：

心之所向，素履以往。

　　当你仔细思考这些的时候，所有这些谬见都有一个共同点，这就是所谓的**大骗局**。这其中暗含的是，通过强迫人们做他们不愿意做的事情，你可以有效地进行管理。

　　这根本不对。当员工们的激励发自内心时，他们才会跨越式地完成工作。这条超级法则，你值得拥有，精准表达出了全部含义。如果人们不愿意做某些事情，它将不会被完成。无论是什么样的目标——拥有自己的公司，做最优秀的员工，还是在一个月里造出800台拖拉机。如果你不是发自内心地渴望，这个目标就不会实现。

管理，就是要逐步灌输对胜利的渴望。要灌输自尊与骄傲，它是在你成功时出现的特殊且强烈的幸福感。没有人能够告诉你那是什么感觉，你会自己感受到。我知道你懂的。

THE GREAT
GAME OF BUSINESS

第三章　赢家的感觉

应该如何开展"伟大的商业游戏"？通过创造一系列小成功——向员工们展示一下当一名成功者的感觉如此美好。相信我，这是当下企业经营活动中最珍稀的感觉之一。即便在成功的公司里，也会有许多感到沮丧、恐惧和不满的员工。这些感觉，是一种严重企业疾病的征兆，这种疾病能在很短时间变得很致命。

我非常相信，可以通过财务报表来判断一家公司的情况，但你并不需要资产负债表来分辨健康公司和病态公司之间的差异。在很多情况下，它们的差别就像去棒球场和殡仪馆。在一家健康的公司里，你可以看到并感受到大家的热情。员工们冲你点头、微笑，直视你的眼睛。公司里还有随处可见的标语或气球。大家经常会举行庆祝活动，一次生日会、一周年纪念、一个新纪录或者其他种种。公告板上经常是最新的消息。与之相反，在一家病态的公司里，公告板上充满了法律法规——职业安全与卫生条例指令、反歧视规则，凡此种种。人们不会直视你。他们看到你并不开心。经营规模在缩减，库存管理杂乱无章，没有人心情愉快。每个人似乎都很沮丧。好像人们每天都是去参加葬礼，而很有可能是他们公司的葬礼。

时间回溯到1979年，这几乎就是我从芝加哥调过来接手春田再造公司时的情景。之前的工厂经理受到各种问题的打击，他让自己远离此地，与事务孤立开来。员工们自然而然地在工厂车间里漫步，因为他们缺少进行工作的零部件和工具，而似乎公司管理层对此都漠不关心。员工们感到忍无可忍，都已经准备好联合工会的力量推翻他们的老板。他们唯一的问题，是找汽车工人联合会还是卡车司机工会。如果当时我告诉他们，让他们参与"伟大的商业游戏"，他们很有可能把我赶出这个城镇。

你可不能走进任何一家公司或工厂，就直接教他们读财务报表。我肯定不会这样做，我也不建议你在没有深入了解你的组织和员工之前就这样做。至少两种前提条件已经形成的情况下，员工们才准备好学习商业的奥秘——关于赚钱和产生现金流，关于利用财务数字来落实行动和保持绩效。

1.管理需要真实可信

如果没有这一点，员工不会听从于你，而且他们也不会相信你给出的数字。如果你设立一个奖励计划或其他游戏，他们会认为这是一个骗人的玩意、一个诡计，一项让他们更努力工作却赚得更少的计划，这样你就变得更富有，而他们就更受到压榨。这里至少要有一种平等的尊重和信任，员工需要感受到它：无论他们犯了什么错误，你需要对他们以及他们的问题比较敏感，认为他们的贡献是有价值的，会提供给他们相对公平的待遇。最起码，他们要愿意给你质疑的好处。

2.员工们需要斗志昂扬

没有哪家公司可以开展"伟大的商业游戏"，如果他们的员工都感觉自己像个失败者。即便员工们相信财务数字，如果他们对现在做的事情毫不关心，他们也不会对它们进行回应。玩任何游戏，你都要在脑海里准备好一个游戏框架。你不能士气低落和愤世嫉俗。你必须有足够的自信和骄傲，认为获胜是重要的，而且想要在这个过程中获得快乐。我经常会感觉到，获得快乐应该成为一项工作职责。如果员工在工作时不能收获快乐，他们也不会做得很好。获胜充满快乐，但员工可能不知道如何在工作中成为胜利者。所以你需要展示给他们。

你可以利用很多种技巧来建立彼此信任、激发员工斗志。从哪里开始，这要完全依赖于你所处的环境。当我来到春田再造公司时，公司里几乎不存在相互信任和尊重，所以我不得不从最基础的层面开始——倾听。在最初的几个月里，我与一百多个员工逐一见面。我每次与三个到五个人的小组在会议室里沟通。我问他们想要的是什么，现在感觉如何，他们想去哪里，他们想要做什么，他们需要哪些工具来完成工作。我们探讨人生，我们畅谈理想，我们谈论成功。人们很轻松自如地交谈，他们对于管理者的言论很刺耳。我要求他们再给我们一次机会。

当然，大多数公司并不像我们这样处境艰难。你们的公司可能不需要像管理春田再造公司这样，在教员工财务数字之前进行密集整治。但也没有哪个管理团队，能够具备充足的信任，或者充满激情的员工。事实上，当年发掘的许多技巧，至今仍在被我们沿用；当年得出的经验教训，至今仍在指导我们前行。

所有者的自豪感

要想让员工们感觉自己像个成功者，他们必须对自己以及对所做的事情拥有自豪感。没有缺乏自信的成功，就如同没有缺乏自豪感的所有者。自豪感是一种深切关心，它是你对自己所做的事情或所拥有的事物产生的快乐或满意的感觉。如果你不关心，你也不会去做那些对于成功者或所有者十分必要的事情。所以，自豪感处于第一位。问题在于，很多人不知道如何对某件事情感到自豪。就像孩子一样，他们从来没被教过应该如何关心。这种情况下，你如何让员工关心他们的工作或他们的公司？这需要一个全方位的培训计划。但如果员工并不为他们效力的公司感到自豪，他们更不会想要拥有它，那么他们也不会对公司负有责任感。没有所有者的感觉与责任，他们不会参与游戏。

我来到春田再造公司的最初几年，非常努力地在员工群体中逐渐灌输一种自豪感。我们采用非常简单的技巧，比如，开放参观日。我曾在梅尔罗斯帕克举办过一次，当时获得巨大的成功。

那是在一个周末，我们在员工的停车场举办了这次活动。我们开来了拖拉机；员工邀请他们的妈妈爸爸、孩子们过来，看看他们工作的地方。这种方式能够让员工们觉得他们很重要。我决定在春田再造公司推行同样的事情。我希望员工们为他们的工作感到自豪。我希望他们能够感觉自己像巨人一样。我希望孩子能够充满尊敬地对他的父亲说："哦，爸爸，这真的是你做的吗？你是一名焊接工？这真的很重要。"

为了准备开放参观日，我们给员工发放了涂料，让他们把机器和工作区粉刷一新。一些人让他们的妻子也参与进来，她们也确实更有艺术美感，在墙面涂上粗体字。我们装饰了美国国旗，地狱天使的徽章，任何你能想到的事物我们都有。一些部门挂起了宣传口号，比如"机器——我们让它工作"。到处都是标语和标志，它们的颜色也千奇百怪。这看起来很混乱，但它们出自员工之手。他们把自己的身份展示出来，让每个人都能看到。当他们把家人带进来时，他们可以说："这就是我工作的地方——这是我的天地。"

与此同时，我们也希望这些涂鸦可以鼓励大家形成更好的环境维护意识，这对于一家工厂很重要，既有利于安全，又可以使工作高效。我们意识到，当员工们认为公司是他们的，并把属于自己的标志放上去，他们会更愿意保持场所的整洁干净。我们也认为，他们会为了开放参观日的到来，把场所保持干净。但最终证明，对于环境维护最有益的事情，是几年后我们开始推行的对外参观活动。当得知外面的人会参观工厂的设施时，员工们开始格外努力地保持他们工作区域的整洁。他们想要为自己的工作场所感到自豪。

我们使用各种能想到的方法提升自豪感。我们举办钓鱼比赛、棒球比赛。一家当地的无线电台决定通过赞助冻鱼投掷大赛的方式为慈善机构募捐。给参赛选手发放冰冻的鱼，让他们比赛谁扔得远。我们参与进来，而且毫无悬念地，我们的选手获得了胜利。

我们从来不拒绝任何一次比赛的机会。我们与其他公司一起举行接力赛跑，我们每月都举办或运作一些大型的活动。我们希望员工一直穿着代表公司颜色的服装，我们也会经常更换服装的样式。我们定制了很多的大檐帽、棒球帽、夹克，然后通过举办活动让员工们赢取这些奖品——如环境整洁比赛、全勤比赛等。我们有全勤比赛获奖者晚宴——如果你在特定一段时间内出勤记录完美，你会被授予一块奖牌，带回家挂在墙上，并且我们会邀请你和你的家人一起共进晚餐。我经常会亲自款待他们。说实话，在那两年间，我经常在外面吃饭。我们有圣诞节聚会，我们会分别赠送圣诞礼物。我们总是尝试让员工们感到惊喜。有一年我们送出火鸡，还有一年我们送出芝上球。这些活动，都是要让员工们对自己效力的公司感到无比自豪。

我们仍在努力地灌输一种自豪感和归属感，但现在更多地依赖于奖励计划，员工持股计划、周例会、业绩指标竞赛等。在这个过程中，我们清楚地发现员工学习财务的时机已经成熟，这就让我们能够更充分地推行最初的想法。改变的是方式，不变的是目标。你只需要简单地开始。没有什么能比一个油漆刷和一桶油漆更简单的了。

创建一个团队

当然，并不是拥有了自豪感就可以获得成功。这还应该形成一种习惯。不幸的是，失败也可以是一种习惯。当人们陷于失败的习惯中，你不会在他们的眼中看到工作的热情，只有一盘散沙。如果你想要点燃他们的激情，你需要开始创造成功的机会，并为他们取得的成功进行庆祝——通过创造大量的小成功，然后对小成功加以培育，就会获得更大的成功。这是一种在工作中创造乐趣的方法——确实是这样。我们以很小的事情为缘由举办聚会和庆祝活动。而我们真正在做的是打造一支团队。

这当然是"伟大的商业游戏"蕴含的几大重要目的之一。然而，起初的时候，我们没办法围绕财务报表设立各种游戏，因为员工们不理解这些内容，就会被它们吓到。所以我们才想出其他的游戏，简单的游戏，我们知道员工们肯定能赢的游戏。这样，我们就可以从创造成功的习惯开始。每一次获胜，会带给我们一些值得庆祝的东西，让我们可以重燃激情。在这条路上，我们总结了一些最佳的游戏类型和适用目标：

企业经营是一项团队竞赛——选择那些能够打造团队凝聚力的游戏

你可以在公司里组织各种类型的游戏。要避免那些容易妨碍合作的项目。最佳游戏是那些能够促进团队合作与凝聚力的游戏，这样可以创造一种合作精神。

　　这类游戏并不难找到，尤其是在那些存在很多问题的公司。任何一个问题，都可以作为一项游戏的基础依据。我在春田再造公司最初的那几个月，我们围绕安全、环境维护、船舶运输等你能想到的领域开展游戏。我会与其他管理者坐在会议室里，然后我们讨论："好吧，现在出现了一个问题。针对这个问题，我们可以组织哪种类型的游戏？"比如，为了解决船舶运输的问题，我们买了一个巨大的、华丽的奖杯，我们叫它"旅行奖杯"，然后我们宣布，这个奖杯将会授予每个月运输量最高的那个部门。后来，我们添加了交付的评选指标，因为我们的客户交付率极差。我们又开始衡量环境维护。我们会对结果进行检查，并且定量地进行打分，比如，地面是否打扫干净，储物柜上有杂物就会扣分。然后我们会在每个月底，对于得分最高的部门授予匾牌。

　　在你培养团队精神的同时，还可以利用游戏建立可信度。比如，我紧盯的首要问题之一是安全。我选择这个问题的原因，在一定程度上，是因为我对它真的很关注。这个工厂的安全纪录真的很糟糕，以至于我们不得不迅速采取行动。对安全问题的关注，也给我一个机会，向整个组织传递一种强烈的信息，那就是我们关心员工。安全是最基本的问题，它可能成为员工们反对你的首要问题，它能够破坏掉你做出的其他一切努力。"他们表面上说关心我们，但他们根本不关心我们是否受伤。"如果员工们开始这样想，公司的大船行将倾覆。如果真的像他们想象的那样，公司也确实不会对他们的安全问题上心。

　　所以我会研究每一项问题，并且事必躬亲。我参加员工会议，走访车间工厂，走进餐厅。我与三班倒的每一位员工都交谈过。我看着他们，说："我们现在关注安全问题，因为我们希望你们每天安全到家，陪孩子玩耍。我不希望任何人去你们家敲开门然后说，很抱歉，你们的父亲因公去世，不能再回家了。"这样表达，确实能说到员工的心坎上。

我们组织了一个安全委员会，设定了一个10万小时0安全事件的目标。我们在工厂区挂满了1.2米高的记录卡，每完成2000小时，更接近目标时，我们会填好它。一周一周循环往复，戏剧性的事件开始发生。完成目标的那天下午，我们停工，开了一场啤酒狂欢会。我们在广播系统上播放电影《洛基》的主题曲，安全委员会的成员们举着灭火器到处游行，装饰着皱纹纸的铲车组成了游行队伍，员工们站在旁边欢呼着。

态度积极，建立自信

管理者有个不好的习惯，总是关注事务的消极面。我曾经用统计学的方法观察过，管理者们是如何倾向于对任何出现问题的事情快速反应，而对任何顺利推进的事情视而不见的。假设你有100名员工，有1个人不停地抱怨，你很容易就会认为，因为那个人，整体的士气不佳。他让你感到失望，而且可能会导致你推行一些政策或进行某种改变，让其他的99个人也面临风险。你可能会过分关注并不存在的问题，而且你可能会忘记称赞那99个人。你可能会错失激励员工获得梦寐以求成绩的绝佳机会。

这是一个很严重的问题。管理者的主要职责之一是构建组织的自信。为了实现这一点，你需要强调积极面。如果你强调消极面，它就会侵蚀整个组织。它成了一种去激励因素，而管理的本质应该是让员工得到激励。一个不能激励员工的管理者，是失职的管理者。如果你持续关注消极面，你就没有办法激励其他人。

所以，设置游戏的整个过程一定要关注积极面。比如，我们当时在船舶运输上遇到问题，我们比原定计划落后，但我们并没有把注意力放在这一点上面——我们关注需要运输的货物。我们开始把问题拆分成各种要素。我们把去年的业绩写出来，今年是如何推进的，决定了我们需要实现怎样的业绩。然后我们说，"好吧，这是我们去年做的，这是我们上周设定的新目标。现在我们开始努力完成吧"。我们不希望员工们思考石头的重量，或山的斜率，而是当我们成功时会有怎样的喜悦。

我们也犯过一些错误。比如，我们当时决定给环境维护分数最低的部门一个稻草人。我们拿了一把旧扫把，装饰了"眼睛"在上面，尽可能做得丑陋不堪。然后我们把它送出去。这并不管用。员工们很快对游戏失去了兴趣。他们变得很易怒，而这与原本的用意背道而驰。当你让员工们变得恼怒时，他们就不会想参与竞赛，然后他们就退出了游戏。我们的错误在于，偏离了强化积极面的宗旨。所以我们扔掉了稻草人，只颁发匾牌。

称赞每一次成功

业绩纪录很重要，无论它们看起来多么微不足道，因为当你们打破纪录时可以为此庆祝。每一项纪录都代表着管理者称赞员工的一次机会，让他们感觉良好，从而建立自尊和自信。员工们可能会感到沮丧、厌倦，或其他任何情绪。如果你不及时赞美，你就会错失鼓舞他们的机会。

你可以利用纪录来改变一个组织的思维模式，让员工们为自己的行为负责。工人们常常把问题推给他们的管理者，尤其是新的管理者。这是人类的本性。如果认为你会接受，他们会把任何问题都推给你。当然，如果你还在学习期间，你可以在一段时间内接受这些问题。你其实在经历基础培训。但最终，你需要考虑清楚，如何让这种情况处于可控的范围内，那么，最好的方式就是让员工们参与游戏。也许，他们因此会享受美好的一天，同时创造新的生产纪录。这是一个机会。把握机会，以此为准做出成绩，称赞他们。你正在做的事情，是在创造和庆祝成功。称赞每一次成功，即便是那些很微小的。如果你称赞一次小成功，员工们会继续一次、又一次、再一次的成功。一段时间以后，他们甚至都不会意识到自己正在付出着这样的努力。他们在关心着自己。他们在解决自己的问题。他们不再把问题推给你。他们工作得很开心。然后，管理者的工作就要确保这些开心的事情持续进行。

一旦游戏开始运转，员工们就不再把他们的问题推托给管理者们。如果你在游戏当中，是没有时间来推托问题的。你会想要走出去自己解决问题。否则，你就会落后于其他人，你不会获胜。所以，游戏让员工们把关注点放在现有的问题上，这就为管理者留出了思考未来问题的时间——只有这样，管理者才能保持对局势的控制。如果你关注未来的问题，你就做到了防患于未然。你传递了一致性。你们会有一个非常愉悦的工作环境。

这需要是一场游戏

在努力点燃员工激情的时候，你可能会做出过犹不及的事情。如果确实出现了这样的状况，你会发现员工们不再觉得开心，而开始感到害怕。这时你需要迅速扭转局面。

这样的事情我遇到过一次。我当时决定，每一位经理人都要有一个包括十项责任的名单，这些责任应该纳入年度经营活动，这些责任应该很具体。我的要求对他们造成了困扰。这些责任过于详细，导致出现了重叠和冲突。员工不得不踩着别人的足尖去获胜。如果每个经理人都按照我的要求，完成80%的目标，可能这就成功了。但我手下有两个人，他们努力在每个类别里做到最好，所以他们直接闯入其他人的管理范围，他们打得不可开交。

我犯的这个错误在于，以为员工们会把这些责任看作指引，从中既可以帮助公司，又可以提升自己。这太天真了。事实上，个体评价机制在很多人心中引起了恐慌。他们在一系列个人绩效标准中看到了隐含的威胁。他们的理解是：如果我不尽可能地做好这些事情，我就会失去工作。他们把这些责任视为划清界限，他们说，"好吧，这是一条边界。管理者在告诉我，如果想保留工作，就要做好这些"。这是颇为恐怖的事情，我于是尽可能快地让这条线隐去了。

所以那两个人陷入了正面对抗。一个人走过去对另一个人说：

"嘿，你可能是在完成你的目标，但我没法完成自己的。如果我搞砸了，我就会被开除。我的家庭会陷入危机。"我听到他们在争论。我能看到，他们并没有把这些责任作为理想状态去努力实现，而是当作完成绩效的最基本标准。我意识到自己的问题。我摘掉了责任表，走到后院，把它们放到金属篮子里烧掉了。

问题在于，这需要是一场游戏。我没有意识到自己为这个机制带来的恐惧心理。当你思考它时，恐惧就显现出来了。与其他人在一起才能够感受到安全。这蕴含了许多深意，要知道每个人都是与你在同一条船上，你并不是一座孤岛，你不需要独自承担所有的事情。

从这段经历中，我还学到其他两条重要的经验。

给每个人设定同样的目标

不要给员工发出繁杂的信息。为他们都设定同样的目标，确保他们一起努力实现，把成功转化为团队的努力。这样，他们才能够一起赢。

不要利用目标要求员工们完成你希望他们做的每一件事

太多的目标是没有意义的。在一年当中，你应该只有两个或最多三个目标。更重要的是，要确保每个目标涵盖五六件事。换句话说，选择一个员工们做好五六件事才能够实现的目标。这就回到我之前从梅尔罗斯帕克学到的经验教训，当时我们给苏联交付拖拉机是在截止日期当天完成的：如果你能够让员工把注意力都放在如何把拖拉机生产完成并运送出去，就不用费力要求他们把零部件都准时采购入库。

我们在后面会讲到，当员工们理解了这些数字，就很容易提出这些全覆盖式的目标，而且你可以给他们财务上的指标，给他们指明努力的方向。但在任何情况下，总会有一两个重要问题，会影响公司、工厂或某一组织面临的全局性考验。如果你能够识别出那些重要问题，你就可以把它们当作杠杆，一次性影响很多事情。

比如，糟糕的环境卫生是工厂里常见的问题，这在楼宇办公或者家庭中也是常见问题。当我看到工作场所堆放了过多库存时，就会知道生产出现了问题。过量的库存会带来不确定性——员工们永远不会知道下一步该怎么做。工作环境太凌乱、太混乱、太狭窄的话，也会削弱士气。然而，同样地，你可以把库存问题当作一个杠杆，撬动事物运转。弄清楚你每天需要做多少工作，从而确保工作场所里只有一天的库存。然后挂出来一张表，设置一次游戏。这有益于员工士气、工作积极性、工作场所整洁、环境维护等任何事情。与此同时，你还将犹豫不决带出了工作车间。员工们会根据现有情况工作，他们不会允许问题的积攒，他们会知道如何规划他们的劳动力。结果是，生产线会持续流动，因为库存是有限量的——他们需要让每一个零件都有价值。这样，产量才会大增。

满足参与游戏并且获胜的渴望

我们早些年大部分的实践，现在依然在推行。我们已经一段时间没有举办开放参观日了，但我们一直有野餐活动。我们也特别安排了几天，让员工们可以带孩子来工厂。之所以这样做，与举行开放参观日的原因相同：为了构建自豪感和自信心。我们在公司之外举办了更多的活动：钓鲈鱼比赛、公司杯接力赛、高尔夫联盟、垒球队、保龄球比赛。看到春田再造公司的员工们在公司的旗帜下参加各种活动，真让我感慨万千。

我知道有些公司不允许以公司的名义举行运动比赛。他们担心，如果有人受伤，或因种族问题、其他事情，公司被起诉。这实在是浪费了大好时光。这些公司错过了一个巨大的机会——渐次灌输自豪感的机会。这个问题可以被解决。如果你担心承担责任，可以让员工们签署声明。如果你想要更广泛的、跨部门的人力来参与，那你要确保每个人都感到受欢迎。

通过赞助外部的竞赛活动，你在满足参与游戏并获胜的渴望。与此同时，你提供了一种方式，让员工们在一种不构成威胁的环境中甩掉愤怒和沮丧，并且你为他们提供了获胜的机会，而这在他们的工作中可能不存在。我们有一名称职的巡视员，他可能是公司里最不受欢迎的人——除此之外还是最棒的鲈鱼钓手。人们尊敬他，是因为他具备捕鱼的能力。

我们十分明确地鼓励管理者参与这项竞赛。这也是一种推倒藩篱的方法。无论你多么努力地尝试开放的态度，员工们总是会畏惧权力的象征，如你的职级、办公室、办公桌。这些是你需要打破的桎梏，而那些户外的竞赛提供了绝佳的方式。

有一年，我输掉了公司的钓鲈鱼大赛，因为我忘记在夏时制时间调整时把我的表调快。结果，我和我的合作伙伴在比赛结束后一个小时才到达现场。如果我们准时参赛，我们就有可能赢得那天的比赛，我会成为年度最佳钓手，那是当时非常重要的名誉。你可以把这件事炫耀一个冬天。所以你可以想象到，我为来晚了感到多么愚蠢。我的合作伙伴非常愤怒，因为计时是我的职责。我的失误导致了他大概500美元的损失，相当于他一周多的薪水。但我不得不说，这次经历却让我们更加紧密联系，公司的其他人也乐于看到这一点。他们送给我手表，拿这件事开各种各样的玩笑。这对于他们很好，因为他们可以跟我开玩笑。这对于公司也很好，因为它去掉了某些隔阂。这甚至对我也很好，让我如同我赢得了钓鱼奖杯那样高兴。你可以缓慢前进，但一定不能自命不凡。这很好地提醒了我，公司的成功并不是你个人聪明才智的结果。

为工作限定范围

我希望员工们的工作时间，每周不超过40小时。这就足够了。人们应该在工作和生活中保持平衡。如果他们可以这样做，他们会生活得更幸福。连轴转的工作，并不能有效地帮助企业，也不是长久之计。我看到过工作狂是如何毁灭人性的。他们变得痴迷，他们对外传递可怕的信息，如果员工们周六不过来加班，他们就会让人们感到愧疚。这是多么愚蠢的信息。员工们需要有时间与家人在一起，他们应该看着孩子们踢足球。如果你让他们来公司或工厂车间，你就会让他们在这样的情况下厌恶工作。我不希望看到这样的事情发生。我不介意员工们加班加点赚更多的钱，或者确保他们尽职尽责。但不应该以牺牲平衡的生活为代价获得这些。我不否认，员工们持续的工作，可以创造巨大的工作量。我只是觉得会有更好的方式。在临终之时，没有人会后悔自己没能在工作上投入更多的时间。

最物美价廉的福利

赞助外部的竞赛，可以说是当前企业经营里最划算的交易。比如，我们投资500美元去赞助公司20名员工组成的垒球队参加比赛。他们因此投入的时间为20周，每周3小时。相当于每人每小时的投入仅仅42美分。

再看看我们的高尔夫联盟，这对员工、管理者、员工家属、客户、供应商都开放。加到一起，大概50名参与者，他们需要每周投入至少4小时，持续12周左右。人们自己支付课程费。公司投入200美元购买礼品券作为奖品，相当于每人每小时8美分。

作为回报，我们让员工们可以在非工作时间谈论工作，获得了广告效应和知名度，还增进了同事情谊。各种隔阂都在逐渐消除，无论是管理者与员工之间、不同部门的员工之间，还是公司与家庭之间。员工们在工作中出现的紧张与沮丧的感觉得以缓解，我们与业务合作伙伴之间的关系得以强化。

更重要的是，我们获得了自豪感、自信心，赢得成功的态度，相当于每人每小时的成本仅仅50美分左右。

THE GREAT
GAME OF BUSINESS

第四章　全局观

现在，员工一进入春田再造公司，我们就开始教他们这个游戏让他们直接从学习财务报表开始。一旦员工们理解了这些数字，一旦他们看到了游戏是如何运作的，一旦他们理解了这一切，企业经营的理念就能贯穿其中了。这正确地体现员工们所做的一切，让他们理解在这里工作的原因，向他们展示了自己的贡献所在，以及自身重要的原因。

但是你可能想要像我们在前几年所做的那样，循序渐进地开始这一切。如果员工们知道公司在做什么，以及他们是如何影响公司经营业绩的，那么教他们学习如何赚钱，以及如何产生现金流，就会容易得多。为他们绘制一张宏伟蓝图，告诉他们，为什么应该在经营中使用他们已经熟知的概念。这样，当你在遇到这些数字时，它们才变得有意义。你将能够向员工们展示，他们的日常工作是如何与公司整体经营保持着联系的，从而使每个人都关注共同的目标。毕竟，这才是数字重要的主要原因：它持续地引导你回顾全局。

当前企业经营面临的大部分问题，是我们没有能够向员工展示他们是如何与公司全局相契合的。这种失败，逐渐破坏了一家又一家公司。我们把一个工人安排在摇臂钻床前面，要求他把所有的注意力集中到准确地钻孔上。然后他这样做了。他看到自己锻造的零件传送到下一个工序，与其他零件完美地结合在一起。然而，我们回过头来告诉他，公司遇到了麻烦，问题的原因在于他错误地利用自己的时间。他无法理解，怎么会出错呢？他的工作就是钻孔，他的操作十分完美。所以他会认为，如果出现了什么状况，那一定是源于其他人的错误。问题在于，我们从来没有训练员工们把自己的视野放在自己的机械工具（电脑、电话、推车、卡车或者他们在工作中使用的任何工具）之外。所以，他们无法理解钻孔的工作做得如此完美，而公司却泥足深陷。

关键点：全局观的关键在于激励。它给予员工们工作的理由和工作的目的。如果你打算推行这个游戏，就必须理解它对于成功的意义。当你向员工们展现整个全局时，你就在定义成功。

以下是一些操作步骤：

（1）创造一系列小成功。

（2）给予员工全局观。

（3）教授这些数字。

无论如何，这只是大致的步骤。而事实上，我们总是在不断地寻求各种规模的成功，并且从未停止过提醒员工们对公司全局的关注。两者缺一不可。以下是一些操作的方法。

让员工关注公司的全局

培训公司里的每一名员工

有时，你不得不做出戏剧性的声明，让员工们后退一步，思考每一件事是如何相互衔接的，反思他们工作背后更为深远的目的。

直到我在春田再造公司的第二年年底，我认为我们才达到了这一点。我们的工作已经正常运转，并且开始赢利，然而各个部门之间仍有很多隔阂。我曾经听到过很多琐碎的抱怨——工程师的薪水太高，库存保管员根本没有发挥作用。这其中存在一些误解，关于组织的，关于各个不同的部门之间如何相互支持的，以及我们需要怎么做才能实现成功。我想破除这些误会，告诉员工们："来吧，好好看看，这些都是我们为你们的未来所做的投资。"

所以，1980年10月的一天，我们暂停工作，把所有员工带到位于城镇另一端的希尔顿饭店，在那里举办了一场活动，我们称之为"员工意识日"。那次活动，从不同部门的领导研讨会开始。我们把来自各个车间的员工们分成小组，让他们了解每个部门是在做什么，以及本部门工作与其他部门之间的协作关系。工程技术部门的负责人给大家介绍，他的部门是如何为公司推出新产品，并与先进技术保持同步的。原材料部门表演了一个滑稽短剧，戏剧性地展示了失控的库存管理会带来哪些严重后果。

最后，我们在一个大房间里共进晚餐，晚餐后我站起来进行了专题讲话，推荐了NBC（美国国家广播公司）发布的一本白皮书，题为《如果日本能够做到，为什么我们不能》。我曾经在电视上看到过这本书，它确实很吸引我。这本书主要论述了日本的挑战和美国无力的反应。它展示了美国的生产力是如何直线下降的，以及这对我们的生活会产生怎样的长期影响。在书的结尾，作者写道："如果不扭转这种颓势，下一代美国人将成为生活水准劣于他们父辈的第一批人。"

当灯光再次亮起时，我站起来说："你们想不想肩负起这种责任？你们希望经济从我们这代人开始衰退吗？我们必须为此做些什么，不是吗？"我过去从没看到过那天那样的反应，员工们欢呼着、呐喊着、怒吼着，并且相互拥抱。

那时，我知道他们看到了宏伟蓝图。

向员工营销你的产品

不要以为你付出了很多的时间、努力和金钱向客户推销产品，员工就会理所当然地理解你的产品。大概率的情况是，大部分员工可能对产品只是一知半解。如果不知道公司到底是做什么的，比如，公司为客户提供什么样的产品和服务，这些产品和服务是如何帮助客户解决他们的问题、满足他们的需求，那么，员工们就无法看到全局。解决的方法是，把一部分营销预算花在员工身上。

这是我被安排在梅尔罗斯帕克负责装配流水线时学到的经验。相信我，当时的生产流水线存在很多问题。质量糟糕，计划混乱，生产率低下。车间的工作完全是一团糟，生产线好像随时都会停产，员工们宿醉般地来到工厂，从事的工作令人厌烦。无论如何，我必须找出一个能够激励员工的方法。

我意识到，部分原因在于，工作本身对于他们来说缺乏意义。员工们不会知道，他们生产的卡车会在美国的高速公路上飞驰，并把货物运送到全国各地。他们没有意识到，自己正在从事非常重要的事情。公司在广告、海报、宣传册和其他为客户定制的材料上，花费了上百万美元，目的在于让客户相信我们的产品，但是我们从没有把任何一笔经费花在激励员工的自豪感上。所以，我们请销售和市场部的员工，帮助我们走出误区。

我们把一些设计精美的卡车和拖拉机宣传海报带到工厂。事实上，我们正在发起一次活动，让装配线上的员工了解并且信任自己生产的产品。这次活动非常有效。我永远也不会忘记那一天，有个家伙过来告诉我，他与孩子一起开车去曼海姆林荫大道时，看到一辆由万国收割机公司生产的大卡车从旁边经过，他告诉自己的孩子："那辆卡车的发动机是我生产的。"事实上，那确实是他制造的。

这样的营销活动能够促进企业的运营，使之更加高效。它能够让员工们像团队成员那样思考，这对一条装配流水线来说，是至关重要的。每一道工序，必须与其他工序相互协调，否则，流水线就不能正常运转。在我们实施了针对员工的产品推广活动后，员工们开始关注整个流程了。

这个经验是：向生产产品的员工们进行营销宣传。事实上，你应该在尝试将产品卖给客户之前，让员工们了解产品。卖一个空洞的产品出去，是不会产生任何价值的。你需要卖出有灵魂的产品——具备员工信念的产品。

实行轮岗制

人民航空公司曾经推行过一个实践活动，一个被称为"交叉利用"的项目，通过这个项目，员工们能够在企业内的不同部门获得工作经验。例如，空中乘务人员要花时间处理行李的问题，而会计可能要从事客户服务工作。实际上，这是一种让员工们全面发展的技巧，让员工在他们具备的专业技能之上直接感受全局的有效途径。

我们也在做类似的事情，虽然没有给出具体的名称。我们鼓励员工在公司内部尽可能多地轮换岗位。比如，许多市场营销人员来到车间工作。这又回到我在梅尔罗斯帕克学到的经验，当时我尽可能快速地提拔员工。部门间的相互协作是至关重要的。我发现，那些在两个或更多岗位上工作过的人，会对整个企业经营有全新的认识，他们更擅长从他人的角度看待问题了，他们更容易理解各个部门的职能是如何结合在一起并相互依赖的。

即使员工并没有从一个岗位调到另一个岗位，你也可以让他们转变原有角色，与企业的其他业务直接接触，扩展他们的视野。那是我们让小时工出去见客户的原因之一。我还记得我们第一次这样安排的场景。我们曾经为丹佛市的一家大型承包商制造一条巨型传动装置，用于金矿开采。它高达2.1米，价格约15万美元。后来这个装置出现故障，造成整个工程停工，承包商每小时损失5000美元。

我派制造传动装置的那两名员工去排除故障，因为确实只有他们才能处理当前的状况。客户对他们很不客气，当然，对方异常愤怒的状态可以理解。这两名员工回来之后，效果显现了。他们跟每个人诉说在客户那里的遭遇。突然间，每个人都意识到，再造流程背后是真实的客户，企业经营的好坏取决于我们生产质量的好坏。他们明白，不仅要对自己的工作和公司负责，还要对客户负责。

在某种程度上，这次经历让员工们学会了站在我的立场上思考。当我们让某些人失望时，当我们让别人感到不满时，大家都会心情低落。但在大多数公司，唯一能听到这些声音的，是客户经理或管理者，而不是那些为客户制造产品的人。现在，只要有可能，我们就会把员工派出去解决客户的问题。

绘制蓝图

不要只向员工们空谈全局观，要以表格和图表的形式展示给他们。所有能够计量的经营指标，都能够转换成图表的形式——净利润、零售额、人均销售额、周/天/分钟的产量、能源消耗量和次品率等，这些图表非常形象生动。有一次，我们把餐厅贴满了图表，从墙壁一直贴到天花板。这都是关于间接成本的图表，它们确实得到了员工的关注。

但是，最有效的做法并不是这些图表，而是我们每年分发的股权证书。这是给予员工股权的实物证明，让他们清楚地知道自己在公司里拥有多少股份，以及这些股权在过去的一年间增值多少。股权证书虽然没有内在价值，但看起来确实已经足够了：一般情况下，员工持股计划并不会下发股权证书，而只有年度报告。我们这样严格执行的原因是我们希望员工看到公司的全局。我们通过这种方法来提醒员工，我们是如何衡量业绩的。我们说："在公司里，你可以得到股权。当你参与伟大的商业游戏，就会意识到那才是真正的成功。"

从 6 岁儿童那里获得动力

公司只是达到最终目的的一种手段，而最终目的在企业之外。所以，对于员工们意义非凡的、真正的宏伟蓝图，不仅限于员工的个人收益，更多与整个社会有关。我们很重视社区项目——赞助学校、为无家可归的孩子分发圣诞礼物、参加联合募捐、赞助残疾人奥运会和红十字会。我们不愿意拒绝任何人，对我们来说，这些也是蓝图的一部分。

在一定程度上，这是回馈社会的一种方式。我们对于获得的一切心怀感激——现在我们想要帮助别人。与此同时，作为一家企业，我们通过让员工们参与这些活动，也得到很多收获。走访自闭症儿童中心，或给无家可归的孩子分发圣诞节礼物，能够对员工产生很深远的影响。这让他们做每一件事情都有正确的态度，因为他们代表了春田再造公司。他们为公司和自己的所作所为感到自豪。他们经常会向其他人阐述公司的政策和理念，这激励着我们实践所宣扬的理念。反过来，这会促进公司的觉醒与蓬勃发展。

当然，很多公司都会参与社区活动，但通常情况下，只有CEO和高管们参与其中。而我们要求每位员工都参与社区活动。例如，我们积极地参与一个名为"赞助学校"的项目。我们找到面临辍学危机的学生，尽我们所能地资助他们完成学业。一线管理人员来到学校，告诉学生们自己是如何成为管理者的。这样的方式，让他们也受益匪浅。他们走进教室，和孩子们交谈，向学生展示怎样使用力量才能起到建设性的，而不是破坏性的作用。或者让学生来到工厂，和成为他们良师益友的工人待上一天。

春田公立学校的管理部门找到我们，要我们接管本地的一所问题儿童学校，这个学校的孩子可能由于种种原因不能毕业，这些原因包括怀孕、吸毒、酗酒或者成绩极差等。这些问题儿童被安排在一所小型学校，那样他们可以得到更多的关心，更有归属感。春田再造公司以能够承担艰巨任务而著称，我们喜欢这个名声。我们是机械的再造者，我们也曾处于事业的低谷，我们能够与这些孩子们产生共鸣。他们是一项新的事业、新的挑战。我们完成问题学校要求我们做的任何事情。投钱，投时间，设立新的奖励计划，与学生面对面交流，为他们提供工作，尽可能帮助他们完成学业。我们尽可能关心每个学生。当然，这意味着员工们要在工作之余多花一些时间，但他们知道自己承担的社会责任，并且，作为一家公司，我们得到的远多于付出的。

我们确实能够为教育提供帮助。我认为，教育体制需要企业的帮助。我们能够分析学校存在的日常问题。企业有责任参与其中，我们不能置身事外。

针对所有这些项目，我们参与的程度是极深的。比如联合劝募协会的项目。春田再造公司的300人，捐赠了大约4万美元，这在城里是最高的捐款数目之一。为什么？因为员工们把自己看作团队的一员，他们希望春田再造公司名声在外，这也是成功企业形象的一部分。他们希望成为最好的。

我们在做善事的同时，也获得了回报。员工们对自己和公司感觉良好，他们有加入春田再造公司工作的最好原因——希望加入其中，成为团队的一分子。成就感包括很多方面，帮助联合劝募只是其中的一个方面，做一名称职的家长也是一个方面，其他还包括你如何对待异性、不同信仰或不同种族的人，以及正确地对待他人、有勇气承认错误。这些都是企业经营的一部分。

不能只关注产品质量

教育员工认识全局，与20世纪70年代和80年代流行的观点背道而驰，尤其是质量运动。那时候，我发现员工们只关心产品质量，不关心任何其他事情。我在春田再造公司最亲密的同事，都认为培训员工学习企业经营的各个方面是浪费时间。他说："像我这样的制造工人，为什么要知道市场营销人员在做什么？我关心的是，他们能否把自己的工作做好。如果我做好自己的工作，并且市场营销人员也做好自己的工作，其他人也都做好自己的工作，那么我们的企业就是成功的企业。我没有必要了解销售人员是如何提高销售额的，真正重要的是质量。要保证产品的质量，就必须要求员工关注工作细节，而不是告诉他们整个公司是如何运转的。"

这样的观点听起来很有道理，但它是错误的，我结合自己的经验知道它是错误的。我曾经见过这样经营的公司，通常他们的产品质量非常糟糕，更不用提还有其他很多问题。当员工只关注狭隘的具体工作时，不同的部门之间就会发生战争。他们不能作为公司整体的一部分进行运作，更像是相互竞争的小团体。这种情况下，使得公司要赢利或完成其他事情变得异常困难。产品的质量不是变得更好，而是变得更坏。

另外，我看不出过分专业化有什么好处。我个人总是偏好从被分配的任务本身发掘更深远的问题。也许是被分配的工作会令人感到厌倦，也许是体制的限制令人感到失望，也许仅仅是出于好奇。无论如何，我学到的越多，就越容易被吸引，并且我发现其他许多人也因同样的事情而痴迷。我能够把全局观作为一种激励手段——帮助员工从工作中得到更多乐趣。

我还发现，全局观可以让我们的公司更加灵活。日本人趋向于关注细节，关注如何把具体的工作做好，我却希望我们的员工成为多面手。我希望强侧边锋能够胜任四分位的角色。我想让员工尝试所有的岗位，而不仅是他们各自的职位。这样，我们就能更快速地适应环境的变化。

与此同时，让我们看看质量运动发生了怎样的变化。10 年前，质量意味着生产出毫无瑕疵的产品。现在，我们会提到"全

面质量管理"——信息质量、支撑质量、客户服务质量。这不仅
要求拥有最少的次品率或最低的返修率，你还要送货上门。员工
们说，现在确实不太容易衡量质量的成本。原因在于，想要成功，
并不能仅依靠质量——你需要送达、安全、环境维护等一切要
素。如果你确实想要衡量，就应该把关注点放在所有这些事物汇
聚在一起的领域：利润表和资产负债表。

　　顺便提一下，我那位强调质量管控的同事，现在是春田再造公司
的副总裁，并且是我所知道的"伟大的商业游戏"最忠实的实践者之
一。他对"游戏"的态度前后发生了180度的大转变。但是我仍然遇
到一些陷于质量管控溢美之词的人们的抵制。他们听到我在宣传"游
戏"，就问我："持续性的改进体现在哪里？流程优化体现在哪里？你
们的工厂里不使用流程吗？"我的回答是向他们展示一份过去5年公
司的每股市值走势图，我说："这个是否足以说明我们公司业绩的持续
增长？"

我的宏伟蓝图

　　我个人的目标是为与我一起工作的人创造财富，与他们分享
财富，让世界变得更加美好。希望世界变得美好是一回事，是否
有资源支持你这样做是另一回事。我在这里努力做的，是向员工
们展示如何创造财富和拥有财富，从而提高人们的生活水平。这
才是我的宏伟蓝图。

混乱信息的危害

　　如果你没有教给员工经营企业的全局观，公司的经营就面临一个向员工们传递着混乱信息的持续性风险。我知道一位《财富》500强企业的总裁，曾经宣布要加速提升客户服务，因此，员工们开始在产品配送中心加大产品库存。他没有告诉大家，他被考核的一项指标是资产回报率，即净收入与总资产的比例。随着产品库存量的上升，公司的资产总额也在上升，而那位总裁也就离他的奖金越来越远。在当年的最后一个季度，他突然命令员工停止一切交付，以达到他个人资产回报率的指标。那真是一场灾难。1400家供应商在没有任何预警的情况下被停止交付。成百上千个工作岗位，被置于危险之中。之所以会发生这种情况，是因为总裁传递了错误的信息，他说自己想要更优质的客户服务，但他真正想要的却是更高的资产回报率。他没有教育员工认识全局，因而每个人都感觉搞砸了，公司上下士气低落。

　　公司给销售人员的奖金也会发出错误信息，尽管在通常情况下，向销售人员传递的信息是清晰的：销售额越大越好。问题在于，对整个公司来说，并不是销售额越大越好。给销售人员的奖金可能会造成混乱。当他们尽其所能卖产品时，生产却跟不上来，这会导致什么后果？最终，公司倒闭，员工失业。那公司该怎么办？或者去掉销售奖金，可这又会削弱销售人员的积极性；或者辞退有经验的销售人员，用新手或工资更低的人取而代之——总之应该做点什么，避免销售人员赚取过多的奖金——却导致公司没办法赢利。

工资制度是公司发出混乱信息的主要途径。公司也可能会通过绩效考核来发出混乱信息，尤其是当处于目标管理模式时。员工们可能会非常困惑，因为他们的视野有些狭隘，不能看到自己的工作产生的效果。比如，你告诉一个人，对她的评估会以库存周转率为标准，那么她就会尽力把库存降低到零。这会发生什么？公司库存成本非常低，但是生产线不能满负荷运转，这样，制造成本会直线上升。这就是为什么要让每个人都关注全局。

THE GREAT
GAME OF BUSINESS

第五章　开卷式管理

员工对公司的情况了解得越多，公司的经营就会越好，这是一条金科玉律。乐于和员工分享信息的公司，总会比蒙蔽员工的公司要更加成功。让员工知道你所掌握的、有关公司的一切信息——事业群、部门、具体运行的工作。信息不应该成为权力的工具，而应该成为一种教育手段。不要利用信息来威胁、控制或操纵员工，要利用它来教育员工如何通力合作达成共同的目标，并由此掌握自己的命运。当你和员工分享数字并让数字鲜活起来时，你就把它们变成了一种工具，从而帮助员工完成自己的日常工作。这是开卷式管理的关键所在。

　　这对春田再造公司的成功也至关重要。如果我们没有公开信息、理念和经营业绩，就不会赚得这么多利润，创造如此多的财富。坦白地讲，如果没有这样做，我都怀疑公司是否能够生存到现在。并且当我谈到公开的时候，是指真正意义上的公开。企业的经营，就应该像水族馆一样，每个人对正在发生的事情都可以看得一清二楚——投入了哪些资源，运营情况是怎样的，产出效益如何。这是确保员工知道你在做什么，为什么要这样做，并能够参与进来决定你们未来要成为什么的唯一方法。这样，当出乎预料的事情发生时，他们会知道如何应对并迅速采取措施。

要从开卷式管理中受益，你的公司的情况不需要像我们一样。开卷式管理，适用于任何情况。即便你是一位僵化公司里的一线主管，仍然能够实践开卷式管理。当然，如果能够获得上层管理者的支持，会对此有帮助。但是，即使高管们按照自己的方式行事，并且对他人漠不关心时，你和你的员工依然能够从开卷式管理中，收获更多的成功和财富。

语言疗法：开卷式管理的工作原理

我谈到的开卷式管理，是指针对企业经营的财务统计数据，与员工们充分交流信息的实践方法。这是我们在春田再造公司推行的"伟人的商业游戏"的基石。我并不是说，开卷式管理能解决经营中遇到的所有问题。如果你没有按照前几章提到的一些步骤去落实，它甚至可能根本不会起到任何作用。如果你还没有建立一定程度的可信度，员工和你之间还没有足够的相互尊重和信任感，他们就不会相信提供给他们的各种财务数据。如果员工从没体验过成功的感觉，如果他们认为自己是失败者，如果他们对未来很迷茫，他们就不会按照业绩指标去工作。如果你没有培训员工，帮助他们了解公司是如何运转的，他们自己是如何参与其中的，为什么这些都很重要，并通过这种方式来培养他们的全局观，他们就不会相信这些数字。

这一切需要从基础做起。一旦你打下了坚实的基础，这时就应该教授员工们认识财务指标，因为财务指标是企业经营的基本语言，如果你无法理解财务指标，你就无法理解企业经营，更不用说参与游戏了。只有财务指标能够告诉你正在做什么，告诉你应该重点关注哪些方面，让你能够找出问题并加以解决，让你看到你的日常工作是如何影响周围的人和事——工作的同事、你的公司、你的社区、你的家庭、你的期望和梦想。这就像是同时拥有了微观和宏观的视野。财务指标把个人和全局紧密结合在一起。最终，企业的宏伟蓝图才是我们奋斗的意义之所在。

开卷式管理，能让员工把注意力集中在公司面临的重要问题上，这是我所知道的最好方法。它能够消除隔阂。当你与员工交流财务报表信息时，员工们能够迅速知晓公司的状况，而不会受到内部竞争的歪曲。如果每个人都能看到全局，部门之间就不会以他人的利益为代价互相推诿。产品部门不能通过责备销售部门来逃避问题——他们不能说："我们完成了自己的工作，但是被那些蠢货搞砸了。"如果公司存在问题，就必须进行解决。每个人都必须相互合作来应对问题。也许，正是产品部门导致销售方面出现问题——比如，没有按计划完成生产，或产品的质量下降。开卷式管理迫使各种信息公开，而不是被隐瞒。

与此同时，开卷式管理改变了员工对自身工作的看法。财务指标使员工认识到自己工作的意义，展示了其在哪些环节进行配合，以及为什么他的工作很重要。我们厂里有一名员工，他叫比利·克林顿，在我们的一个工厂管理仓库。长期以来，他认为自己是个无足轻重的小角色，只是车轮上的一个小齿轮。他认为自己的工作只是看管零件和产品，以备不时之需，自己只是个看门人。他看不到自己承担着对公司补给的责任，看不到自己对公司的快速发展存在现实的影响。

但是，当他学会数字语言，就会开始理解自己的角色和作用。他能够马上看出，装配流水线的停产会造成多大的损失。有几次生产线的停产，就是因为没有在仓库里找到原本应该在那里的零件。这使比利·克林顿意识到，整个公司要依靠他来准确地了解可用的库存。如果他的统计不精准，我们就可能在不知不觉中缺少某个关键零部件。后来，他和同事们强化了库存统计的精准度，从而保障装配流水线的高效运转。工厂确实需要员工们能够快速成长。我不确定这样做会对员工们有多大程度上的提升，但突然间，他们的工作有了意义，它不再仅是一份工作，也不只是一个职位，而是一种责任，是养家糊口的承担。

在企业经营中排除情绪的干扰

我知道有一家公司，为公司内部的人文关怀而感到自豪。这家公司的员工们，经常参加急流、漂流旅行或登山探险之类的活动，并且每天留出专门的时间进行自我提升。该公司的CEO经常播放激动人心的音乐，在周五举行啤酒狂欢，告诉员工他们的工作做得多么的出色——一种极好的企业文化。但是他们忘记了一件事：要维持经营，必须赢利。经过一段短暂而辉煌的运营，公司倒闭了，所有的员工们都失去了工作。

我坚定不移地认为，企业应该由员工主导。但是，任何企业都不可能在重感情、轻业绩的情况下，让公司的员工受益。这就是我最喜欢开卷式管理的原因之一：把情绪因素排除在企业经营之外，或者至少在决策制定流程之外。情绪化会模糊大脑的思考，但业绩指标不会说谎。我们的员工知道，企业经营要想成功，就要确保1+1=2。这并不是像做游戏那样随意。

不要误解我的意思。我也认为情绪在企业经营过程中可以发挥合理的作用；我也非常支持庆祝活动，以及传递鼓舞人心的信息。我只是认为，他们不能用这些来取代有关公司经营状况的真实信息。员工们应该理解公司为什么要举行庆祝活动——为什么激励很重要？他们的努力能得到什么回报？用激励的噱头来激励员工太容易了，我们不能这样做，而且这样做也是错的。利用员工的无知，用虚假的东西让员工努力工作，告诉他们工作得很好，他们效力的公司是多么伟大，而却不让他们知道公司的真实情况，这样做是不公正的。我曾经为一家公司工作了14年，公司一直说状况良好，会一直经营下去。它通过情感共鸣来激励我们。但如果我看过资产负债表，就会知道我们的感情放错地方了。

让员工们自己评价现状。不要试图通过盲目叫好影响他们的判断。通过财务数据来交流会更清晰明确。如果我告诉员工1+1=2，信息在传递的过程中就不会被歪曲。挑战在于，如何让员工理解我告诉他们真实情况的目的。

当你有不好的消息要传达时，经营业绩就显得至关重要。分享坏消息是困难的。此时会存在天然的恐惧，员工可能会受到打击，那样他们会放弃，会没有动力解决问题。所以，要传达坏消息的人，总是倾向于尽可能说得好些，这样通常会避重就轻。但如果真实的信息没有传达出去，问题只会变得越来越糟糕。所以，在某种程度上，你既想把信息清晰地传达出去，又不想损害员工的积极性。那么你可以用业绩指标来说话。员工能够清晰地理解数字后面的信息。他们会说："兄弟，我们需要为此行动起来。"

神奇的数字：为什么开卷式管理有效

一个大城市的侦探曾经告诉我，想把一切变成现实，你必须要有一系列"神奇的数字"。他所指的神奇的数字，并不是钱夹里的现金，而是他脑子里记下的数字——能帮他解决问题的人们的电话号码。春田再造公司的员工，也有自己的神奇数字，这些数字是我们最重要的竞争工具。接下来是具体的理由。

企业想要赚钱只有两种方法。一种是成为成本最低的生产者，另一种是生产独一无二的产品。一方面，除非你有一款专属产品或服务，否则你就不得不准备进行价格战，而如果你是成本最低的生产者，那你应对价格战就会得心应手。如果你有市场上最低的成本，你就可以在竞争中以低于他人的价格出售你的产品，并且仍然可以获利。基于同样的原因，当竞争对手报价低于你的报价时，你也不必过分担心业务会不会流失。如果你的**成本**比竞争对手低，那么价格战对他们更加不利，而不是你。

另一方面，如果能卖出高价，那总是好的。为了实现这一点，你必须有自己的优势，让客户不会流失。优势也许是产品质量，也许是一种特殊的服务，也许是独一无二的产品，也许是一个品牌。只要这些是你独有的，而且是客户需要的，你就可以收取溢价。

当然，最成功的公司会努力同时获得最低廉的成本和最独特的竞争力。大多数的公司，努力把这两者结合起来，其内在的逻辑仍然适用。如果你的主业是制造3英寸的铁钉，最好能在行业中拥有最低的成本。如果你的产品是宝丽来（Polaroid）一次成像照相机，你就有更多的自主权。

很少有公司能拥有像宝丽来公司那样的市场地位。绝大多数公司没有资格按照自己的想法定价，或者按照市场的承受能力定价。我们也不例外。在我们的行业里，我们必须成为成本最低的生产者，因为任何人都能翻新发动机和零件，并且上千家其他公司都正在做这样的事情。降低成本是很重要的，而且，没有任何一个人或一个部门，能够为我们完成这样的任务。公司内的所有员工都持续进行着各种决策，影响我们的成本水平。例如，每天的每一分钟，车间里工人都在判断，到底这个旧零件是要修复还是更换。原则上，我们要尽可能地使用旧零件，越多地节约和使用旧零件，我们的成本也就会越低——当然，前提是员工不会在修复零件上花费太多时间。假定我们每小时要为员工和他的开销支付 26 美元，如果他决定修复一个连接杆，而一个新的连接杆需要 45 美元。如果修复工作需要花费他一个小时的时间，那么公司就可以赢利。如果花费他两个小时，公司就会赔钱。而且，这些都需要他的主观判断，因为没有哪两种修复工作是完全一样的。所以，员工们在持续不断地判断，是否值得花费时间和精力去完成某项特殊的操作。

以这种方法来看，我们同其他公司相比没有任何差别。针对成本的控制，是由每个人来决定它的发生（或不发生）。你不可能通过在办公室里发布文件、制定详尽的制度和管理方式或者言语激励，就试图成为成本最低的生产者。控制成本的最佳方式，是让每一位员工都参与到经营活动中。这就意味着，要为员工提供各种工具，让他们能够做出正确判断。

这些工具，就是我们的神奇数字。每个公司都有自己的神奇数字。具体来说，神奇数字就是能够告诉你，你的成本是否比竞争对手还要低的财务指标。为了明确自己的成本应该处于什么水平，你必须对竞争对手的成本有深入了解——他们的人工费率是多少，他们生产产品的速度有多快，他们会提供哪些附加福利，还会提供哪些其他的激励机制，他们为原材料支付的费用是多少，他们的债务水平如何，诸如此类。只有这样，你才能决定应该采取哪些措施，才能成为成本最低的生产者。你竞争对手的经营指标，给你提供了对标。通过开卷式管理，你可以将对标指标分享给公司的员工，它使每位员工都能为把成本降到最低而努力。

当然，你们在尽力降低成本的同时，还可以尝试提供附加服务——这些服务是其他公司所没有的。或许，它可以是全面质量管理体系，或是某种形式的额外的市场营销或销售支持。采用这些做法，是为了提供一些让你能够获得额外收益的产品或服务。然而，大多数公司不可能收费过高。所以，永远不要放弃把成本降到最低的努力。这就意味着，要在竞争中保持领先优势，然后培训员工，让他们了解公司的竞争状况，让他们提出降低成本的方法。你将会对他们提出的方法感到惊喜。

在这个过程中，你能够获得额外的收益：一支具有高度主动性、低度流失率和强大稳定性的员工队伍——这意味着为客户提供高质量的产品/服务。这是我们的竞争对手所不具备的优势，它使我们得以赚取一些额外利润。

改善只能提升部分，意外却能摧毁一切

关于开卷式管理的最有力观点是：员工对公司了解得越透彻，积土成山的能力就会越强。

企业经营，是一场由很多部分组成的游戏。如果你仔细观察当前各家公司的利润表，会发现他们的税前利润很少有超过5%的。所以1%利润率的提升都非常非常重要，而且需要花费时间来实现。而意外事件却能带来更沉重的打击。每个人都厌恶经营中发生意外事件。然而，员工们都很讨厌操纵管控的那些人，他们推行着陈旧的、不透明的、须知式的管理方式。实际上，这种

运营管理模式，恰恰带来了源源不断的意外事件，因为员工没有完成预期和计划任务所必需的工具，没有办法实现自己的承诺。要想消除意外事件，你必须考虑到那些可能影响经营能力实现承诺的所有因素。再次重申，你需要进行开卷式管理。

确保不发生意外事件，或至少不出现大的意外事件，这是春田再造公司的另一种工作职责。意外事件的出现，意味着你没有管控好你的职能。开卷式管理，为员工们提供了一种管控的方法，从而保证了稳定性，而员工对稳定的渴望程度，不亚于对意外事件的厌恶程度。稳定来源于制度，来源于企业经营的基本原则。它能够凌驾于每个人之上，能够永存。

第六条超级法则：

　　骗得了外行，骗不了内行。

"伟大的商业游戏"并不是一种欺骗的手段，如果你想要这样利用它，它不会发挥你想要的作用。

克服披露信息的恐惧

怎样做才能使工作场所更加民主化——让员工有机会接触财务指标，进而掌握控制命运的方法？这并不是说要抛弃你的自豪感，也不是承认自己不能解决全部问题和做好全部决定，而是要克服你的恐惧。

极大的恐惧 No.1：
如果竞争对手掌握你的财务数据怎么办

开卷式管理的观念，激起很多 CEO 内心的恐惧，他们一想到公司的财务数据可能落入他人之手——比如竞争对手，就会浑身发抖。我必须承认，起初，我们公司的各项经营指标非常糟糕，对手知不知道都无所谓。后来，随着我们开始对员工进行培训，教他们认识经营指标，公司逐渐强大起来，我们对竞争对手的担忧也越来越小，因为他们并没有通过相同的方式实现强化自身的能力。

模仿者从来没有像创新者那样让我感到担忧。通过与员工分享经营信息，我们获得了一些竞争对手无法比拟的独特优势。他们能够看到我们的每项经营指标，但除非他们采用我们的方法，开始使用他们的业绩指标来构建团队士气和员工积极性，让员工们参与到降低成本的努力之中，否则他们就不可能让我们出局。

这并不是否认在竞争中是可以利用竞争对手的财务信息进行对抗的。我们会尽自己所能地收集对手的各种信息。我们经常购买对手公开交易的股票。不这样做是愚蠢的。你对竞争对手了解得越多，你就越容易判断在特殊情况下——什么时候应该与对手争夺，什么时候应该让步，在哪些领域可能存在特殊优势或劣势，如何采取措施应对。

　　同样，一家公司，尤其是私营企业，是可以隐瞒某些经营状况的，虽然不像大多数人想象的那样多。作为开卷式管理的公司，你可以从容易获得的资源渠道获得大量公开信息，比如邓白氏（Dun&Bradstreet）和其他征信机构。如果你像其他公司一样在同一片场地竞技，你通过街头智慧可以了解很多信息。如果你在一次投标中失利，通常情况下你都会找到失败原因。如果你和竞争对手的原材料都是通过同样的渠道获得的，那么你的原材料成本应该和竞争对手的一样。弄清楚其他公司的人工费率水平并不是一件太困难的事情——你可以问那家公司的员工，或者他的邻居，或者聘用来自竞争对手公司的人。然后你可以着手分析管理费用。比如，我们的报价是10美元，而我们的两家竞争对手的报价都是9美元。那么从何处找到这1美元的差异由来，并不会花太长时间。

　　但主要的观点是：从长期来看，掌握竞争对手的财务数据并不会有太多意义，除非你是成本最低的生产者或者拥有独特优势。你必须回归到前文中提到的两个基本原则上。当然，对手能够利用我们的经营指标在某个项目的投标上胜过我们，但是之后，他必须进行交付，必须保证质量，必须支持这款产品。了解竞争对手的财务指标最多只能取得短期的战术优势，但与培训员工看懂经营指标所获得的收益相比就显得微不足道。

与此同时，有时候让竞争对手获得某个特殊的订单或交易对你更有利。如果某个订单非常复杂、成本很高，而对手确实急于得到这个项目，退出竞争可能会对你更有利。首先，对手投标的价格这么低，可能会使其在这个项目上赔钱。其次，他可能因此会在下一轮竞争中落后。所以，有时你可以在投标中提出较高的价格，让竞争对手以低价获胜。

极大的恐惧No.2：
你担心的到底是竞争对手，还是你的员工

不幸的是，很多公司隐瞒公司的财务情况，并不是由于害怕竞争对手，而是害怕自己的员工。他们不认为员工们会理解这些数字，这在一定程度上是正确的。如果你没有向员工展示如何把财务信息当作一种工具来帮助自己的公司，他们可能会把它当作一种武器对抗自己的公司。从长远来看，我仍然认为你最好公开财务信息。如果隐瞒这些数字，员工就会自己去猜测，并且猜测的结果通常不切实际。在90%的情况下，员工们认为公司资金充裕，并且应该支付给他们更多的工资。他们对企业的具体经营含糊不清，例如，很多人分不清利润和销售额的区别，这实在是令人感到惊讶。

所以，要和员工分享财务数据，即便你对员工的培训并没有

做到驾轻就熟。你没有办法完全消除员工对你动机的怀疑，或对你经营方式的怀疑。当他们没有被教会这些数字的意义时，你不可能消除员工们愚蠢、无知的观点。但至少，在员工们并不了解公司的真实情况时，你可以避免他们得出一些野蛮的假设——这些假设可能会导致破坏行为的出现。

极大的恐惧No.3：
如果你的经营业绩很糟糕，该披露哪些信息

有一次，我在加利福尼亚的一个企业集会上做了一场报告，之后一家丝网印刷公司的CEO找到我说："我很欣赏你的观点，也很欣赏你经营企业的方式，但是我不会让员工们了解企业全部的财务数字。他们如果知道我们公司糟糕的真实状况，就可能会离职。"我问："这是不是意味着，你只给员工们展示好的经营指标？"他回答："是的，我给他们看好的经营指标来鼓励他们。"我又问："员工们信任你吗？"他回答说："不，他们并不信任我。"

事实上，你需要把全部情况告诉员工，包括好的也包括坏的情况。这是构建信任的唯一途径，而且你必须拥有信任，因为在经营过程中犯错误是不可避免的。在独立经营的第一年，我们犯了很多错误。在私有化后的两周内，我失去了公司最大的客户。

然后，由于我们不懂税法，公司陷入了巨大的税收麻烦中。后来，由于奖励计划不起作用，我们又只好半途而废。与此同时，我们几乎连工资都发不出来。

但员工们接受了我们的错误并原谅了我们。我认为，这主要是因为我们长期以来建立的相互信任的关系，从万国收割机公司步履蹒跚地处于破产边缘，到我们努力完成工厂私有化的那段时间。在那段时间里，管理者们没有失去信心，我们也要求员工永远不要失去信心。不管是受到嘲笑还是屈辱，不管在任何恶劣的情况下，我们从没有失去冷静，并且总是把事实告诉给员工们。我认为，他们后来意识到了大家在用尽全力渡过难关。在逆境下，我们能够比在成功时获得更多的信任。

这是很重要的一点。太多的CEO只会告诉员工好消息。而好消息与坏消息的结合，才更能构建相互信任。如果你想持续掩盖真实状况，那纯属天方夜谭。生活并不是这样的，而且员工们知道这一点。当然，如果你让境况看起来很糟糕，而这只是为了拒绝员工的加薪要求，那么你会在极短的时间里失去他们的信任。因为员工同样知道，事实不是像你所说的那样。如果你想要得到员工们的信任，就让他们看到各类经营指标。

如何成为一名开卷式管理者

有时，我认为我所做的就是在指挥一个交响乐团。我们有小提琴，有铙钹，还有管乐器。我就像劳伦斯·韦尔克一样，从事指挥工作。我的任务是保持旋律的节奏流畅，我要确保演奏工作的有序和准确。这可能会很棘手，因为情况是不断变化的。所以我必须把握灵活度，但同时要有原则性。最重要的是，要确保每个人都是按照同样的乐谱演奏。而我们的乐谱，就是一系列的财务报表，尤其是利润表和资产负债表。

在向员工们介绍这些报表的过程中，我们使用各种各样的比喻手法。我经常告诉他们，资产负债表就像公司的体温计。它能让你知道你是否处于健康状态。利润表告诉你，你是如何处于这样的状态，以及为了改善现状，你可以做些什么。资产负债表可能会告诉你，你发烧了。利润表告诉你，是什么导致你发烧，你应该吃什么药才能治好发烧。你需要它们，它们相辅相成，彼此印证并保持平衡。

当你把财务报表作为管理工具时，必须让它们适用于你的目标。不要过分依赖会计师们提供的财务报表，这些报表是给外人——投资者、税务员、银行家看的，报表里反映的是他们想知道的信息。员工们知道的信息需要有点不同。大体的形式是一样的，精确度也可以用同样的高标准，但是细节需要被继续拆分，以便于向大家更多地展示公司内部到底发生了什么。关键是，向每个人展示他们是如何影响利润表和资产负债表的。相应地，在你公布这些数字时，要强调那些员工能影响到的指标。

具体如何执行，要完全依据你的企业情况而定，但以下是一些可以遵循的通用原则，供参考。

1.从利润表开始

这是你吸引员工参与到游戏中的最佳工具，因为它是不断变化的。结果是，利润表能够展示经营状况的原因和结果。你既可以像它呈现的那样来监控经营活动，又可以向员工们展示他们对公司赢利所发挥的作用。

2.关注费用最高的类目

毫无疑问，它们会对公司的盈利能力造成最大的影响，所以你要对它严密监控。

3.把类目拆分成可控因素

如果工资是一项变动费用，你要让员工了解它的变化规律。如果在企业经营中用到卡车，员工应该知道这部分费用是多少。在销售部门，你必须密切关注交通费、招待费以及其他销售费用的支出。在专业服务公司，你也许会细化到付费时间。整体思路在于，把利润表以一种新的方式呈现，让员工能够观察到自己的工作效果对公司经营的影响。

4.让员工通过利润表理解资产负债表

虽然很多工作都是围绕利润表展开的，但只有资产负债表才能够告诉你真实的情况——你的工作是否稳定，公司创造了多少财富，公司脆弱的环节在哪里。如果忽视这些问题，那么你就会处于危机之中。而且，一旦员工们掌握了利润表的内容，向他们解释利润表的变化会带来资产负债表的变化，这就相对容易起来。我们可以利用同样的原则，把资产负债表中的大类目分拆开来，借此阐明诱因和影响。

总之，要有一套能够适合你企业特殊要求的财务报表。如果你经营连锁服装店，你的内部报表最终会与旅行社、理发店、咨询公司或者金属加工公司的报表存在很大不同。但是你们做报表的方法不会有太大差别。

在春田再造公司，我们把制造环节所需的各种费用拆分开来。典型的做法是，把这些费用集中纳入利润表中的销售成本科目。这对一个银行家来说也许已经足够，但它并没有告诉我们生产过程中的具体情况，以及大部分员工的工作情况。我们希望员工们能够清晰地看到，他们的工作对公司的利润会产生怎样的影响，所以，我们把销售成本拆分成基本的要素——原材料、人工成本以及间接费用。每周，各个部门都要预判他们是否会超出或节余当月预算，金额大概是多少。然后，我们在月底做出一份上百页的财务报表，准确说明公司的经营情况，以及每位员工的贡献程度。

几乎公司经营的每个要素都被量化，从接待员手中记事本在预算中所占的比例，到曲轴制造工人每小时开销费用的分摊金额。我们持续地针对原材料费用、间接费用、绩效进行衡量。劳动比率是以天为单位计算的——由主管、团队负责人、部门经理和小时工自己来计算。我们对每个人的开销都有书面记录，甚至包括谁买了铅笔、清洁液等。每天，员工把收据金额输入电脑，与标准费用文档进行比较，并把结果打印出来。这样，员工就能发现自己的实际费用是否符合标准，即他是否超出预算。整个公司都如此操作。销售数字每天都会公布：谁在购买产品，购买了哪些产品，是通过什么途径购买的。销售指标不仅能拆分到每位客户，而且详尽到每件商品。与此同时，在生产车间里，我们还用"移动票据"来记录员工的工作情况。比如，如果一个员工生产了10台发动机，他将把机器从工作地点运送到仓库，并且随身带去一张移动票据。在移动票据上打孔以表明本项工作已经完成。一旦订单完成，我们就会计算出产品是赚钱了还是赔钱了。

参观者有时认为，所有这些做法有点令人感到不知所措。我告诉他们要记住，我们的这套体制不是一日之功。我们花了很多年的时间才形成今天所有的机制，它能够确保员工时刻了解到最新的财务数字，并且我们仍然在不断尝试新的方法。但这一切都是从非常简单的基础开始的。在第一年，我们的首席财务官每天要为银行提供一份龙飞凤舞的手写报告，展示我们的现金流、库存情况、应收票据、负债情况等。后来，这种方法在公司内部得以应用。员工们开始对经营情况很关心。他们会在一大早就来到我的办公室问："我们今天负债是多少？"从那时开始，公告系统开始不断发展。

这种制度的不断发展，是由于员工不断希望得到更多的信息。关心公司的经营状况，并不需要MBA学位。大部分员工甚至连高中都没有毕业，但这不会阻止他们在游戏中努力超越。我们提供的信息越多，员工想知道的就越多。

你知道公司的卫生纸开销是多少吗

你一定听说过一句由来已久的管理格言:"无须为小事担心。"这是企业经营所遵循的最糟糕的建议。我们关心每件小事,虽然控制我们的某些费用需要一些灵感。

在独立经营的第二年,我们已经有了一个预算体系。但是我们无法控制那些与生产没有直接关系的、无时无刻不在产生的小额费用——从卫生纸、油漆、护目镜,到取暖费、电费。我们过去没有监控这些所谓的杂费,后来这部分费用变得难以控制。所以我们说:"好的,我们把杂费项目拆分开,把每一项都交给主管和其他管理者来负责。"这样,对预算的控制成为落实到个人的责任,不仅仅是为了自己的部门,而是为了整个公司,然后,要确保实现预算目标。

这种方法,是把杂费具体分摊到个人。原先,没有人负责控制这些费用,杂费计入预算的其他费用科目中,而设立其他费用科目是个大错误。如果你的预算包括其他费用,员工会把任何费用都计入其中。结果是员工可以在杂费项目上随意开支,而费用会疯狂上升。

所以我们把杂费科目的名称写在一堆小纸条上,然后把所有纸条放到一个罐子里。然后,我们集合全体员工进行抽签,每个人抽到附有美元数字的账目。一个名叫唐·伍德的员工得到了卫生纸项目。在抽签之后，我让员工们出去做一些调研，等到下次开会时回来讲一下，告诉大家他们是否认同我们标记的数字金额。如果不接受，就必须说明原因并告诉我们实际的费用应该是多少。结果是，有些员工接受我们给他们提供的数字，有些员工把数字降低，有些员工反而把数字提高。我们事实上并不关心这些，只要他们能够提出最终的数字，他们也就承担了从此遵守这些指标的责任。

唐·伍德牢记自己的任务。当他研究卫生纸的账目时，他发现了一种令人惊奇的，但明确无误的趋势。你可能会这样想，每月或每周卫生纸的使用量会在一定程度上保持稳定，但事实不是这样。与之相反，这里存在一种特有的波动模式。作为一个有探究精神的人，唐·伍德开始寻找影响卫生纸使用量上升或下降的因素。可以肯定的是，他发现了员工在工作上花费的时间（就是生产发动机和零件所花费的时间）越多，用的卫生纸越少。反之，当我们的经营趋缓时，卫生纸的消耗量会上升。在一次员工会议上，唐·伍德用图表的形式向大家提出了自己的发现，图表的内容是1983—1984年卫生纸使用量与该时间段每月员工工作时间的关系。他毫无疑问地证实了一件事情：我们的工作越忙，上厕所的次数越少。

除了提供消遣以外，这个项目确实发挥了作用。唐·伍德管理的费用项目比预算有节余，而大部分其他的杂费项目也有所节余。

他们这种精神会互相影响。那一年，我们设法通过奖励计划推动管理费用的结余。在年初的时候，我们的间接费用是每小时39美元。奖励目标是把间接成本降到每小时32.5美元。事实上，间接成本降到了每小时26.32美元。由于从间接成本中节约的每一美分都会转化为利润，因而公司的利润飙升，公司股票价值从每股0.61美元增加到4.05美元。不管怎样，我并不认为唐·伍德提出卫生纸消费系数的那一年里，发生的所有这些事情纯属巧合。

　　员工们想准确知道自己与整个公司经营过程的关系：他们为公司节约了多少钱，在某个特定的项目上赚了多少钱，前因后果是怎样的，他们的某个想法发挥了怎样的作用。他们的这些问题，告诉我们应该提供哪些信息。管理者的角色是激发员工的求知欲。我们通过多种方法来实现这一点——奖励计划、周例会，还有我们一直探索的各种比赛机制。但这个过程的开始很简单：坐下来向员工们解释银行是如何衡量我们的，以及我们是如何评价自己的。

　　这种体制逻辑性极强，使管理者不必事必躬亲。你不必因员工不愿意工作而惩罚他们。你警醒他们，是因为他们错过了为自己增加收入的机会。这是一种完全不同的管理体制。你在交流的过程中，更多是给员工指出存在的机会，而不是胁迫或威胁他们。这是一种不需要说谎和欺骗就能激励员工的途径，是一种用事实激励员工的方法。

THE GREAT
GAME OF BUSINESS

第六章　设立标准

财务指标在某些领域可谓声名狼藉：如果你看到这些数字是怎样被使用的，你就不会感到奇怪。大部分公司把业绩指标作为一种惩罚手段，一种监视、恐吓或控制的手段，他们不是把它作为建设性的工具——教育员工使他们更卓有成效。

关键点：让创造数字的员工理解数字，会让公司受益匪浅。基层员工与上层领导间的沟通会非常顺畅。

然而，我们不能指望把各种指标灌输给员工，就可以提高交流的质量。你需要让这些数字变得既易于理解又具有吸引力。你需要赋予它们生命。毕竟，财务指标可以定量展现企业经营的几乎各个方面——库存周转率、人均销售额、作业安全率、邮寄费用、人工效率、生产率、客户人均电话时长、能源消耗等。诀窍在于，能够评估这些财务数据，明白它们的深层含义，掌握实现它们的方法。基于这些考虑，你需要各种标准。

标准，就是在你衡量的某个特定类目里想要努力达到的数值。它可以是一个比率，可以是一个百分比，也可以是某段时间内的绝对值。这都取决于类目。如果你需要评估工作安全水平，那么你可能需要研究事故发生的频度和严重程度。如果你需要监测客户的付款速度，那么你就需要研究应收账款平均支付天数。无论是哪种类目，你都需要一个数值，用来与业绩结果进行比较，从而判断你们做得怎么样。这个数值就是标准——你全力以赴做好工作时能达到的水准。这是个参照标准。实际上，我更喜欢使用"目标"这个词，因为这强调了它们不是固定不变、不可更改的。它是员工与市场现实之间持续竞争的一部分。标准是挑战自我、激发潜能的工具。正因为如此，它们能够随着你能力的提高或环境的改变而不断调整和修正。

只要存在能够对公司的盈利能力和现金收入产生更大影响的类目，就会有一些标准明显比其他标准更重要。在很大程度上，这是你从事的企业经营的一个重要职责。例如，像我们这样的制造型公司，设定劳动效率和间接费用分配标准是至关重要的，因为它们对我们提高盈利能力起至关重要的作用。或者，如果你拥有连锁服装店，你可能会对每平方米销售额和存货周转率标准更感兴趣——这两项决定你利用劳动力和现金能力的高低。一家咨询公司或者专业服务公司，将更倾向于强调付费服务时间；一家酒店则更关注客房入住率。

而且，在一个特定的公司内部，不同职能的员工需要匹配特定工作的定制化标准，同时反映他们的个人可控因素。一个名叫里克·海登的仓库管理员，可能会想知道当前公司的经营状况与以前的业绩或与本行业平均水平相比到底怎么样，但他最在意的是达到自身库存准确度和周转率的标准。同样，销售人员需要的是诸如毛利和销售费用与销售额比率的标准，而采购人员更关心原材料成本标准。不同员工和不同职位的标准，在数额和种类方面各不相同，但是公司的每个员工都需要某种方式来衡量他或她每天、每周或每月的工作到底做得怎么样。

对你提出标准的数量，几乎没有任何限制。实际上，每个人都可以制定自己的标准。随着时间的流逝，任何真正参与"伟大的商业游戏"的员工，都能编制出一份内容翔实的列表。但在刚开始的时候，不要设定过多的标准。你可以在开始游戏时，先设立两三项标准——比如，一个与销售相关，另一个与生产相关；然后，以此为基础慢慢构建。整体思路在于，对某些运营活动进行重点关注。标准的存在，让游戏推行得更快速、更有趣。它们能够让你轻松且高效地决定如何针对盈利和持续的现金流贡献力量。

对于开卷式管理者，标准是让企业经营更容易理解和易于管理的重要手段，让员工们摆脱对财务指标的恐惧，更习惯于对结果的掌控。

关键点：这样的财务数据不再复杂，也不再令人感到恐慌，比几百万棒球迷计算他们喜爱球员的平均击球率或投失分

难不了多少。

然而，在公司中，有些员工因为不懂得规则，所以不会进行计算。标准能够帮助你培训他们，它们能够让你向员工展示，企业经营与0.4的打击率、在一个赛季完成60次全垒打、在56次连续比赛中安打或自责分率（ERA）小于1.00之间的相似之处。而当你在利用标准培训员工时，你也在为他们设立需要实现的目标。你在激发他们看到自己的潜能，你在努力让他们参与到游戏中来。

最重要的是，这些财务数据帮助每位员工都参与到同一个游戏中来。员工们需要一些方法来帮他们计分。如果你不提供一个方法，他们就会自己创造一个。在万国收割机公司，我注意到一个经验丰富的领班是如何制作他自己的利润表的。他会一早来到工厂，巡视车间，统计库存情况，看看机器状况。然后他会在上班时间站在门口，统计进厂的工人数，之后他会回到座位，设立一个特别的利润表。在我看来，大部分人都有自己粗略的会计体系，使他们自己更有条理性，从而理清工作重点。问题在于，他们自身的体系可能会带领他们朝着不同的方向前进。这也是为什么要设立一套每个人都能适用的标准，以便对工作的进度进行跟踪。这样，当公司出现问题时，员工们都会及时了解情况，并知道应该如何应对。

那么，你应该如何在公司内部制定和实施标准呢？你需要选择一个类别，设定一个目标，并且努力实现它。几乎任何目标都可以，只要你能够充分说明它值得成为目标。没有唯一正确的方法可以照搬。你需要遵循个人的直觉、公司的特定情况和任何有效的手段的指引。提出一个看似合理的经营指标，不要担心它的准确性。如果员工们认为这个指标是错误的，他们会主动提出意见。设立标准，需要团队的共同努力，而且这是一个不断前行的过程。要鼓励员工针对每一项标准进行讨论，让他们共同协商。随着时间的推移，最终你会得到正确的经营指标。这里有一些关于制定和使用标准的技巧，而这些技巧来自那些曾为此走过弯路的人。

技巧No.1：找出公司的关键数字

每个公司都有自己的关键数字。所谓"关键数字"，就是那些在任何特定时间里，都会对公司的经营和未来的目标产生最大影响的数字。其具体情况会取决于各种因素：你所在企业的类型、当前经济形势、行业竞争条件以及公司的具体财务状况等。公司的关键数字，可能与销售额、现金流、产品质量、员工招聘、运营成本或众多其他因素相关。无论你是否意识到这些关键数字，它都会对公司的生死存亡至关重要。如果你想要企业成功，或者生存下来，你都要精通这些数字。所以，找出公司经营的关键数字，并以此为目标制定员工们切实可行的标准是至关重要的。

令人感到欣慰的是，只要你对公司有适度的了解，一般情况下，找到公司的关键数字还是很容易的。请注意那些使你夜不能寐的问题。最好也问问你的员工们，有哪些让他们晚上睡不着觉的问题。如果公司处于经济萧条期，毫无疑问，你们都会担心销售问题，你也许能在销售上找到经营的关键数字。或者假设你拥有一家临时服务公司，而且大家都干劲十足、热火朝天，那么公司的关键数字更可能与招募或留住人才有关。或是由于某些情况的发生，公司运营的某个环节变得尤为重要。例如，当克罗格（Kroger）连锁超市私有化时，它背上了巨额的负债。当一家公司的债务达到那种程度时，现金流就成为王道。所以公司给所有的连锁店经理很多股票，并告诉他们，如果想看到股票增值，必须把重点放在现金流上。经理们正是这样做的！他们降低库存量，推迟固定资产投资，与供应商协商赊购，使现金收入迅速增加。随着现金收入的增加，公司还清了债务，股价也直线上升。

我们在私有化之后，也遇到类似的境况，正是从那时开始，我们把重点放在销货成本（COGS）上，在正常情况下这也是我们的关键数字。它几乎出现在我们所有的运营活动中。为了弄清楚公司的实际情况，我们必须找出能够影响利润表中销货成本的所有不同因素，并监控所有不同的变量。此外，我们必须清醒认识到，形势会不断变化，

有时会变化得很突然，导致另一个其他的关键数字成为重点。例如，我们曾经有段时间销售额下降，但又找不到新的收入来源。在这种情况下，你必须谨慎行事，以防现金短缺，所以，

我们最紧密关注的数字是销售额。

技巧No.2：构建一套标准的成本体系

公司的关键数字迟早会与成本相关，所以你最好建立一套标准成本体系。这是确保自己的成本与市场保持一致的唯一途径，从而使公司不会因成本过高而削弱竞争力。要记住，想在经营中获利，只有成为成本最低的生产者，或者拥有独一无二的产品。并且，即便拥有独一无二的产品，你也要努力降低成本，否则就是愚蠢的。为了能够有效地实现这一切，公司必须设立一个标准成本体系，告诉大家成本会出现在运营的各个方面。如果没有它，要员工们参与控制成本会变得很困难，这主要是因为员工们不知道怎样才能达到目的。事实上，当你告诉员工们公司当前的成本过高时，他们可能会不相信你说的是真的。你还会发现，在这种情况下，教员工如何遵循企业经营的基本原则——赢利和获得现金收入，是几乎不可能的。

我一来到春田再造公司时，就遇到了诸如此类的问题。我能够观察到，公司在某些产品上是赔钱的，但我在尝试让车间里的员工们相信这一点时遇到了困难，因为公司当时没有一套标准的成本体系。有个名叫丹尼丝·布雷费尔特的员工，她的工作是加工变速器，她对自己的工作感到非常自豪，她制造的产品质量也非常精良，但她不知道自己能否为公司赢利。当我告诉她，她的工作并不产生效益，她简直难以置信。我从工作订单中就可以看出来，仅原材料的价格几乎就与公司的产品售出价格相当，丹尼丝·布雷费尔特为此大吃一惊。她在餐厅里花了很长时间，研究与她相关的经营指标，努力思考背后的原因。最终确定下来，如果自己少用一些零件、减少一些工序，是可以获得一些盈利的。我让她继续做了一段时间这个工作，但是变速器零件的价格持续上涨，以至于最后公司无法在这件产品上赢利，所以我们放弃了这款产品。但这件事情给我一个教训。我意识到，公司里像她一样的员工可能有很多。也就是在那时，我决定我们需要拆分所有的产品——准确计算出落实到每个单元的原材料成本、劳动力成本以及管理费用。我组建了一个由 5 名员工组成的小组，花费了一年的时间，彻底弄清楚公司生产的每件产品上到底花费了多少的成本。

　　经历这个流程需要做很多的工作，但这是必须的，如果你想要一套真正的标准成本体系。大多数公司使用的是成本体系，我称之为"平均成本体系"。他们会考察上一年公司支付的费用，并把它作为本年度的标准。那样的成本体系很少能做到足够精准，并且没有办法为企业经营提供目标。如果你在上一年的经营效率低下且成本过高，那么你就会简单地把所有的成本、问题和不足之处带到新的成本体系中。这样的成本会计方法，对生产率的提高确实是一种阻碍，因为它接纳和默许了无效经营。如果你要改善现有状况，必须知道公司开销的成本应该是多少，而不仅是公司以前支出的成本是多少。这意味着，要考察每件产品、每个零件，检查每个流程和运营状况，把每一个都拆分到具体的组成部分，并为做的每一件事设定标准成本。

所有这些都要花费时间和精力，但这并不像有些人想象的那样困难和神秘。即使在那些比我们标准化程度要逊色的公司——如一家图形设计公司、出版社或咨询公司，你仍然必须解决那些与成本相关的问题。没有哪两项广告活动策略是完全相同的，但你可以从完全相同的组件里把它们创造出来，而这些组件中的任何一个都要花费成本。当你认真思考它一下，会明白企业经营就是利用有限的资源(时间、人才、原材料、能源等)，把它们变成客户想要购买的产品和服务。在任何一个企业中，如果在生产之前就知道你为这些资源能够付出多少代价并且仍然可以赢利，那就能够避免很多麻烦。而这正是制定标准成本体系背后的整体思路。你应该做的，是考察自己的公司并弄清楚各种成本应该是多少。制定标准成本与产品的标准化没有任何关系，而是在制定标准成本之后，你能够肯定地告诉员工:"看，我们的经营必须达到那种水平，否则我们就会失业。"

标准化成本的检查清单

·在接下来的12个月里，是否会出现影响成本的因素？

·我是否忽略了任何外部来源信息，例如产业集群或竞争性工资调查，让我确信自己设定的成本是合理的？

·我采购的供应物品数量是否适当? 使用的供应商是否适当? 是否考察过其他供货渠道？

- 这些具体操作是必要的吗? 如果不这样做会发生什么?

- 我是否为员工贡献降低费用的建设性意见提供了途径? 员工们是否意识到他们是经营的一部分?

- 最重要的是, 员工是否接受这些标准? 我是否给了他们探讨这些标准的机会? 员工认为自己需要这些标准吗? 这是所有权产生的基础。员工能够为这些标准负责吗?

你们的公司总裁值27美分吗

如果你们公司是一家大型集团的一部分, 那么标准成本体系就显得尤为重要, 因为运营成本可能是你唯一能够控制的部分。这就是我们公司在独立买断之前的状况。集团总部对我们每一美元的发货销售额收取27美分, 推测可以覆盖销售、市场营销、会计和综合管理的费用。这是一项武断的评估。坦白地讲, 考虑到我们的回报是如此之少, 总部的要求十分荒谬。但是我们必须承受。除去总部收取的27美分, 再加上13%的利润和税费, 实际上, 我们的毛利需要达到40%, 这意味着每一美元发货销售额的运营成本(原材料费用、劳动力成本和管理费用)必须控制在60美分以内。为了实现这个目标, 我们必须让员工了解制造成本，让他们参与到降低成本的努力中去。如果没有一套标准成本体系，我们是无法做到这一切的。

一系列目标和对经营业绩追踪的能力，使最终的成功成为可能。你的公司也会需要这些。如果你不知道开销的成本应该是多少，又如何判断自己是高于、低于或正好切中目标呢？最终，你需要明确的所有细节，都是为了更好地了解所生产的每件产品，这样才有可能建立最有力的防御手段——那时，没有人能击败你，没有人能挤占你的地位。设立一套标准成本体系是迈向成功的第一步。

技巧No.3：透过数字寻找事实

除了努力工作以外，建立一套优质的标准成本体系还需要创造力和想象力。对事物进行量化统计是一整套艺术，它值得你去学习，因为事物的量化程度越高，你就越容易对它进行处理。但成为高效的量化师之前，你必须能够透过财务数据看到事物的本质。你必须学习如何识别出数字代表的真实含义，是哪些做法产生了这些数据，员工们可以做哪些差异化的事情改进这些数字。

从表面上来看，这确实不太明显。比如，假设你拥有零售连锁店，其中一家店的存货周转率比其他商店低很多。这个数据就是在告诉你，那家商店过多的现金被固定在周转过慢的库存上面了。重要的问题是，为什么？造成这种情况的真实原因是什么？是因为商店经理没有经验？员工没有组织纪律性，或懒惰？商店经理了解市场吗？他经常发布指令吗？他是否有计算库存量和库存需求的有效方法？他是否使用这些方法？或许，那家商店的每名客户消费额也异常低。这是否意味着那家商店的产品定位有误？或是商店地段不好？还是商品摆放混乱？员工们是否需要接受客户服务培训？或是员工们需要更好的管理者？是否有人从事激励员工的工作？

警告：不要接受任何数字的表面价值

财务数据并不神奇，也不神圣。只有在作为产生真实情况的线索时，它们才会显得很重要。为了高效地使用它们，你必须不断地去了解那些真实情况——从抽象到具体。许多赢利的公司最终倒闭，就是因为员工们忽视了从生产一线发现数字背后的事实。要知道，你不能用积压库存或应收账款坏账占用的资金来偿还债权人的债务。

另一方面，为了设立有用的标准体系，你几乎需要把这些流程彻底改变。你必须弄清楚生产车间究竟会发生哪些事情，员工们是怎样进行其工作的，然后为他们提供切实可行的工具，让他们可以用来衡量个人工作对公司共同目标的贡献。这涉及从具体到抽象的过程。其中的技巧在于，采取一种不会让员工们感到困惑、失去方向或发出错误信息的方法。最佳的标准体系，能够对员工产生巨大的意义，成为员工的第二天性。它会一直存在于他们的意识当中。他们在日常生活中会谈论自己的工作，每天会通过交流向别人介绍他们的工作。我会再一次用我喜欢的棒球比赛类比说明，平均击打率是个抽象的概念，但是参加比赛的人都不会弄错它的含义。如果你的平均击打率是 0.047，你就知道自己的表现差强人意。如果你的平均击打率超过 0.400，你知道自己可以高歌猛进了。你可以利用平均击打率来衡量自己所做事情的效果，帮助自己弄清楚是否需要做一些差异化的改进。

如何计算我们的平均击打率

每个企业中都有一些与平均击打率相类似的事物。我们也有一些。其中的最佳指标是管理费用摊销率。车间里的员工们，用这个指标来决定他们从事"主要工作"时，即生产产品时（区别于休息、清理工作区、开会之类的事情）覆盖了多少管理费用，或"摊销"了多少。我们每年都会对摊销率进行统计，把预算内管理费用加总，除以为了实现生产目标所需的主要工作时间。这个结果能够告诉我们，为了完成公司的年度计划，每小时花费的管理成本是多少。

当我与其他公司的高管们谈到这些时，他们认为这很难接受。他们难以相信，我们的小时工知道或关心他们应该怎样做才能覆盖管理费用。我让那些高管们参观春田再造公司的工厂并到车间看看，每个员工都理解管理费用摊销率。为什么？因为它为我们提供了一个标准，使我们能够快速方便地判断出，是否已经为赢利和赚取红利而竭尽全力。我们只要把摊销率和主要工作时间相乘，就可以看出我们的产量是否足够高到能够覆盖我们的管理费用——也就是，我们摊销了多少管理费用。如果不能全部摊销预算管理成本，那就不得不支付它与利润之间的差额，这会影响到我们的分红，更不用说股票市值了。

如何确定你是否在创造不同

任何对企业经营重要的事情都是值得衡量的，而最重要的是，要创造一个让员工们感觉自己很重要的环境。如果一个人认为自己无足轻重，就不会对自己的表现感到满意。

那么你怎样才能判断员工们是否这样想呢？一种方法就是看对慈善机构的贡献。它是对员工士气的衡量，它能表明员工是怎样评价他们自己、公司以及你们创造的环境。我总是对员工们对于联合之路所做出的贡献肃然起敬。我们公司员工的人均捐款在全市一直是最高的。为什么？因为员工们认为他们是最棒的。这都回到了前面提到的，要向员工灌输自尊心和自豪感，以及作为获胜者所获得的特殊光环。当慈善机构把数字反馈回来，显示你与其他捐助者的金额对比时，你就会感受到自己的与众不同。至少，在这个特殊的活动中，你创造了不同。

很明显，春田再造公司的员工们关注管理费用摊销，因为我们以这样的方式设立了游戏，但这只是拥有标准体系的众多好处之一。如果员工们对标准漠不关心，这个标准就是没用的。制定的标准越合理，就越能创造性地吸引员工们的关注。

技巧No.4：找到能够帮助你设立标准的资源

不管你在何种企业，总有一些现成的基准和标准，很可能已经有人对它们进行了统计。你仔细观察一下就会发现这些规则。假设，你需要为一家新公司购买员工赔偿保险，那么你需要一个衡量工作安全的标准。当然，联邦政府已经有了一套衡量工作安全的规则，保险公司也是依据这些规则设定保险费用的。你也可以利用这套规则监控公司的工作安全，进而建立公司内部的工作安全基准体系。体系越完备，支付的保险费就会越少。然后，你可以通过这些规则来教育员工，让他们知道这对管理费用的影响，向他们展示如何通过保障工作安全来管理费用。

设立标准的过程，也是一个教育的过程。永远不要停止调查研究你应该拥有哪种类型的标准，以及目标数字应该设定成多少。有很多方法可以两者兼得。与你的设备或原材料供应商进行交流，举办一些非正式的调研，参加行业协会活动等。我们参加了20多个行业组织，它们涵盖了公司经营的各个方面。更重要的是，我们的员工都在发挥积极作用。他们付出了很多，但受益匪浅，而这些对公司标准的改进和完善都是不可或缺的。

你也可以通过向大公司学习来获取众多知识，尤其是那些与你的公司处于同一行业的大公司。挑选一家业绩特优的公司，一个超级英雄，找出他们的标准——只要去问就可以了。给那家大公司写信、打电话，问清楚他们的高管们会参加哪些行业活动，你也去参加，在那里与他们会面。如果某位高管将在会议上演讲，你就露面然后在附近等待，待高管结束演讲后提问沟通。大多数人会很乐于告诉你想了解的事情，但前提是他们没有把你当作直接的竞争对手，并且即便他们把你当成竞争对手，也会愿意与你交换信息。或者你亲自去拜访那些公司，可以与其员工直接接触，思考他们的模式，感受他们的活力。发现他们的轮班次数、工作时长，以及他们是如何实现与众不同的。你不需要预约CEO的时间来了解情况，与公司的清洁工交流就行了。

供应商是一种特别好的信息来源。在早些日子里，我们把供应商请到厂里为员工们进行课程培训。还有谁能比制造轴承的人更懂得如何安装轴承呢？在培训过程里，他们帮助公司设立更多的标准和机制。这些课程也缓解了公司与供应商的紧张气氛，有助于避免双方的敌对心理。这样做好处很多，供应商是公司的合作伙伴，你应该像对待伙伴那样对待他们。

如何为新产品设立标准

1985 年，我们决定开始翻新汽车发动机，当时我们做的第一件事情是寻找世界上最好的发动机翻新公司。我们和所有的机器设备制造商交流，问他们："哪家公司翻新发动机的效率最快？快到什么程度？"三四个厂商告诉我："明尼苏达州的一家公司做得最好，他们处理一台发动机只需要 10 个小时。"所以，我们那时需要找出他们能快速翻新发动机的原因——他们拥有哪些设备，他们的管理费用摊销率是多少，支付给员工的工资多少，诸如此类的问题。

我们开始给那家公司的人打电话，他们已经搬到另一个州了。结果是，他们在明尼苏达州的工厂有一个强有力的工会组织。公司支付给装配工人的工资是每小时 14 美元，这恰好说明了他们拥有 10 小时处理标准的原因：只有达到这个速度，才能弥补高昂的直接人工成本。如果他们给装配工人那么高的工资，就必须采取最有效率的流程，以缩减在发动机组上所花费的工时。通过对比，使我们拥有了巨大的优势。我们的汽车装配工厂所在区域的现行工资是每小时 4.5 美元。我们推断，如果我们能够在 10 小时里翻新一个发动机，而员工工资保持在每小时 4.5 美元，那就会为公司经营建立稳健的基础。多年以后，我们已经能够将员工的工资水平提高到每小时 10 美元了，并提升了他们的生活水平。

标准如何展现员工们最好的一面

曾经，我们遭遇过一家竞争对手带来的麻烦。他们想进入并挤垮我们的喷油泵生意。这是从公司的主要客户任命了一个新的采购员开始的。竞争对手看到这个机会，就找到新采购员，允诺以低于我们的价格提供喷油泵。这真是一个聪明的举动。这个新采购员想给自己的公司留下一个好印象，降低采购费用恰恰是一个好方法。所以采购员找到我说："看，我没有其他选择。除非你把价格降低6%，否则我就把订单交给那家公司。我给你3个月时间，把你们的价格降到那个公司的水平。"

而在此时，降价6%基本上就意味着我们在这个产品上从赢利变为亏损。我们难以想象，竞争对手是如何在那样的价格水平赢利的。这件事发生的时候，我们持有那个竞争对手一定份额的股票，我们查看对手的财务数据，发现在它的资产负债表上有一笔令人难以置信的巨额债务。我指的是，一家市值1亿美元的公司，却欠债5600万美元。当你借了那么多外债的时候，你就没有办法隐藏了，即便是私营企业也不行，总有人会知道。除此之外，这还是一家工会具有很大权力的公司，我们能知道这家公司支付给员工的工资水平。我们也清楚公司的产品工时是合理的，并且我们的产品价格是与市场保持一致的。所以很明显，那家公司是不计成本要获得订单，通过用债务掩盖损失的方法对产品价格进行补贴。对手的策略很清楚：以亏本的价格得到合同，把我们挤出市场，之后再提高价格。我们把这一切解释给那个采购员，言辞恳切，但他坚持要降低采购价格，这样至少在短期内可以为公司节约成本。无论如何，我们必须找出降低成本的方法。

所以我来到喷油泵生产车间，告诉员工们公司面临的状况。这些喷油泵每个售价约200美元，要把价格降低6%，每个喷油泵必须省出12美元。我说："我不知道如何降低成本，但是如果我们不降低成本，就会失去这个合同，而这可能会导致裁员。"然后，我把那家公司CEO的画像和财务报表的复印件张贴到墙上，说："这就是想使你们失去工作的家伙，我恐怕不知道如何阻止他了。我已经竭尽全力但不起作用，现在全靠你们了。"诚实地讲，我以为只有发生奇迹才能拯救那个合同了。

喷油泵车间的员工们太令人感到惊讶了。他们组建了一个特别工作组，并张贴了统计表。他们开会讨论如何节约一分一毫的成本，研究零部件和每种原材料的成本。他们提出了疑问：在我们能够从其他供应商那里获得同等质量却价格更低廉的替代品时，现在的供应商为何可以要价这么高？每一天，他们都把节约的成本贴出来。3个月后，喷油泵的成本降低了40美元——降低了20%。我从没想到他们能够成功，这一次员工们真的使我吃惊了。这次任务，是世界上任何一个工程师都无法完成的，而他们自己做到了。更有趣的是，员工们把降低的10%成本让渡给客户，并且传递到整个市场。喷油泵市场的体量扩大了，从而创造了更多的就业机会。通过这些，员工们开始看到整个经济市场的循环。至于我们的竞争对手，他虽然失去了这份合同，但他的公司仍在经营，这让我们持续警觉。

寓意：你需要利用标准来向员工们展示真实的世界。仅有主观愿望和目标是不够的，你还要为员工提供实现目标的战略。你需要引导他们，你必须向他们展示目标是可以达到的，并且向他们展示完成目标的方法。除非你也陷入需要挑战数字的境况，像喷油泵事件那样。在那种情况下你只能寻求奇迹了。有时候，员工能够创造奇迹，而这只有在员工受到很好教育的情况下才能发生。我认为，如果喷油泵车间的员工没有受过标准培训，他们是不可能努力实现的。

所以，这基本上就是我们所做的。我们找到最好的公司，设立一个10小时的标准，并努力实现。刚开始难以达到目标，我们就把时间调整为12小时，后来控制到11小时。我们支付员工工资每小时6.5美元，此外还有分红。我们的销售人员说，公司产品的价格在市场最具竞争力，而且我们还覆盖所有的产品线。

关键点：财务数据不是领导力的替代品，重要的是你如何

利用它们。

不要过分执迷于财务数据，而忽视了人的因素。要把数字看作激发员工努力工作的工具，而不是阻碍他们的绊脚石。如果使用业绩指标却创造了一个员工们不愿意努力贡献，或不能努力贡献的环境，这比没有指标要更为严重。

技巧No.5：讲述数字背后的故事

一旦你设立了一些标准，你会利用它们做些什么呢？你会如何使用它们？更重要的是，你如何让其他人使用它们？如何阐明这些数字的含义？如何把它们变成员工能够使用——他们想要使用——并敦促他们更加努力工作的工具？简而言之，你如何对员工进行有关标准的培训？

我经常发现，最有效的培训方法是讲故事。借助于标准，我们可以利用财务数据向员工们讲述公司现在发生了哪些事情，以及我们如何做才能改进。我们可以公开说明这些问题，这样这些问题才能得到解决——它们也必须被解决。一旦员工们理解了标准，当我们达不到标准时，他们会期望我们能够采取某些措施。他们知道，如果不采取措施，公司将无法赢利或面临资金短缺，这会成为又一个故事。

事实上，财务报表上每个数字背后都有故事，错失良机的故事、出乎意料的故事、神秘解决的故事，呈现了所有生活中的完美和不完美。公司的管理层周例会上，充满了这些故事，人们相互交流各种信息，然后在随后举行的全体会议中把这些事情告诉每一位员工。这种方式，让数字变得更有生机活力。当你用数字说明问题时，你可以教育员工，而不是威胁或恐吓他们。你可以展示这些数字从哪里来，它们的含义是什么。你可以通过示例的方式让员工理解并意识到他们确实在创造不同，确实在掌握着自己的命运。这是属于他们的游戏。

例如，有这样一件事情，一个工厂的新任管理者连续两个月没有达到管理费用摊销指标，差额是4.5万美元。在管理层会议上，他说他的工厂这个月要摊销管理费用27万美元，但后来只实现了22.5万美元。每个人都问："那没完成的4.5万美元怎么办？"下个月，同样的事情又发生了。所以我们让公司的首席财务官跟进这件事情，他发现那位管理者使用了错误的规则计算管理费用摊销。在使用正确的计算方法后，那位管理者发现工厂没有达标的原因是汽缸盖制造花费了太多时间。原本应该在4小时完成，他们却用了7小时。为什么会这样？因为制造汽缸盖的员工是新手。为什么是新手呢？因为管理者提拔原来的汽缸盖制造工人做新的工作了，这导致了一系列的连锁反应。4个部门的员工都对这个新人盯得很紧，他必须走完整个学习曲线，因为制造汽缸盖的每一道工序都不是固化的。所以工厂没有完成目标，员工得不到奖金。真正的问题是管理者没有学习这个游戏。如果他们知道这个游戏，就会理解让汽缸盖制造工人固定在原职的重要性。

这就是我们为大家讲述的故事，它阐明了数字的意义，同时为员工们提供了一项工具，让他们能够加以利用并为公司做出更大的贡献。

技巧No.6：找到问题中的收益

无论何时，当你把一个失败者转变成成功者时，你的收益都是翻倍的。假设，原来存在的问题使你的公司每年损失50万美元，而你找到了解决方案，最终给你带来50万美元的利润。你现在不再是50万美元的成功者，而是100万美元的成功者。当你止住了亏损并让公司赢利时，你的收益是从前的两倍。

财务体系通过指出公司的亏损所在，进而指出应该如何赢利。举例来说，之前提到的那个管理费用摊销差额4.5万美元的工厂，我们知道那个工厂的劳动力成本为人均每小时20美元，实际上，他们每月浪费时间2250小时，而每个员工每月工作时间大约是173小时。所以我们在乎的是13个人的人力成本。我们需要在基层找到这13个员工，并要求他们达到规定的标准。一旦我们这样做了，收获的就不仅是4.5万美元，因为其他员工也会开始提高自己的工作绩效。

第七条超级法则：

补足短板，优势更明显。

你确实希望员工们能够独立解决他们自己的问题。如果情况已经恶化，你可以经常介入其中，要指导员工如何解决问题。但那只能得到常规的效果。你得不到员工的创造力。所以你不希望走到这一步。更好的办法是，创造一种员工能够自己提出解决方案的环境，而标准可以帮助他们寻找。

基准能够扭转运营的方向

我28岁时在梅尔罗斯帕克负责管理曲轴箱汽缸盖的制造部门。这块业务由4个部分组成，是工厂的七大制造业务之一，而最终被撤销了。业务部有500个员工，我是部门负责人，管理5个车间主任。这些车间主任的年纪都将近60岁，在部门初创时，他们每个人都被许诺过将晋升为负责人。你能想象到，当我被任命时他们的感受如何。而对于我来说，内心有些恐惧。

我开始和工厂经理一起定期参加周五的例会，他总是冲着我们吼叫，要求我们提高生产能力。他手里举着一份报告，是关于公司经营情况的，我的部门总是处于名单的末尾。所以最终我下定决心，如果他们要重点关注这个，我会跟踪查询并弄清楚这份报告来自哪里。我开始询问各种问题，了解到那些报告基于员工们日常填写的小卡片。所以我找到汇总报告的人，问道："你看，是否能够让我们每天得到这些信息？"他回答："当然，没问题。"他开始每天给我提供报告，了解本部门的精准工作情况以及与其他部门的对比情况。他每天早上把这些信息给我，而我每天都把复印件留给车间主任们看。很长一段时间，车间主任们对此置之不理，但后来他们开始注意到那些信息，最终有人要求看细节报告。由于这些报告来源于员工日常填写的卡片，所以这份报告能显示每个人的生产情况。员工看到这些报告后说："天呀，这难以置信。"这正是我所需要的开端。

一旦让车间主任看到每天的工作成果，我就可以创造一些竞争。我可以产生一些小的成功。我们部门在报告中的排序有了些进步。一些车间主任的积极性得到提高。这时，我要行业工程师找出每个车间主任的历史纪录。例如，本部门每人每天的平均产值为42美元，平均工作8小时。但也许某个主任负责的车间每人每天的产值为62美元，我就把这个产值作为他的基准。我找到那个车间主任说："我有个提议，如果你能够第二次达到这个目标，我给你车间的全体员工买咖啡。如果你能第三次达到，我给你们买咖啡和甜甜圈。第四次达到，我请全体员工吃比萨，到我家打扑克。"没过多久，他们就达到了目标。每个人都达到了目标。并且他们乐此不疲，因为实现了一次就能再次实现。

然后，车间主任们开始告诉我，怎样才能真正提高生产率。我们改变了现有的状况，整个部门每人每天的产值由42美元提高到60美元。与此同时，工厂其他部门的产值也在提高。原来工厂每人每天的产值大约为50美元，当我们部门提高到60美元时，其他部门开始追赶我们，所以整个工厂的效率得以提高。

重要时刻终于来临，我们开始与那个在生产力排名上一直领先的部门较量。那个部门的负责人名叫尼尔森。他的员工仍处于领先地位，而我们是后起之秀。我们使竞争充满了火药味，而且信心满满，所以我们决定和尼尔森的一个部门举行一场比赛。我们赌500美元，我们的54号车间准备在下一周的产量上击败他的37号车间。竞争很激烈。在某一时点，我们的54号车间已经达到每人每天70美元的产值，这在过去是从来没有听说过的。一个员工在车间对我说："嗨，我从没有达到过一天76美元的产值，但是如果你承诺不让工程师改变我们的标准，我会做到的。"结果是我们打败了对手，超过他们20美分，这简直令人难以置信。54号车间有个名叫艾迪·诺瓦克的身材魁梧的车间主任，他骑上了一辆小自行车，屁股抬离车座，一边骑车一边摇铃，说："54号车间打败了37号车间！54号车间打败了37号车间！"看到尼尔森落败后离开，真是感觉良好。

真正激励员工们的，是他们所面临的挑战，是比赛的乐趣，是胜利的喜悦。幽默和愉悦要比怒吼、尖叫、乱发脾气有效得多。但是如果你没有设立标准，就没有办法进行类似这样的游戏。

关键点：如果你能够让员工们超越日常的琐事，用他们真正想做的事情吸引他们，他们将会克服一切困难。

用标准引领经营策略

财务数据对CEO来说很重要。它能使我在问题演变成危机之前提前看到发展趋势，让我在运营尚好的情况下采取措施。我并不是说要告诉员工们应该怎样去做，而是向他们指出某个问题可能会不断发展，财务数据会给他们机会来阻止这一切。财务数据就像我的一名向导。拿我的一个工厂为例，那个工厂存在生产问题。我会选择搁置问题，给经理们提出他们自己的解决方案的机会。我一般来讲不会介入，直到数字开始形成一种模式——比如，类似问题在此后连续的3个月里多次出现。这时，我不得不采取一些措施，确保形势不至于失控而威胁到公司里的其他人。财务数据的好处在于能够使你看到问题发展的趋势。发现公司存在的问题，并不会使我担心，重要的是员工是否在寻找解决方案。企业经营过程中，出现问题是不可避免的，问题在于，我们应该如何解决问题？

在企业经营中，你应当观察各种数字，这些数字会形成一种模式。作为一名CEO，你想看到这些模式，并试图控制它们。设立的标准能够告诉你，你在一个特定的模式中处于什么位置，使你能够感受到有些事情出现了问题。这来源于常规，来源于对模式的观察。如果有不符合模式的事情发生，你要迅速做出反应。

这种情况经常出现。某个经营指标下降，我们就会重点关注这个问题。给员工一些压力，促使它们采取应对措施。最终，下降的经营指标回升，我就脱身出来，去处理下一个问题。

当心那些好到不真实的数字
——它可能就是不真实

我认识的一个人，他收购了一家亏损的门业制造公司。他接管公司后对员工讲了一些鼓励士气的话，并设立了一套标准成本体系，然后就坐等成效。令他高兴的是，从第一个季度开始，公司每月利润增加3万美元——或者至少他的外部会计是那样说的。那位公司老板没有深究利润增加的原因，只是片面相信公司会计的报告。到年底的时候，审计员进场审计时，发现公司少了价值9万美元的在制品库存。

问题在于，进厂木料是10英寸板，而造门只需要8英寸板。每张板必须削掉多余的2英寸才能使用，多余的部分就成了废料。但是工厂老板在设立自己的标准成本体系时，没有考虑废料的问题，所以废料部分的费用没有在账目上去除。在账面上，废料看起来像可以加工木门的有用库存，实际上，这些废料对公司没有任何用处。

寓意：不要盲目地接受任何数字，除非你理解它的来源，并确认它是真实的。

企业经营过程中的财务数据，并不是凭空想象的。你通过对真实资料进行统计后才能得到它们，然后对它们进行加减乘除、去伪存真。如果你不理解某个数字，就要持续地研究它们。

关键点：企业经营中总是会出现各种问题。财务数字能够告诉你问题所在，以及你应该如何关注这些问题。

我个人的标准

我曾经希望春田再造公司达到这样一种水平，即当我们以后出售公司时，每个人都能够至少得到5.5万美元，也就是1991年春田当地一座房子的中位价格。我们需要那样的资产水平和变现能力，每人5.5万美元就是我的标准。你需要一个经营指标，否则目标就会显得不真实。这个标准看起来很不错，因为买房会在可支配收入占据很大比例。如果付清了房款，你就能够筹划未来了。你不需要再为此担忧，你的生活会有一个崭新的开始。

THE GREAT
GAME OF BUSINESS

第七章　精神很重要，物质更重要

对管理者来说，没有什么工具能够比优质的奖金计划更有效——这也是有些公司付给咨询顾问成千上万美元设计方案的原因。这并不一定是一次愚蠢的投资。如果奖金计划能够发挥作用，它将成为一款极佳的助推器。奖金计划会使员工的生产效率显著提高，从而使你花在这个计划上的成本微不足道，无论成本金额是多少。

奖金计划的作用是通过可能最高效的手段来传达目标——为目标设定奖励金额来推动实现。它告诉员工："这些目标非常重要，如果你们能够达到这些目标，你们就能够获得奖金。"当你开始这样做时，会快速地吸引员工的注意力。你向他们发出了强有力的信息，给他们指明了工作的重点，为他们努力且聪明地工作提供了极具挑战又极为合理的理由：他们会获得奖金。

我们从奖金计划中获益颇多，并且没有为这一计划的提出支付任何费用。我们把公司的奖金计划称为"不要表扬——要加薪"

方案，或简称为"加薪计划"。以下是我们热衷于它的原因：

1.加薪计划是我们最有效的培训方案，我们用它来教授员工企业经营理念

如果公司的目标是改善债务股本比，员工们就要学习有关债务和股本的知识，以及两者之间是如何相互影响的。这同样适用于税前利润、库存精确度或者管理费用摊销率等财务指标。无论目标是什么，它都给员工带来巨大激励，促使他们去学习会计体系、公司运营以及竞争环境等各个方面。否则，他们的工作就没有乐趣，他们也赚不到奖金，还会遭到同事的抨击。

2.奖金计划是公司和工作的一种保险政策

这是因为，我们能够利用奖金计划弥补公司的弱点。每一年，我们找出公司面临的最大威胁，并在奖金计划里加以明确，使全体员工聚焦于此。实际上，我们每年会设立一个年度奖励，用来修正我们的短板。这就给每个人一个努力完成目标的额外理由。这些是必要的，而不是可有可无的，所以值得我们付出额外的努力。有趣的是，弱项一旦得到加强，就固若金汤。

3.奖金计划让我们凝结成一个团队

它能够确保每个人都有同样的优先项，并保持对于统一目标的持续重点关注。这有助于消除混杂信息。当一个部门出现问题，另一个部门会提供支援，每个人都知道公司是一个休戚相关的整体。很多情况下，甚至不需提出要求，大家也会自发地相互提供帮助，有时甚至会造成他们的不便。这是因为，奖金计划使大家意识到要达到目标，必须同心协力。大家休戚相关，荣辱与共。

4.奖金计划帮助我们快速识别问题

如果没有达到一个目标，我们能够很快找出错失目标的原因。每个人都在研究各种财务数据来寻找答案。也许是应收账款出现问题：客户付款速度减慢，对现金的态度变得谨慎。也许问题在于生产力：新员工对工作不熟悉，不能尽快摊销管理费用。奖金计划促使各种问题公开且易于发现。一旦发现问题，就能实施对策，从而解决问题。

5.加薪计划是提升公司股票市值的最佳工具

我们总是设立奖金计划，以确保公司在完成指标的情况下，股票价值显著提升——即使没能够达成目标的情况下，也能形成对股价的保护。我们通过这个奖金计划发出的最重要信息："游戏的宗旨是股权和工作保障。"诸如奖金之类的短期激励手段很不错，但我们要确保员工永远能看到长期收益。

6.最重要的是，奖金计划为游戏提供了框架

奖金计划指出了经营重点，设定了发展速度，保持运营每周持续推进，完成全年目标。它为我们提供了一种语言，一种沟通的方

式。它带来了激动和希望，使人热血沸腾，让员工们能够参与其中，竭尽全力。简而言之，奖金计划是我们最重要的助推器，这也是它的首要功能。如果它无法提升员工的活力，我们就会放弃它，虽然我难以想象它怎么会无法激励员工。这是我们持续提出的问题："奖金计划有没有激励到员工？"但是我必须承认，如果有人说我的奖金计划不起作用，我会认为他是个可耻的骗子，或是我们的培训计划存在严重问题。

自力更生：给员工发奖金的最佳理由

我强烈地相信，经营任何一家公司，心态都应该是仿佛公司的未来始终处于危机当中，似乎任何时候都可能发生某些事情危及它的生存。事实上，大部分公司在刚起步时都遵循了这一点原则。他们不会对未来想当然，因为他们暂时还没有资格。这些新公司知道，自己随时可能难以为继，随时可能破产。所以他们变得足智多谋，持续地寻找某种优势，寻找降低成本节约开支的方法，寻找能够获得更多利润的途径。这就是所谓的自力更生，这不是仅仅适用于创业型公司，而是每个企业都需要遵循的方法。自力更生法是一种心态，一系列习惯，一种基于自立、独创、才能和努力的经营方式。如果你不能自力更生，你就会变得臃肿和松懈，你就会习惯于让他人来帮你解决问题，想当然地认为自己的企业会永远存在下去。这会使成本上升，使你偏离经营的重点，陷入很多与赢利和产生现金流无关的问题当中。之后你会发现，自己被竞争对手驱逐出局。突然之间，你的公司没有了前途，并且你也可能会失去工作。

一个优质的奖金计划将帮助你的组织构建一种自力更生的心态。为了实现这个目的，它把大量的关注点放在工作保障上——提示员工需要怎样做才能保住自己的工作，向员工展示他们怎样做才能收益更多。

正如我之前说过的，只有一种方法能够确保工作的稳定性，那就是坚决地控制成本。但这种成本最低的公司，也会面临令人不快的选择。如果你要打败竞争对手，你可以采取两种方式：（1）降低员工工资；（2）提高生产效率。这就是要做的选择，没有人愿意做这样的选择。谁愿意让自己公司的员工拥有市场上最低的生活水平，或者强迫他们加大劳动强度以至于影响健康？哪家公司愿意阻止员工照顾家人和他们自己，不能享受幸福生活？但如果想要保持竞争力，使自己不至于被淘汰，又有什么解决办法呢？

类似我们公司的奖金计划，为这个两难困境提供了一个解决方案。它让公司的员工基本工资保持在一定的水平，从而在很大程度上为员工提供了工作保障——他们只要做好本职工作，就可以保住饭碗。但是如果他们比完成本职工作做得更好，如果他们能够找出提高经营水平的方法，公司将会通过发奖金的方式与他们一起分享额外创造的收益。员工们产生的额外收益越多，获得的奖金也就越多。这就像加薪一样，你的收入可能会有大幅提升，甚至超过他们的基本工资，但这是在损害公司未来雇佣体系的前提下完成的。实际上，我们为经济萧条留出了必要的余地。我们从不愿意裁员，也不想降低员工工资。员工的大部分工资要支付他或她的固定开支——按揭贷款、学费、日常开支和交通费。如果被迫削减这部分费用，员工的士气就会受到打击。我不知道还有什么事情比削减基本生活费用更艰难的事了。我们不但使员工有一定水平的收入可以依赖，并且为他们提供获得更多收益的机会。只要公司的经营状况良好并且员工能够竭尽所能，他们就能够挣得更多。

为什么许多公司的奖金计划行不通呢

可能由于多种原因，我们在1983年制订的第一个奖金计划失败了。那完全是一场灾难。一方面，大部分员工不理解那个方案，他们没有被激励起来。他们也不知道怎么做才能达到目标。另一方面，我们选择目标也是错误的。如果员工们能够实现那些目标，公司也没有足够的资金来兑现奖金。当我们意识到错误时，就在年中的时候立即停止了那个奖金计划，决定从头开始。那次经历告诉我们，在何种情况下不应该制订奖金计划。从那时开始，我们学到很多关于制订真正有效的奖金计划的经验。在学习过程中，我们列出了一份清单，写明公司应该做什么、避免做什么，以及何时应该设立公司的奖金计划。

让所有人同舟共济

每一位员工都应该被列入同一个奖金计划，从主管到打扫卫生和接电话的基层员工都应该一样。给每个人制定同样的目标，奖金数额也不能相差太多。在春田再造公司，我们按照基本工资的固定比例计算奖金数额。当加薪计划的奖金兑现时，我们每个人收到一张支票，其金额代表了我们年薪（工资或时薪与加班费）的预设百分比。

然而，员工们得到的奖金并不是按照同样的百分比计算的。在加薪计划下，大部分经理和专业技术人员有资格获得的奖金总额可以高达其年薪的18%。而其他普通员工可得到的奖金最多相当于其年薪的13%。这样做的理由很简单：我们希望员工愿意往高处走，承担更多的风险，肩负额外的责任。如果他们愿意这样做，那么给他们相应的回报是很重要的。但前提是，我们要求每个员工追求同一个目标，并遵守同样的规则。

这是因为我们需要员工们能够齐心协力，朝着同样的方向努力。这种方式很容易取得成功。我们不希望看到员工之间或部门之间出现恶性竞争，不愿意看到他们势不两立。当然，我们更不希望让经理处于员工的对立面，反之亦然。我们需要这样一种竞争体系，它能够鼓励员工们相互理解彼此的问题，并且努力协作解决问题。我们希望员工们看到，无论在公司内部处于何种位置，我们都是相互依靠的；在春田再造公司，我们每个人都荣辱与共。我不希望在一个公司层面的奖金计划中，看到有些人成功而其他人失败。失败的只能是我们的竞争对手。

安全问题是唯一的例外。你必须把安全看作一个重要事项，引起大家的重视，因为这是防止事故发生的唯一途径。通过内部

竞赛的形式来强调安全，没有任何不妥。我们的加薪计划本身并
没有包括安全问题。相反，我们专门设置独立的安全竞赛，有意
把公司员工跨部门分到不同的小组。例如，有一年，我和所有姓
氏以字母 S 开头的员工分到了一组。整体思路是，看哪个小组能够
保持最长时间不发生事故，获胜组将获得 62000 美元的奖金。通
过减少事故的发生，公司得以将年度员工补偿溢价降低了 10 万美
元，所以安全竞赛最终为公司赚的每一美元节约了 38 美分。这是
春田再造公司的胜利，也是公司每一位员工的胜利，因为节约费
用有益于实现我们的年度加薪计划的目标。但我们这样做的主要
目的，是要员工重视安全问题，避免受伤。

把握两个到三个目标——从财务方面获取

给员工设立一系列目标，就等同于没有任何目标。构建公司
年度奖金计划时，最好只包括两个，至多三个目标，超过这个数
目会使问题变得过于复杂。重要的是，要选定合适的目标。我希
望这些目标能够使员工把注意力集中在公司的经营基础上——赢
利和现金收入上的目标。我也希望目标能够教会员工企业经营的
各个方面，告诉他们想成功应该怎么做，为他们提供动力做正确
的事情。最后，我希望目标能够消除经营的弱点，让公司变得更
加强大。事实证明，从财务报表中选择你的目标能够满足你的以
上需求。

我们总是基于税前利润形成年度目标之一——这是为了确保
员工们对赢利的持续关注。其他目标则可能每年都会有些变化，

这主要取决于当时公司把什么看作最大的弱点。然而，作为一条基本规则，我们通常会从资产负债表中选取第二个目标——以保证员工们也对现金流予以充分的重视。（至于我们用来筛选目标的流程，我会在下一章里进一步阐述。）

现在，当你从财务报表当中挑选目标时，有趣的事情发生了。不管你挑选哪一个目标，其实都会同时涉及五六个方面。假设，我们决定选择提高流动性，这可以通过会计师们所谓的流动比率来衡量。流动比率的计算，是通过对公司的所有流动资产（也就是那些你希望在接下来的12个月内转化成现金的资产，如库存和应收账款）进行加总，除以流动负债（也就是那些你需要在12个月内支付的资产，如短期负债和应付账款）得出来的。各个行业理想的流动比率差异较大，但流动资产总应该大于流动负债，2:1的流动比率被认为是比较健康的。

当你能够对一个目标进行量化时，你就可以设定具体的指标了。当员工们提高了一定程度的流动比率时，你可以决定他应该获得多少奖金。为了实现这个目标，员工们必须考虑到一系列相关因素：库存水平、运输计划、运营效率、应收账款回款，客户的协议条款，诸如此类。在这个过程中，员工会对企业经营的各个方面产生兴趣。突然之间，每个员工都希望更多地了解应收账款。我们会举行一些员工会议，会计在会议上讲解有关客户付款的具体情况。每个员工都关心这个问题，因为如果客户不付款，我们就没有现金收入——只有客户才能为我们提供现金。这样的话，公司就没有办法利用现金来减少我们的短期负债。而如果我们没办法结清债务，就无法达到流动率指标，我们就不能拿到奖金。

所以，奖金计划让员工们追踪资金的轨迹，能使他们看到客户不按时付款的所有后果。他们从中学习了关于企业经营、财务数据和会计体系的知识，了解这些因素是如何相互作用并对公司总体经营产生影响的。并且，员工在竭尽全力实现某个目标时，能够一并完成其他几个目标。

给予员工尽早的、经常成功的机会

一个奖金计划，首先且最重要的作用应该是激励员工。如果不能达到这个目的，奖金计划就是无效的。什么东西能够激励员工？答案是成功。确实没有什么事情能像成功一样，使人愿意反复做一件事情甚至一次比一次更加努力。你应该设立一个奖金计划，使员工从一开始就走在通向成功的道路上，并且使他们有机会自始至终一直取得成绩。

这就是我们奖金分红体系的整体逻辑。在制定一个目标之后，我们再设定不同的层级。每个目标可能最多有五个奖金分红的层级。以利润指标为例，公司的基准线是税前利润率必须达到5%，我们的最高目标是8.6%。如果税前利润率低于5%，公司不发放任何奖金；如果税前毛利率达到5%～5.5%，就达到了第一级（最低级别）的奖励水平，公司会付给小时工相当于其基本工资1.3%的奖金；如果达到第二级，也就是税前利润率达到5.6%，奖金额度就会上升到工资的2.6%；第三个级别的利润率开始于6.6%，奖金是工资的3.9%；最后直到利润达到8.6%或更高，我们会给员工发放相当于其工资6.5%的奖金。

设计出具体的指标和奖金等级在很大程度是个数学问题（参见本章结尾处提到的内容"奖金数学"）。当然，每个公司的财务指标情况都是不同的。所以你必须研究里面的数学关系。如果没把这些数字算清楚，奖金计划就无法发挥应有的作用。然而，在计算你自己的奖金等级体系时，不要忘记它的初衷，也就是，让员工们得到持续的激励。下面是一些需要牢记的基本原则：

1.基准线要设定得尽量低，但要保证公司安全的底线

一方面，每个员工都必须知道，公司的健康发展是至高无上的。如果大家只能满足工作的最低标准，这种情况下是不能发放奖金的。例如，我们计算出5%的税前利润率是公司维持正常经营的底线（记住，税收占利润的40%，这样留给我们的仅有3%的税后利润，我们需要把它当作运营资金——包括替换破损的机器、应对存货的波动等）。另一方面，你也不能把基准线定得过高，那样会打击员工的士气。要把奖金的第一个等级定在他们能够达到的水平。在春田再造公司，每个人都知道自己能达到任意一个指标的第一个等级，因为我们把基准线设定在之前已经达到的水平上。

注意，要让员工把关注点放在公司生存底线之上。很多公司的指标定得过低，好像很容易就可以盈亏平衡。这时，一旦员工们没能够达到目标，公司就会陷入困境。我们从不愿意在生存底线上挣扎，如果公司的税前利润低于5%，我们都会感

觉到让员工们彼此失望了，而这正是我要的效果。我宁愿员工对没得到奖金感到失望，也不愿意他们因公司不能赢利而失去工作。

2.确保员工在奖金计划下，有机会从公司的额外利润中获得大笔收益

如果员工认为公司吝啬或贪婪，或者奖金数额不能弥补他们付出的努力，奖金就不会起到激励作用。必须让员工们感觉到，奖金计划既是公平的，又是获得更多收入的途径。加薪计划给了基层车间的机械工人一个目标，达到这个目标能够得到工资13%的额外奖金——如果每年工资是20000美元，奖金就是2600美元，或者是相当于他7周的工资。对于公司来说，这是以奖金的形式把超过5%的税前利润中额外产生的大约一半回馈给员工（假设我们在两个指标上都达到了最高层级）。

3.尽可能让员工经常获得奖金，保证他们积极地参与到游戏中

公司容易犯的最普遍的错误之一是每年只发一次奖金。然后，他们还会加剧错误，年底之后很长时间才告诉员工他们为公司创造了多少利润，并且在那之后过了好几周都不兑现奖金。结果是，员工只有到每年的最后一个季度才会关心奖金计划——这还是幸运的情况。更多情况下，员工对奖金计划根本就不关心，并且把奖金计划下得到的任何东西都视为赠品。这种奖金就不再是一种奖励，而是一种贿赂。

我们设立了加薪计划，这样员工在每个季度都有一次获得奖金的机会。受益于"伟大的商业游戏"的方法推行到位，我们的奖金计划行之有效。一方面，我们需要员工习惯于季度评估制度：这是经过时间检验的公司评估方式，而且它十分有效。它与企业经营的正常周期相符合，是个恰当的短期时间段。而且，3个月的时间段是我们参与游戏的完美时长。一个季度的时间过得很快，这样我们能够通过每周管理人会议，使员工保持对奖金计划的持续关注。

不是所有的奖金计划都应该按季度发放奖金。对某些公司来说，每月兑现奖金的效果会更好。我还见过有些公司半年发一次奖金。但是，每次发放奖金的间隔不能比半年更长，至少不要把员工应得的奖金锁在自己抽屉里。这么做的话，不仅奖金计划会失去应有的作用，你也会面临信任危机，尤其是在奖金计划刚开始实施时。员工会对你提出的奖金计划持怀疑态度，他们只有在钱真正到手时，才会真正相信。一旦实际发放到手，他们的态度会以惊人的速度转变。

4.从小额的奖励基金开始，让金额逐年累积，使员工最终有机会、有动力完成所有的目标——赚取全部的奖金

奖励基金是一笔可以在任何时段、以奖金形式发放给员工的资金。基金应该从小额开始，以后逐月逐季度增加。

这一点非常重要。如果你对此不够小心，会在无意之中给计划增添一些难以觉察的不利因素。假设，你决定给员工一个机会，使他们每季度获得年度奖金额的25%，而他们在头两个季度里没能够完成指标，这就会严重削弱奖金计划的效力。员工会变得士气低落并且不再努力尝试。再假设，员工为了赢得全年的奖金必须完成一系列指标，不论完成时点是在何时；并且公司在第三季度中期就完成了全部经营指标，这样公司在余下的季度里就没有奖金可发。这可能会使公司在接下来的时间里陷入大麻烦。

我们通过逐年增加奖金数额，通过把某季度没有获得的奖金纳入下一季度的奖励基金避免上述问题的出现。这是它的运作机制：第一季度的奖励基金，是全年奖金的10%，第二季度是20%，第三季度是30%，第四季度是40%。假设，我们在第一季度完成一半指标就赚到一半奖金，这样我们还剩下总奖金额的5%（也就是第一季度奖金10%的一半）。我们把应发放的5%奖金立即发给员工，剩余的5%就转入下一季度的奖励基金中。这样，第二季度的奖金数额就会占到年度奖金总额的25%（第二季度本来的份额20%加上第一季度转入的5%）。假设，我们在第二季度里没有完成任何目标，这样的话，第二季度的奖金又累加到第三季度，这意味着第三季度的奖金占总奖金额的55%（第三季度原有的30%、第二季度剩余的20%和第一季度剩余的5%）。即使我们在第三季度里完成了公司所有的指标，在第四季度里我们仍有40%的奖金可赚。如果我们在第三季度里没有完成任何指标，在年终之前我们仍有机会赢得余下的95%的奖金。

这样做的结果是，员工自始至终都在游戏中全力以赴。我们可以每季度赢得一次奖金，也可以在最后时段孤注一掷。就像人们所说的，鹿死谁手，犹未可知——而到了那个时候，我们又开始了新的游戏。

沟通，沟通，再沟通

要确保员工能够理解奖金计划的运作机制，了解计划的最新进展。沟通不畅是很多奖金计划失败的主要原因。不论你多么聪明，不论你制定的指标多么恰当，不论你对奖金等级的设计如何精心，如果员工们对此难以理解，或者不能关注进展情况，或者他们认为你对他们隐藏了什么，那么奖金计划就不能发挥激励作用。不要指望员工的疑惑会带来什么好处。如果缺少一套监督和落实的机制，可以肯定的是，只要员工对奖金规则有任何疑惑，他们都会认为那是你在操纵财务数据的结果。

当然，如果奖金计划是言之有理的，把它解释清楚应该不会有太大麻烦。你需要从培训老师们开始——经理、主管或者骨干员工。建立一个了解情况并能够向其他人解释清楚的员工领导核心，举行一些会议和提供一些辅助材料（传单、小册子、录像等）是有益的。一旦你培训的老师能够跟上进度，就不要再迟疑了。你可以立即开始实施奖金计划。大部分人会通过像了解比赛规则一样的方法了解奖金计划：亲身参与其中。

重要的是，要有一套有效的机制，能够定期跟踪结果，并以沟通的方式把进展传递给公司内部的各个员工。设定某天的某个时段，公布每周的最新进展（如果难以做到每周公布，可以每月公布一次），并确保公司上下能够完成目标。员工们开始对这些进展充满期待。*不要让他们失望*。如果你不能及时提供这些信息，会助长员工们的怀疑，会打击他们的热情，降低公司获得成功的概率。

你来决定以哪种方式把结果传递出去。你可以邮寄，开会说明、在工资单上说明，或者在食堂里装一个电子信息发布系统，午饭时把结果显示出来。如果你员工的所在区域比较分散，可以通过发邮件或视频会议的方式告诉他们。不论通过哪种方式，都要给员工创造提出疑问和获得解释的机会，并且要尽可能使员工获得对公司经营状况进行评估的依据。不论员工是否对你的评估进行核实，他们要知道他们有核实评估结果的权利。这是每月公布完整、详尽的财务报表的原因之一。我们公司的财务报表有100多页纸，其中前几页是每月加薪计划的结果。如果员工们想要，他们可以通过利润表和资产负债表的经营指标自己做计算。

但是，保证每个员工都知道最新的进展，只是让奖金计划发挥应有效用的过程的一部分。事实上，奖金计划应该成为企业关注的焦点。它能够为其他事物的发展提供一个框架和结构。毕竟，如果选择了正确的目标，完成目标就应该成为每个人的首要任务——这是当然的。

为了发挥奖金计划应有的作用，在一线员工和把控全局的经理之间，应该有持续不断的、双向的信息交流。高管们需要通过一些经营指标找出尚待解决的问题，把握应该抓住的机会，以及发现应该庆祝的成功。一线员工需要知道最新的工作状态，需要向他们展示如何才能做得更好。中层管理人员也需要这个工具，用它来激励和领导员工，设定工作的优先级，在完成指标、实现目标和赚取奖金三者之间建立联系。

显而易见，我们在这里讨论的是最基本的管理问题。这也许是优秀的奖金计划能为我们带来的最重要收益。它为全体员工提供了一个强有力的动机，确保他们对自己的职位有清晰的理解，同时能获得努力工作所必需的信息。公司对信息流的管理能力，不仅会决定奖金计划的效力，还会决定公司在市场上的最终表现。

在春田再造公司，我们通过"伟大的商业游戏"来实现对信息流的管理。公司使用的主要机制是举行每周员工会议，这种会议不是一项孤立的活动，而是公司内部信息交流过程的一个焦点。我将在第九章"伟大的团队"里，对此做深入探讨。

赢利才能发奖金（要尽可能帮助员工获胜）

这是一个简单的问题，也是基本的原则。奖金计划应该是把员工与市场实际情况联系起来的纽带，而不应当被看作管理团队赠送给员工的礼物。它应该成为员工们努力工作的回报，奖励他们比抢夺同样客户的竞争对手们表现得更为出色。如果你在员工们没有完成指标时也给他们发奖金，会削弱奖金的意义。

这对公司的CEO来说是非常、非常困难的。尤其是当员工们已经很努力地工作，并且差一点就完成指标时，你会有一种想给他们发一些奖金的冲动。要抵制这种冲动。一旦你开始改变游戏的规则，你就会越走越远，很难回头。有几次，我们只差0.01%就完成了指标，这种情况确实令人感到很痛苦。我再也不希望发生这种事情。所以，现在随着我们临近季度末，公司会计会带着各种报表来参加每周例会，准确说明我们必须怎么做，才能达到每个目标的下一阶段。你总有机会在某个时段里获得额外的几千美元，也许那就是以前错过的奖金。

奖金的力量

奖金计划的真正力量在于它有能力教会员工企业的经营之道。一旦他们理解了这道数学题，他们就会看到每件事情是如何紧密相连的，以及企业经营是如何成为帮助他们实现愿望的工具的。并且，所有的事情确实是紧密相连的，这个体系是发挥作用的。你不能批判奖金计划，因为它只是对事实的如实反映。你可以责备某个人，可以批评某些人的经营方式，谴责贪婪的人、自私自利的人、损人利己的人。但这些错误都源于个人，而不是资本主义本质的问题。

奖金数学，或者它是如何合乎常理的

如果你的奖金计划不能够完全量化，那肯定是出了什么问题。员工需要可以依赖的目标和奖励，这意味着要向他们展示各种财务数据。成功不应该是基于个人判断，或是仁者见仁，智者见智。如果是这样，员工将不再相信你，奖金计划将面临失败。

首先，在你宣布指标和奖金计划之前，你要确保它们合乎常理。你肯定不想在实施一个方案后，发现这个方案误导了员工或者激励他们做了错事。其次，要确保能够兑现你许诺的奖金，否则就会让自己陷入灾难境地。如果在员工完成指标时不能兑现奖金，他们就再也不会相信你了。

数学的规则，取决于你要实施的奖金计划的种类，以及企业经营所处的特定环境。但是，对于选择、核定奖金数字的任一过程，都有一些确定的逻辑。

1.设定利润指标和奖金的最高额度

在采取一切行动之前，我们要为利润设定底线和最高目标，以及在完成两个经营指标时奖金的最高标准。从这里，我们就能够计算出，如果员工们完成所有既定目标，在当前计划下员工能够产出多少额外利润，以及公司将把其中多大比例以奖金的形式发放给员工。

我们公司的情况是，在根据利润表上的任何经营指标支付奖金之前，税前利润必须大于收入的5%。高于5%的那部分利润，我们才会以奖金的形式与员工分享，依据是基于他们基本工资的特定比例。为了简单起见，假设每个员工的奖金比例是一样的，并且大部分员工能够获得相当于其年收入13%的奖金，在完成两个以上目标时，公司最多支付这么多奖金——完成最高利润指标可得6.5%的奖金，完成最高现金收入指标再得到另外的6.5%。假设我们的年销售额为7000万美元，工资成本为1000万美元。那么在加薪计划下，我们每年最多支出130万美元（1000万美元×13%)的额外费用。然而，只有在公司完成了最高指标的情况下，我们才会支付那么多费用，而公司利润指标的最高支付水平一般是税前利润的8.6%。为了简单起见，我们假定利润指标是9%，这意味着公司能得到280万美元的额外税前利润（9%－5%＝4%，7000万美元×4%＝280万美元）。所以在公司支付完奖金之后，仍有150万美元的剩余可作他用。

这里要注意，我们假定的是同时达到两个指标时支付的最高额度奖金，而不仅仅是达到利润指标。资产负债指标可能对公司利润没有丝毫作用，但由于员工达到资产负债规定的指标，公司也必须支付奖金，所以你必须把这一项也计算在内。显而易见，如果你在计算之后对于结果不够满意，就应该重新开始提出不同的目标或奖金支付等级。

2.在一个资产负债指标上做出决定

与此同时，我们也在谨慎地挑选资产负债指标，以确保公司有足够的现金支付员工所得的奖金。如果只有一个利润表指标而没有负债表指标，公司就会陷入很大的风险之中：员工们最终会把全部精力放在赢利上，而不关注产生现金流。理论上讲，公司的所有盈利都可能是库存和应收账款，那样公司将没有足够的现金按时支付员工奖金。这是流动比率作为资产负债指标的原因之一，因为提高流动比率能够大大增加公司得到现金的机会，公司可以用它支付奖金和做其他事情。

3.根据资产负债表的目标设定指标

我们设定资产负债经营指标的过程，与设定利润经营指标的过程有些不同。首先，要估算达到利润表的最高指标会对资产负债表有什么影响。其次，在资产负债表里挑选一些指标构成一个最高目标，就是能够创造足够额外利润的指标。实际上，我们想要给员工们发放这样一笔奖金，它能够确保额外收入不会受困于资产的非流动性、非生产性资产以及债务。

比如说，我们的资产负债表目标就是流动性，其评估标准是流动比率。我们有1000万美元的流动资产和500万美元的流动负债，那么流动比率是2:1。我们已经知道，如果员工完成了最高的利润表指标，就会创造280万美元的额外税前利润。如果员工们也完成了最高的资产负债表指标，公司将支付130万美元奖金，这会给公司留下150万美元的额外税前利润。其中的40%要变成税收，那么公司的额外税后利润是90万美元（150万美元×60%）。

我们确实希望这部分利润都是现金。那么就能用那90万美元把当前500万美元的负债减到410万美元，与此同时公司的流动资产保持在1000万美元，那么公司的流动比率是2.44:1(1000万美元/410万美元=2.44)。公司原来的流动比率是2，如果得到的所有额外税后利润都是现金，公司的流动比率会有20%的提高。在我们实现9%的税前利润指标并支付全额奖金（即工资总额13%的奖金）时，我们能够期待的最好结果就是使流动比率提高20%。这意味着公司要把支付奖金和税款后剩余的所有现金用来减少流动负债。

一旦我们将这些都计算清楚，我们就能够设定资产负债表目标的指标了。我们设定，流动比率提高20%时，就给员工发放最高额奖金的6.5%，以此为基础，当流动比率的提高超过20%时，相应再提高奖金额度。既然需要不同的奖金支付等级，所以我们确定流动比率每提高5%为一个等级。你会发现，这种方法给员工更大的动力减少流动负债，而不是把现金变成流动资产。如果流动资产增加90万美元而流动负债维持在500万美元，那公司最终的流动比率将是2.18(1090万美元/500万美元=2.18)。这仅能让员工得到最低等级的奖金。

4.保护股票价格

一项奖金计划的整体思路，是通过短期激励因素实现特定目标。每个人都需要类似的奖励。但是我们从来都不愿意让员工忘记：在春田再造公司参与"伟大的商业游戏"的真正收益，是创造以股权为表现形式的财富。所以我们经常回过头思考，加薪计划对公司股票市场的可能影响是什么。

如果公司7000万美元的销售额可以得到的9%税前利润率，即630万美元（7000万美元×9%＝630万美元）。在630万美元的利润中，支付员工奖金需要130万美元，那么还剩下500万美元的税前利润。我们可以用那笔钱中的一部分实施员工持股计划，这也是我们想做的事情。这样员工持股计划占用其中100万美元，还有400万美元，除去40%的税收，实际上我们只得到其中的60%，也就是240万美元的税后利润（400万美元×60%＝240万美元）。那么这240万美元就是公司当年的留存收益，它可以用来为公司发展提供资金支持，或者减少长期负债，或者进行投资。按照常见的经营法则，我们假设公司的市值相当于10年的税后利润总和，那么我们春田再造公司的市值大约是2400万美元。

你看，这是非常简单的数学题。奖金计划带来280万美元的额外税前利润，发放奖金130万美元，员工持股计划花费100万美元，我们基于剩下的50万美元缴税，最终余下30万美元税后收入。这样就为公司市值带来了300万美元的提升，所有的这一切都源于奖金计划。

THE GREAT
GAME OF BUSINESS

第八章　制订游戏计划

让员工发自内心地认同年度游戏计划

"伟大的商业游戏"的核心是年度游戏计划。这指的是一套财务报表，规划出公司全年的目标以及逐月希望达到的进度。如果没有计划，员工就不能比对自己的工作表现，就没有识别问题的工具，就没有组织完善、激励自己并挑战自我的目标。他们会不知道如何相互支持，或者怎样做好工作，如何在每天、每周或每月的基础上评估自己的工作绩效。

情绪会遮蔽全局观，阻碍会不断加深。作为公司的领导，如果没有计划，你就不知道何时应该庆祝，何时应该发出预警。不管你做了什么，员工都会对你进行事后评论。至于奖金计划，更不要在上面浪费时间了。没有年度计划，你如何能提出各种目标、提出员工为之奋斗的可量化目标？针对这一点，如果没有计划，你又如何知道你们是否已经达到目标？

年度游戏计划能够告诉你这些事情，并使你一并关注其他一些重要因素：

（1）公司提前完成计划了吗？

（2）公司落后于计划？

（3）公司资金是否充足？

（4）哪个部门在承担主要任务？

（5）哪个部门落后了？

与计划本身同样重要的是制订计划的方式。你需要的不只是计划，更应该是一个扎根于事实的方案。而且对于这个计划，员工不只是接受它，还要真心赞同它——毫无保留地赞同。所有的参与者都要为经营计划的有效推行做好准备，并确实希望这个计划能够发挥作用。员工们必须愿意不惜一切代价去获胜。他们必须知道自己能够信赖其他人一起做同样的事情，其他人也会这样信任自己。

只有公开计划的决策过程，并让全部员工都参与到决策当中，制订出来的计划才能达成一致共识。这样制订出来的计划，员工们才会意识到他们要肩负起责任，他们对计划制订的结果负责，这才是游戏的宗旨。否则，计划会成为一锅粥，而不是员工们能在工作中加以利用的工具，他们会把设定的目标看作你的目标，而不是他们的——这违背了设定目标的初衷。让任何人去完成别人的目标都是非常困难的。

记住，第五条超级法则是：

心之所向，素履以往。

所以，如何才能实现这一切呢？怎样做才能制订有序的计划流程，使之成为游戏的一部分，而不是严峻的考验——鼓励每个人都参与其中，针对决策是否会影响他的工作跟每一个人沟通确认，并在最终结果上达成一致？如何在保证公司正常经营的情况下完成这一切？如何在现有经营不会整体停滞的情况下实现这一切？如何让员工们参与思考下一年的计划和目标，而不会影响他们完成当下需要完成的任务？最重要的是，怎样使计划的制订变得有趣？

在过程中，要想员工们明确他们与计划之间的利害关系。当你在编制年度计划时，你其实是在制定今后12个月大家都要参与其中的游戏规则。对于每一位员工来说，这是一次可以准确提出自己对于方案制定想法的绝佳机会。整体思路在于，形成一个员工能够以极大的热情参与其中的年度计划——他们会很关心是否能够成功。

首先，要确定成功的含义。问员工这些问题：

（1）他们认为在下一年能够完成哪些任务？

（2）他们能够把生产量和销售额提高多少？

（3）他们想要这样做吗？

（4）他们对于公司的发展有哪些担忧？

（5）他们有没有需要解决的问题？

（6）他们是否需要更大的生产空间？

（7）他们是否需要新的工具？

（8）他们是否需要额外的收入或利益？

编制计划的过程，是思考未来、憧憬梦想的过程，同样也是考虑潜在风险的过程，这样才能找出把风险降到最低的方法。它还是这样一个机会，每个员工能够说出自己愿为公司做出哪些贡献——能为公司做出哪些承诺——实现已经达成一致的目标。这个过程结束时，你能够这样告诉自己的员工："这些是我们提出的目标，那些是我们实现目标的方法，只要我们每个人都能完成自己承诺的事情，我们就能成功。"前锋必须拦截，后卫必须强攻，弃踢回攻组必须获得好的场上位置。全体人员必须以真正的团队精神参与其中。

通过这种方式提出年度计划并不会令人厌倦。不要犯这样的错误，把制定方案的过程看作一次艰辛但又必须经历的严峻考验。如果你是这样认为的，那你已经失败了。经营计划是公司下一年度的生命所在。如果员工对计划的形成过程不感兴趣，那么他们对它的实施就更不会有兴趣——即便他们有能力这样做。他们不会为此承担责任，也不会做出必要的承诺。

这并不意味着，你必须提出一种全新的方法进行计划编制。我们使用的这个流程，你可以在任何关于预算编制的教科书中看到。以下是基于逻辑划分的4个阶段：

（1）决定下一年的销售额大致是多少。

（2）计算出达到预计的销售额需要投入多少成本，以及能够产生多少现金流。

（3）决定如何利用所得现金。

（4）选出年度奖金计划的目标。

这些很简单。但只有每个人都参与其中，才会使计划制订变得有趣甚至令人兴奋。当我们开始制订计划时，事实上我们并不知道最终会形成怎样的方案。高管们并没有独自拍板决定了计划的基本框架，我和基层的员工一样不知道计划会是什么样，我们都对未来的事物充满好奇。

为什么人们讨厌编制预算

根据我的经验，大部分员工对于编制预算混杂着一种冷嘲热讽和充满厌烦的情绪。最好的情况是，员工们会把制订计划当作一件毫无意义的活动，他们所做的只是给高管们反馈他们想要听到的数字。换句话说，他们觉得自己被迫帮助老板制订年度计划，而这个计划可能会使他们在接下来的12个月里累死累活。几乎没有人把计划视为提高生产和赚取利润的工具。实际上，一些新潮的管理思想家认为企业根本就不需要理会年度预算。他们认为，经济形势变得愈加动荡不定，在这种情况下很难预测今后6个月、9个月或12个月会发生什么，那么提出一个在极短时间内就会变得无关紧要的计划，又有什么意义呢？这种提法，不仅观点错误，结论也是错误的。是的，在公司规模很小时能够在没有计划的情况下运营。而且，在公司成立初期或经营方向不确定时，提出一套有意义的计划也是困难的。但是，经营的动荡不定和不可预见性在这几年被过分宣扬。当然，如果你没有任何方法来预测未来，或者你的计划基于管理层的意愿而不是经营的实际情况，那么未来的企业经营肯定是多变和难以预测的。无论处于哪种情况，你一定会遇到意外打击——巨大的、令人不快的意外。

　　但答案是不要放弃制订工作计划并接受意外情况的存在，它们是企业经营需要面对的情况。只要员工们掌握所需的方法，就能避免大部分意外，即使最坏的意外也可以避免。一项年度游戏计划绝对是至关重要的工具。对于"游戏计划"，它并不只是告诉员工每个类目花费多少的传统预算。我所指的是一整套为下一年提出的财务经营指标——利润表、资产负债表、现金流量分析表、资金计划、库存计划——全部的方案。

　　这听起来有些遥不可及，但事实上并非如此，前提是你拥有我们之前已经谈到的两种工具。首先，你需要一个标准的成本体系（第六章），这样你就能知道要达到销售预期需要支出多少成本，员工就能知道他们需要如何做以完成计划。毕竟，只有员工愿意为之承担义务时，计划才会有效。如果他们不知道自己需要做多少，多久完成，就不愿意为计划做出承诺。这是标准体系能够告诉他们的。

其次，你需要一个奖金计划（第七章），它能让游戏充满活力，为员工们提供巨大的动力获胜——这就是，让计划能够有效实施。如果员工们参与到游戏中来，他们就会关心游戏的计划，他们会帮助提出更好的计划，这是至关重要的。提出一个可靠游戏计划的最大障碍是缺少参与。如果员工们不参与其中，他们就不愿意为计划做出承诺，也就不会遵照执行，那么最终你就会遇到巨大的意外打击。当员工们讨厌编制计划的过程时，预算的失败就会成为意料中的必然结果。

新一年的倒计时：制订计划的时间表

制订计划的第一步：提出一个时间进度表。没有它的话，你就会自然而然地低估完成任务所需的时间，结果是，你最终会跳过一些重要的步骤，或者被迫仓促地完成手头的事情。不管怎么做，没有人会在计划制订的过程中获得乐趣，那么你也不可能制订出好计划。

所以，应该如何制订计划时间表呢？从下一年往前反推。明确计划完成时想要的结果，预估制订计划需要多少时间。我们的年度游戏计划包括8个文件：

（1）利润表。

（2）资产负债表。

（3）现金流量分析表。

（4）销售和营销计划。

（5）资金计划。

（6）库存计划。

（7）组织架构。

（8）薪酬计划。

毫无疑问，你可以提出更精炼的方案——我们一直进行着这种努力。基本的文件是利润表、资产负债表、销售和营销计划以及薪酬计划（其中包括年度加薪计划的具体项目）。现金流分析、资金计划和库存计划，都是帮助控制现金收入的工具。即便你可能不需要这么多，但也应该具备这样的工具。例如，如果你的企业是零库存，那么显然就不需要库存计划。

我们用6个多月的时间制订计划。我们本可以做得更快一些，但我们喜欢从容不迫，同时要确保每个人都有机会贡献自己的想法。前两个月的推进相对低调，属于准备期。我们主要考虑的是销售预测。考虑到销售计划的重要性，我们必须提出一个足够自信的方案。真正令人激动的过程是从10月开始的，那时我们会在公司里公布销售计划，也就是从那时开始，我们一直在稳步推进下一年年度计划的制订，直到1月31日春田再造公司的财年的结束，这一天也是公司的新年前夜。

所有的计划都始于销售预测

这是销售数据在利润表中排位靠前的一个原因。没有销售这一行，你就不可能拥有利润表。你没办法养活任何人，也发不出工资。游戏从一开始就结束了。

企业经营的每件事情都始于销售，这也包括计划的形成过程。我经常遇到CEO们会这样说："我知道我们需要一个计划，但不知道从哪里开始做起。"我告诉他们："开一个全体会议，在全体员工面前，问销售人员本月想要达到的销售目标。"他们的反应总是一样的："你知道销售人员会怎样对我说？他们会说：'你希望是多少？'"

这是问题的根源。如果销售人员认为他们只是为了你而制订销售计划，那么根本不可能提出准确的预测。这不是为了你，至少不应该只是为了你。没有销售预测，整个公司都会遭受痛苦，这也就是为什么全体员工都应该在场。让其他员工告诉销售人员，在永远不知道自己接下来应该怎么做的状况下工作，是多么令人感到崩溃。通过制订计划，让员工们做出承诺，相互协作，并设定和实现目标。如果没有对未来的预测，你就不能制订经营计划，而缺少经营计划，就没有办法开展游戏了。销售人员必须首先提出预测。只要他们明确能带来多少收入和哪种类型的业务，其他员工就可以以此为基础，计划如何交付这些订单，这就为游戏的开展奠定了基础。

是的，销售预测是一种承诺，是一个极为重要的承诺，而做出这个承诺，需要销售人员鼓起巨大的勇气。但是如果没有这一点，其他人的承诺就没办法成为可能。因此要坚持制定销售预测，并确保它是稳定的预测。如果预测持续变化，你就没办法提出一个可靠的计划。

关键点：如果你不能确保销售预测的稳定性，公司经营就会岌岌可危。如果你能控制销售预测，你就控制了这个世界。

倒计时六个月：召开一场前期销售会议

到7月底，我们在欧扎克的一个美丽的度假胜地预定了几个房间，让所有的销售和营销人员到这里参加为期两天的会议（记住，这应该轻松有趣）。每个销售人员都会在会议上陈述他对于未来18个月的销售预期。部门负责人会先做一个概括说明，然后其他人讨论如何实现个人的业绩目标，在本年度剩余时间里打算做什么，以及对下一年的工作进展有什么看法。每个销售人员都要参加讨论并表明观点。

公司其他部门的经理也会出席会议。我们听取销售人员的陈述，同时玩一个"如果"的游戏。我们千方百计地给销售人员的策略挑毛病，这样做不是鸡蛋里挑骨头或者制造争论，相反，我们的目的是帮助他们制定出最强有力的销售预测，因为这会成为整个公司经营计划的基础。所以，识别任何可能出现的问题，找出错误的假设、不现实的期待或者隐藏的风险，是每个员工的兴趣所在。问题如下：

（1）实现这些销售承诺需要花费的成本是多少？

（2）我们是否有这种能力？是否具备技术、设备、资金？

（3）我们是否能得到所需零件？

（4）客户付款速度有多快？

（5）在市场竞争中我们的劣势是什么？

（6）如果利率上升，会带来怎样的影响？

（7）如果某个合同没有签约成功，怎么办？

（8）客户增加订单的可能性有多大？

（9）客户撤销订单的可能性有多大？

（10）我们能应付这些问题吗？

（11）我们的备用措施是什么？

这些问题都是必须问销售人员的。要及早提出那些你认为最严峻的问题，以便有时间找出新的解决方法，或设计出新的应急预案。

你的公司也可能没有自己的销售力量——比如，你有一家专业的服务公司。在这种情况下，你可以与负责引入客户的人进行同样的沟通。如果这个人恰好是你，那么邀请一群朋友或同事，让他们询问你下一年的规划预期。不管以何种方法，你的目的是为了提出最佳的销售预测，这意味着提出方案的过程要做到精益求精。

倒计时五个月：整合销售计划，着手标准成本体系

在对初步的销售预测认真分析以后，你需要时间对其进行修改，形成一个更好、更有力、更敏捷的版本。我们一般给自己留出两三个月的时间，这给我们一个机会，使我们能够在不忽视当前工作的情况下对计划进行全盘考虑。在此期间，销售和营销人员已经消化了在7月的会议上听到的一切，并明确了应该如何对销售计划进行修改。他们进行研究，改进策略，提高或者降低对情况的预判，与客户沟通销售进度，反复思考可能的意外情况，诸如此类。与此同时，他们不断地对市场进行调研，寻找下一年计划的新线索。在9月底，他们会综合所有的新信息，提出一个改进后的销售计划。

在那时，我们也已经确定了很多成本标准——事实上，几乎包含所有的成本，除了要依据最终销售计划才能确定的之外。我们公司有一个名叫道格·罗斯特的员工，他的全部工作就是计算公司的标准成本应该是多少。在全年过程中，他研究了公司的每一笔成本或费用。他是一名会计师，曾担任过一段时间的生产部门主管，并且帮助建立了我们最初的标准成本体系。然后，他花大量的时间在公司里巡视，与员工们交流他们的具体工作内容，与他们一起努力提出更好、更精确的标准，这就是我强调的，要让会计师参与到游戏中。他还负责监控各个领域，尤其是那些难以达到标准或者过于轻松实现的领域——这两种情况都是标准需

要调整的信号。在9月底，他与公司里几乎所有的人都交谈过，并且对标准在下一年里如何改进有了十分明确的想法。

同时，在这个时间点上，我们才开始非正式地讨论目标，虽然我们确实知道员工们关心的主要问题是什么，以及他们希望看到哪些事情发生。每一年，我与所有的员工至少面对面沟通一次。在春末的时候，我在公司里举行一系列会议，在会议上我和20～30人一组的员工进行讨论，努力了解他们的想法。有时我会要求他们给我想出一些有助于公司改进提升的建议。我们也开展很多调研活动——例如，让员工们针对员工持股计划进行评价，并与其他多种福利计划进行对比。我们可以利用这些反馈指导游戏计划的制订，让员工对此充满热情。然后我们会从定期的管理人员会议上获得反馈，也会从公司的各种活动中获得信息。所有的这些信息汇集在一起，在制订计划的过程中给我们的思考提供了源泉。

倒计时四个月：陈述和讨论销售计划

10月，随着销售部门提出修改过的销售预测，计划的制订过程加快了速度。我们会举行一个管理人员扩大会议，计划在会上呈给高层和中层管理者，他们会把方案带回给他们的员工。每个员工都会得到一份5页纸的报告，详细地介绍了公司今后15个月的销售计划——也就是关于本年最后一季度和下一年全年的销售计划。这个预测会非常具体，能够准确显示每个月当中，每种产品按计划卖出多少，会具体到每一位客户。这对于公司经营很重要。一个模糊的预测是没有用的。员工们无法用它来指导工作，而你也没办法以这种预测为基础制订计划。准确说明你希望销售哪种产品，计划销量多少，什么时候售出。宁可出现错误，也总比含糊不清要好。

　　一旦销售计划公布，我们就会鼓励每个员工对其进行研究和分析，找出其中的缺陷和不一致的地方。讨论分两个阶段。首先，中层经理把销售计划带回给一线主管，他们会对其进行仔细研究，特别是对那些与自己部门有关的领域细加推敲。（是否能够完成计划中的生产任务？下年度与本年度相比有什么重大变化？这些改变是否合理？）其次，我们把计划上的数值价格转换为生产数量——例如，转换成按计划，每月必须生产的燃料喷射泵喷油嘴的实际数量。车间主任把这些指标带给一线员工，并组织他们进行讨论。（针对这些目标，人手够不够？有没有冗员？还需要哪些设备？这对于产品质量会产生怎样的影响？）

　　从数值价格向生产数量的转化非常重要。只有将方案转变成员工易于理解和参照、能够与日常工作紧密结合的形式，你才能让员工做出更大的努力。显而易见的是，在不同的企业之间，或者不同的职能之间，这种转化是存在差异的。在一家连锁酒店里，一份销售预测对厨师、服务员和采购员的含义是不同的。在一家航空公司里，飞行员想要知道的是自己将飞行多少次、飞行航线会有多长、多久会有休假的机会，客户服务代表应该知道自己将接听多少电话，采购员应知道预订多少午餐，柜台人员应知道需要登记多少机票等。

把这些展示给员工，准确告诉他们怎样才能完成销售计划，让员工能够轻松参与讨论计划的制订。如果他们没有机会对此进行讨论，就不愿意为此负责，而你就可能犯一些本可避免的错误。在全公司范围内进行关于销售预测的讨论，不应该只是成为一次公共关系活动，我们要通过这个过程倾听员工的心声。我们明确要求员工严格审查经营指标，如果销售计划有不实之处，就要力争改变。有时，销售计划会出现重大改变。例如，在1990年秋天，员工们针对销售部门下一年乐观预测提出了严重质疑。当下的经济萧条，已经给我们的客户带来了麻烦，难道不会影响我们吗？什么能保护我们免受萧条的影响？没有人能提出令人信服的理由，所以公司把销售计划调低了15%——这在很大程度上为我们后续的经营减轻了负担。经济萧条在来年的第三季度沉重打击了我们。

在10月底，中层经理和销售人员从基层返回，报告他们在员工那里得到的反馈，并就销售计划达成一致意见。从那时开始，一些员工就开始推测目标了，但要等到会计人员综合销售计划指标与标准费用指标提出下一年度的详尽计划之后，严肃的讨论才会开始。

倒计时三个月：在执行销售计划的成本上达成一致；开始瞄准需求和担忧

11月是我们为下一年设定标准的时间。针对销售预测中需要生产、交付产品的成本费用，会计部门会提出一份深度的、详尽的、逐月的分析。这时仍需要再次讨论，虽然在这个时点上，所有的事情都应该极为聚焦。每年，大部分标准都不需要改动太大（如果要改动的话）。如果一项标准需要修改，一定需要明确的理由。在我们的企业里，引入新的机器会带来生产效率的提升；或者有人提出一个能节约零件费用的方法；或是由于我们想出更高效率的生产流程；或是在特定市场上面临着更严峻的竞争，不得不依靠削减成本保住大家的工作。

不管是什么原因引起改变，都会在11月底前结束分析和讨论。在任何情况下，标准制定的负责人会和那些可能因标准改变而受到影响的人讨论改变标准的每一条理由。原则上，中层管理者和车间主任必须在调整后的标准上签字，预算才能被批准。我个人亲自审查变动部分超过10%的标准。我们要确保标准是公平的——它们是能够实际完成的，并且使公司在市场上有竞争力。我们也需要知道，每个员工都接受其他人期望他们达到的标准。这种方法的好处在于，达到标准的动力来源于内心深处。当这个目标是你自己选择的时候，一旦目标不能达成，你就不能把责任推给别人。当然，有些人不管怎么样都会抱怨他人，这是人的本性。他们抱怨会计部门给了他们无法达到的标准。在这一点上，你需要能够提醒他们，是他们自己事先查阅并同意了所有的标准。

标准需要获得员工们的一致认可，还有另一个原因。在提出标准的过程中，员工们彼此为今后的12个月做出了明确的承诺。他们认同承担自己的责任，来实现这些标准。这些承诺是游戏的基础，没有这些承诺，就没有游戏的开展，而只会是另一种形式的操纵和强制。承诺是至关重要的，你必须在计划上达成一致共识。

当然，如果你能通过建立一套标准成本体系奠定必要的基础，就更有可能获得一致认可，这些内容我们在第六章里讨论过。

这也是针对目标进行广泛讨论的好时机，因为你不久就要决定如何支配按计划产生的现金收入。这就需要询问员工们的担忧和需求：

（1）有需要修理的东西？

（2）设备需要更换吗？

（3）员工们需要新的办公室或厂房吗？

（4）在他们看来，对工作构成最大威胁的是什么？

也许是经济衰退的可能性：你可能需要减少债务。也许问题在于客户的交付量：你可能要在库存水平上有所提高。也许是质量问题：你可能需要引入新的流程。

危险潜伏在哪里并不重要——无论是经济形势、市场环境还是公司内部。你要让员工看到全局，让他们说出最紧急的问题和最迫切的需要。毕竟，你只有有限的资金解决那些问题，满足员工的需要，所以找出哪些问题对员工最重要是意义非凡的。

我们从11月开始，断断续续几个星期在全公司范围内开展讨论，找出最重要的问题。我们在管理人员会议上提出这个问题，而与会人员把这个问题带回各个部门。很快，我们就会收到员工的反馈。如果形成了较为广泛的一致意见，我们就可以开始草拟清单了。如果需要更多的讨论，我们会在公司内或公司外再举行会议。针对如何支配资金，以及下一年应把重点集中在哪个方面，无论如何，我们会一直讨论到达成广泛共识。

倒计时两个月：确定如何支配资金，注意力集中于奖金目标

一旦你拥有了关于销售、生产成本、其他费用的全部财务数据，你就可以将其组合在一起，形成下一年的利润表。把利润表内容按月划分，这样你能准确看出自己需要做什么，以及何时去做。以利润表为基础，你可以初步制定资产负债表和现金流量表，这样你可以把重点集中在针对现金的讨论。

我们一般会在12月做这些事情。草拟一套待商议的财务报表，并在管理人员会议上把报表展现出来，说："看，如果能够执行这个计划并达到标准，就能产生这么多的现金，大家认为我们应如何支配这部分现金？"然后，中层管理者将把会议内容传达给全体员工。

针对这一点，你必须开始做出一些决定。以资产负债表为指导，它将向你显示现金可能被使用的各个方面。例如，在工厂、资产和设备等方面，你分别想投入多少？这是一个尤为重要的问题，尤其是像我们这样的资本密集型企业，但几乎每个企业都必须回答这样的问题。既有设备是否还可以继续使用，还是到了应

该替换它们的时候？你现有的厂房是否有足够的空间？你是否应该买下城镇那边的厂房？这些问题的答案，将成为下一年资金计划的基础，这一计划也要按月划分，这样才能看出何时需要支出现金，以及金额是多少，用途是什么。

现金也可以转化为库存，如果你的企业需要这一点的话。如果你没有足够小心，你们最终可能因库存占用过多现金而造成现金紧张。所以你还需要一个库存计划。为了达到销售计划要求的生产效率，你需要多少备用零件和供应？何时需要它们？完成生产后，产品运输送达速度如何？再次强调，这些经营指标要拆分到每个月。

无论现金流向何处，你总需要一个计划。要理解这一点，我这里谈到的只是资产负债表上的一个类目——资产和负债，而不是在利润表里反映的成本和费用。在你的企业里，你可能需要花费大量现金，比如招待客户，但你应该把这些费用考虑在内，并把它在你的利润表当中反映出来。在计划流程的这个时点上，实际上你是在明确你希望资产负债表到年底时状况如何。如果你产生的现金都投入到厂房、设备、库存上，你就没有钱用于支付奖金／分红、回购股票或者清偿债务等诸如此类的事情。这并不是说，你不应提高库存或投资厂房。或许，你认为拥有更多的库存可以改善客户服务的质量，或者扩大厂房将提升士气。无论哪种方式，可以按照你的想法去做。但关于如何支配你的资金，这应该是一项理智的决定。

资金不能因为没有人注意到就任其随意流失。相信我，它会流失的。不是因为员工会偷走现金（虽然在你没有防备的情况下，盗窃很有可能发生）。而是因为，现金可能花在你并不情愿和并非真正需要的事物上。

要提前判断出，你希望将现金花在哪些方面。研究一下自己的企业，找出可能花费现金的地方。这里有很多种可能性：库存、设备、办公家具、交通工具等。然后基于你在各个领域的现金需求，制订一个计划。再次强调，确保让与之相关的员工提出他们自己的想法——仓库员工、工程师、操作机器的员工，以及他们的车间主任和部门经理。他们是将会因决定而直接受到影响的人，所以让他们参与到决策过程中来是很有必要的。不要因为忘记询问员工是否拥有工作所必需的设备，而削弱你在整体游戏计划上取得的一致性。

当你在考虑应该怎么做时，把预测的资产负债表和现金流量表放在面前。在12月和1月，我们不断完善这两个报表，计算和重新计算各种财务指标，从而发现不同的计划将对我们的奖金支付能力、员工持股计划的资金投入能力以及股票回购能力产生怎样的影响。例如，如果现金流紧张，我们会推迟采购新计算机或者建设新厂房。我们也会考虑选择一个奖金目标，旨在提升我们的流动性水平。

事实上，如何支配现金，以及在奖金计划中设定哪些目标，这两者之间存在紧密的联系，因为它们都关系到公司的长远健康发展。在我们做出这些决定之前，我们希望在公司的需求和劣势上达成一致共识。到12月中旬，一致的想法开始显现。我们把资金计划和库存计划结合到一起，同时根据公司内部的反映提出了一份可能的奖金目标清单。我们甚至可以开始使用公式，把它嵌入各种财务数据当中，从而看到财务数据对利润表和资产负债表的影响。但我们一直等到这个过程的最后，才会最终决定整个目标，我们想要在做出决定之前获得全部的信息。这些目标将成为公司下一年的首要任务，我们将竭尽全力实现它们。当我们选择目标时，实际上，我们在说："这是对于我们至关重要的数字。我们必须努力完成这些指标，迎接美好的一年。"到1月底，我们已经准备好做出最终的选择。

倒计时一个月：决定奖金计划，提交最终方案

我在上一章里提到过，奖金计划有两类目标——一个来自利润表，另一个来自资产负债表。既然我们为了实现这些目标付出了那么多的努力，我们需要确信在这个过程中公司能变得更加强大。结果是，我们在决定目标之前，要花费大量的时间思考公司的独特情况。

我们的方法基于一个简单的前提，即每个企业都有差异化的优势和劣势，这些特点又会逐年有所不同。劣势是工作保障的一种威胁。员工们可能会全力以赴地努力工作，但因为劣势的存在，他们的工作可能因外部力量而陷入危机。那么，如何最大限度减少危机？奖金计划就是一种方式。

你可以通过确定目标来弥补企业的劣势。当然，你永不可能完全消灭它。你不能避免错误，也不可能事事成功。我们总会不

时地犯错，这是我们学习的唯一途径，所以应该为员工们留有余地，允许他们在不危及工作保障的情况下，犯一些错误，尝试一些失败，这很重要。我们是这样做的：首先，识别出对工作保障构成最大威胁的因素，然后选择一些奖励目标，使每个人的注意力放在消除这些威胁上。实际上，我们承诺会对保障我们工作所做出的努力给予奖励。我们每年都设立改进劣势方面的奖金，"要求：每小时29美元的费用转嫁率"，或者"要求：流动比率提高20%"。而且，如果我们设立了这样的目标，就会真的奖励自己。

其他公司也可以遵循这样的方法。很明显，首先要找出企业的威胁所在。这实际上很简单：询问你的员工就可以，他们知道的。他们会告诉你，让他们说出自己最关心的事情。

（1）公司哪些方面做得很糟糕？

（2）与竞争对手相比，公司的劣势在哪里？

（3）他们从经济形势中发现哪些危机？

（4）公司在何种情况下可能处于风险？

我保证，你会得到一份内容全面而深有启发的危险清单。

这个清单在任何情况下都是重要的，因为它会告诉你应当关注的问题——通过奖金方案或其他方式。然而，为了把某种威胁转化为奖励目标，你必须对它进行深入研究并使之量化。必须提出一个绝对的措施，明确目标是否能够实现而不会产生任何疑惑。员工们必须对奖金计划的结果完全信任，必须知道业绩考核是精确的、公平的、客观的——不能被任何人操纵的。在这种情况下，他们取得的成功即是他们自己的胜利，而他们失败时也只能责怪自己。你永远不愿意遇到这样的情况，有人仅差一点就达到了目标，但这真的需要进行主观评判。然后你就陷入了两难境地。如果你分发奖金，这就成了虚假的胜利。如果不发奖金，就会引发很多不满情绪。无论哪种情况，都会削弱奖金计划的激励作用。

这就是我们从来不把质量作为奖金目标的一个重要原因，虽然它一直出现在我们的潜在威胁清单里。我们没有办法想出既可以衡量质量又不被人操纵的方法。结果是，我们通过其他的计划强调质量问题，并且把奖金计划用于可以用财务报表加以量化的方面。例如，我们选择流动性作为目标，因为员工认为经济萧条即将来临，那是他们主要的担忧。所以我们需要一个能使公司变得强大的目标，来应对严重的经济衰退。公司的流动性越强，就越能在恶劣的经济环境下灵活应对，同时你可以使用流动比率衡量流动性——短期资产（包括现金）与短期负债的比率。提高流动比率成为我们的目标之一。

事实上，两个目标会相互强化，并解决类似的困扰。例如，员工们曾经担心过一个内部的威胁——我们没有能力追踪当下的零件和供应数量。库存精准度下降了40%。换句话说，我们的记录显示还有所需的零件，但我们去找的时候却找不到。库存是一项资产，因此它是资产负债表里的一个科目，但它也会对生产带来很大的影响。如果你在需要零件时却找不到，生产就会一直停滞，这又会影响到利润表的内容。公司负责编制成本预算的员工告诉我，如果公司的库存准确率能达到95%，生产量就会大幅提升。可以肯定的是，库存准确率上升，利润也会随之上升，这简直难以置信。我们在费用成本摊销上有了很大的提高，而在"转嫁费率"上有很大的下降，这也会有助于我们实现利润表上的目标。

当然，在很多情况下，真正的挑战在于如何量化一个大家都认为值得追寻的目标。这个过程与在第六章里描述的一样，我谈到过量化方法在制定标准和基准过程中发挥的作用。这就是你在这里应该做的事情。当你知道员工们关心什么、需要什么，就可以寻找他们能够当作目标的基准。把这些标准在奖金计划中体现，你就创造了一个强大的教育员工的工具。你可以利用奖金计划带来的激励作用，告诉员工们在实现这些财务指标的过程中，如何同步实现个人目标。这不仅涵盖他们的短期目标，还包括如何实现长远目标以及他们的梦想。

但是，为了实现这一点，你必须完全公开目标设定的过程，并让员工选择他们自己的目标。然后，你可以利用剩下的时间和员工们交流，以激励他们。你不用要求他们为公司做这做那，要让他们把眼光放得更远，专注于一些对他们来说比公司更重要的事情上——他们自己的生活。他们在保护自己的工作，他们在实现自己的梦想。他们做这些事情不是为了你，而是为了他们自己。如果他们丢掉本可以得到的钱，那他们就是大输家。你的任务就是帮助他们取得成功。

对我们来说，确定加薪计划的目标，是提出年度游戏计划整个流程的顶点。我们所做的其他事情，都是努力使各项工作各就其位，这样我们就能够说：这些是我们最关心的事物，也是我们最需要的事物，接下来就是我们实现目标的方法。这样我们终于制订好了一个可以在下一年逐月实现的年度计划，我们能够在抵御工作威胁的同时，实现自己的梦想。

致怀疑者的邀请函

我知道有人会说："这些目标听起来不错，很有条理，但企业经营并不是那么好预测的。你必然会不断地遇到意料之外的机会和问题。如果在5月出现了一位新客户，让你的全部计划运转失常了怎么办？如果你突然发现自己面临新的残酷竞争，迫使你必须修改整套成本体系怎么办？你不可能制订出一份适用于全年的计划，在现在的形势下是不可能的。"

我愿意邀请所有怀疑者参加我们公司的每月研讨会，同时列席管理人员会议。我们可以安排电话会议。你可以看到我们逐条讨论利润表上的内容，会听到员工们逐个汇报财务数据，它们与预期相差100美元或更少。即便在一个动荡不定的年份，月销售波动也不会超过5%。坦白地讲，员工们的工作结果如此接近预期，甚至都有些不真实。

但是，即使有些事情偏离了计划，也绝对不要在年中时改变年度计划。如果这个计划不幸失败了，就如我们的第一个计划一

样，那就取消它，否则就要坚持下来。改变计划，就如同在高尔
夫球比赛过程中，改变球洞的位置一样不可接受。能够确定的
是，你不可能预测所有事情，总会有意料之外的事情发生。例如，
曾经有一年，我们在年中的时候引入了一些新的业务，这是原先
没有预料到的，我们花费了资金来启动它，并且过了一段时间才
赢利。就在这一年，公司没有发放任何奖金，新业务是一个因素，
但不是主要原因。我们把销售计划增加了400万美元，这意味着
我们必须再挣得20万美元的税前利润，才能达到最低层次的奖
金发放水准。后来我们差70万美元没有完成目标。所以就是这
样。无论发生任何意外，永远不要改变计划。无论如何都要坚持
计划。

这一切发生在1月，公司财年的最后一个月。那时，公司的
每个人都有机会讨论经过深思熟虑的各种目标，最终我们会在两
三个目标上达成一致的意见。像我们在第七章描述的那样，我们
还会计算各种财务数据，从而确定奖金发放的水准。所以我们把
公司的补偿计划综合起来，这是方案制定过程的最后环节。各个
环节综合成一个巨大的、黑色的三环笔记本，我们亲切地称之为
"圣经"。到下一次管理人员会议上，我们把"圣经"的复印件呈
现出来，问："你们喜欢吗？有需要改进的地方吗？偶尔会有需要
改进的地方，虽然我们努力在先前的过程中完成大部分的讨论。

我们并不愿意对计划进行重大的改动。

第八条超级法则：

　　有志者，事竟成。

　　最后一步，是把计划提交到董事会。他们再次进行假设性论证。应急预案在哪里? 退路是什么? 如果计划不起作用怎么办? 我们仔细检查支票和收支平衡，我们重新检查内部控制措施，我们确保万事俱备，然后开始实施计划。到了财年的最后一周，我们会说:"好，新的游戏开始了。"

THE GREAT
GAME OF BUSINESS

第九章　伟大的团队

第九条超级法则：

　　没有人关注，就没有人在乎。

　　员工们必须看到自己工作的业绩成果，否则他们就不会关心自己的工作，无论成果是好还是坏。如果你每天去上班，没有人会注意到你工作得是好是坏，还是一般般，你也会逐渐变得不在乎。

　　　我们发自肺腑地告诉员工们，我们关心他们的工作。我们每周都会传递这样的信息：我们想了解你们的工作情况。

　　如果你想看看"伟大的商业游戏"是如何进行的，可以来参加一次我们的每周管理人员会议。会议每周三早上9点在春田的公司大楼会议室里举行。参会人员通常有50名经理、主管和其他人员，还有一群各式各样好奇的外来客——客户、听众、银行家、供应商、其他公司参观者等。当人们聚集在一起时，大家相互开着玩笑、交流信息、分享钓鱼经验，每个人看起来都很轻松。但在这种氛围中有一个声音，就像你在戏院的灯关掉或者幕布拉开之前，或者在球场里投球手热身后和替补队员上场时听到的一样。

　　我们期待的是每周例行的业绩评估。这是我们了解加薪计划目标进展情况的机会。我们将在会议室里把它明确下来。参会人员带来自己部门最新的财务数据。对于利润表的每个科目，都有人提出一个数据，反映他可以做出的、对月底科目情况的最准确、最新的评估。在我进行简要介绍之后（我缺席时由主持会议的人介绍），我们的会议开始，人们公布他们的数据，其他人在计分表上记录下来——实际上是空白的利润表。会议室会响起"哦"和"啊"的声音和平静的填写声。我们能看到报告的财务数据与印在表格一侧的计划指标有什么不同，以及与前一周的表格上（详见本章后面所附表格）记下的财务数据有什么不同。所以每个数据的公布都会引起反应。采购金额增大了吗，还是什么原因？生产是如何在一周内摊销了这么多管理费用的？为什么这么多的汽车销售代表突然消失了？谁说我们不能解决保修问题？

　　这里有逞强，有勇敢，也有惴惴不安。有的人自信甚至狂妄，有的人则有些紧张。每个人都在展示，没有人想让同事们失望。员工热切希望成为英雄，但是——要成为这里的英雄——你和你的部门员工必须努力工作，你必须带来好的业绩。当我们结束会议时，首席财务官会宣布计算情况：假如这些数据正确的话，公司当月的税前收入（或损失）是多少。然后我们会转向其他问题的讨论。

"伟大的商业游戏"是如何进行的

周三会议是我们在春田再造公司所做一切事情的焦点。在这里，我们把各种数字汇总在一起，加加减减得出总数，并把它公布，使员工能在工作中加以使用，这为我们提供了在"伟大的商业游戏"中做好本职工作必需的信息。这也是我们有时把它称为"大讨论"的原因。

当我们结束会议时，我们可以看到公司的业务全貌。我们知道每个人的进度，游戏是如何展开的，以及为达目标，大家必须做些什么。

然而，不管是哪一次会议，真正的回报都源于大讨论之前或之后发生的事情。事实上，会议只是公司内部信息交流链条上的一环，推动信息持续地上下流动。大讨论会议上，各种数据通过随后几天举行的一系列跟踪会议反馈给全体员工。在36小时内，几乎所有员工都会知道关于公司经营现状以及应该如何提升指标的最新消息，并且，员工们会利用这些信息指导自己的实际工作。他们也能看到公司的业务全景，并与公司的宏伟蓝图结合在一起。

他们知道，为实现加薪目标、赚得奖金、保住工作、增加股票价值和创造财富所需采取的措施。他们如何做，取决于自己。也许他们会使用以前用过的方法，或者他们会提出各种新的方法。无论是哪一种，他们走在正确的方向，并且是朝着同一个方向前进。我们携手共同努力，实现这些零碎的改进，这将决定企业的成败与否。

这就是"伟大的商业游戏"。这就是我们推行它的方法，周而复始。这是我们实践开卷式管理的所有原则之所在，在这里，我们使用了先前几年所学到的所有经验，利用研究而来的所有方法——标准、游戏计划、目标、奖金分发等级以及获胜的不同方法。这是我们能够持续产生自豪感和主人翁意识的原因；是我们构建相互信任和尊重，构建公司的可信度，点燃员工激情的方式。最重要的是，我们把愚昧无知赶出车间，教会员工如何创造利润，向他们展示为什么赢利很重要。当举行一次次的大讨论，看到各种业绩指标在改变，听到藏在数字背后的故事时，我们领悟到经营与生活的真谛，以及理想彩虹尽头的那桶黄金。不只是基层的员工，而是我们所有人都在无时无刻地学习。当然，在学习过程中，我们也得到快乐，这就像表演，像戏剧，这是令人兴奋的事，是激动人心的一场比赛。

如果没有每周的大讨论，这一切都不会发生。全体会议是企业的交换总机，是我们相互联系的纽带，为整个公司的发展设定了速度、风格和基调。我看到全体会议对公司的作用时，令我感到惊奇的是，很多公司在根本没有定期召开员工会议的情况下，竟然能够维持经营。

在任何一家企业中，沟通都是最困难的挑战之一，因为人们往往只能听得进他们想听到的事情。

如果他们没有听到任何消息，就会开始推测，开始听从小道消息，谣言就这样不知不觉地产生了。没有定期召开员工会议的公司，肯定是一个谣言盛行之地，更不用说这个公司的其他问题了。谣言盛行会浪费金钱，很多金钱，它是公司信息沟通成本最高的形式。谣言会产生恐惧、猜疑、离间、不切实际的期望以及愚昧无知。谣言会涵括公司的各种问题，并使它们变得更糟糕，因此，你会付出更大的代价。

效果不好的员工会议总比没有要强，但也强不到哪里去。在我担任春田的工厂经理时，那里已经有晨间员工会议了。所有的经理聚集到一起，喝着咖啡，吃着面包卷，我们所谈论的主要是下次会议由谁主持。人们不知道除此之外还有什么可以谈的内容。早先我在梅尔罗斯帕克曾经参加过的那种员工会议就更加普通。每周五早上，各个部门的主管会和工厂的总经理会面，总经理会对我们滔滔不绝地讲上几个小时。他会提出目标，却不给员工提供如何实现的方法。他会因为出现的问题对我们大吼大叫，却不能对问题的解决提供任何帮助。他会告诉我们公司经营的实际情况，但同时要求把它作为秘密。我们只是坐在那里听，他也不需要我们发表什么意见，他只想一个人说。

　　这是大部分员工会议存在的主要问题：只有老板一个人在讲话。这种会议浪费每个人的时间，如果你是老板，它也会浪费你的时间。对于会议的开场者，你得不到成为一个好领导所需的信息，你肯定不能从员工那里获得帮助，甚至不能把自己的意思传递出去。每个你所要传达的信息，都会以你想象不到的方式被误读和曲解。并且，你所传递出的主要信息与你说的话并没有什么关系，它源于你的行动。当你在把控会议时，你是在告诉员工们，你不认为他们能够贡献价值，你不认为他们可以创造奇迹。这也许不是你有意发出的信息，你自己甚至都无法相信，但事实上，这就是员工们听到的。

　　此外，让参会人员参与讨论还远远不够，甚至会议本身举行得很成功也是不充分的。你也可以与经理们一起召开很成功的员工会议，但如果你不能让公司其余的员工参与其中，你们就会失去很多改进补益的机会。员工们会有被排除在外的感觉，甚至可能存有不满情绪。这样，不仅得不到团队协作，反而会带来愚昧无知和怀疑的情绪。公司内部的隔阂将会加深。

　　记住，我在这里讲的是定期的管理人员会议，是公司用来内部交流的工具。每个公司，也包括我们自己的公司，会举行各种其他类型的会议，其中的一些会议不会——也不应该——公开，不会邀请众人参与，或某个过程也不会包括任何局外人。但是，定期管理人员会议有自己的特点，因为它起到或者至少应该承担特殊的角色。定期管理人员会议的最重要的功能是**构建组织**。它应该让公司上下一心，应该帮助员工学习企业经营，应该为管理者提供管理工具，为一线员工提供完成本职工作所需要的工具。它应该传递清晰的、明确的信息，应该让员工们实现共同价值和共同目标的统一。

所有这些，都是我们从大讨论中收获的。全公司依赖于全体会议，并对其怀着满心期待。它们之所以变得如此受人欢迎，事实上是因为我们一直在扩大会议室的空间范围。当我们想要尝试在一段时间内每两周举行一次全体会议时，遭到了员工的强烈反对，所以很快会议又恢复如往常了。这并不是因为会议本身很好，虽然我们确实努力让它变得尽可能地有趣、振奋以及高效。**管理人员会议面临的真正考验，是它对于非参与人员的价值**。他们也应该参与其中，应该知道自己对会议的内容有直接的影响，会议的结果也对他们发挥着直接的效应。

我们的员工知道这些，是由于我们建立起来的机制使他们知晓信息及参与其中。在某种程度上来说，这种机制体现了我们作为一个企业的特殊经验和特质。但是一些原理是具备普适性的，并且基本的要素——过程的步骤——能够适用于任何行业的任何企业。而最好的起点是参与"伟大的商业游戏"。

游戏是基于轮次展开的，或者一轮当中又嵌套一轮。例如，在美国职业棒球大联盟，棒球比赛是每局一轮。在每场比赛中要重复9轮，而在每个赛季要重复162轮比赛——这时你就可以考虑下一年度将开始另一个新赛季。在橄榄球比赛中，每次控球后4次连续进攻，每场比赛4轮，每个赛季16场比赛。每个竞技运动都遵循同样的基本模式。"伟大的商业游戏"也是基于轮次展开的。我们进行比赛的方式是每周一轮、每月一轮、每个季度一轮及每年一轮。我们倾向于把每周的轮次看作独立的游戏，由4个截然不同的阶段组成。

大讨论是游戏的第一阶段。

第二阶段安排在周三下午和每周四，这时参加大讨论的员工已经回到他们的部门，并且和各自的小组成员一起核对经营指标，填写完成他们自己的计分卡。与大讨论相比，接下来的会议更像辅导环节，或"粉笔式教学"。在每次会议中，团队的领导都在分析财务数据，指出数据背后的含义，把公司其他部门的消息告诉给员工，并根据最新的业绩预测，讨论团队应该采取哪些措施。

在比赛的第三阶段，选手回到工作岗位，开始实施"粉笔式教学"中讨论的行动计划。他们在这个阶段所做的是把从大讨论中得到的信息应用到他们工作中的具体场景中去。也许现金流收紧，那么他们会削减开支且对供货问题更加谨慎；也许他们需要摊销更多的管理费用，才能达到利润目标的下一级奖金发放标准，所以他们放弃厂务管理或者后勤服务的琐事，把重心放在生产上。不管处于何种形势，他们竭尽全力提高业绩，把标准作为一种指导工具。与此同时，教练员们在外对他们进行鼓励，并为之提供便利——确保选手们知道自己应该朝着哪个方向前进，以及拥有哪些资源帮助自己更好地完成任务。

第四阶段在临近下一次大讨论之前进行。这时，业绩已经发生了改变，但是这种改变可能还不是那么明显。经理们需要研究并识别出它们，他们需要对指标进行评估。每个小组完成的任务都会向整个公司传递波澜，影响其他每个小组的成绩。例如，当生产线上的员工削减供应和费用时，产生的收益会在工程师报告的经营指标中体现出来。那么，此刻就是重新部署的最佳时机。现在，信息以另一种方式流动，从一线员工到主管，再到在大讨论上报告经营指标的经理。在星期二下午和星期三早上，会举行另外一系列的会议，类似于大讨论之前的小讨论，在会上，各个部门的经理们聚集到一起修改他们上一周的预估。他们研究利润表上所有自己负责的科目，并对当月结束时各项科目指标将达到何种程度做出判断。在周三上午9点时，他们来到会议室，已经准备好重新计算业绩指标，并开始下一场竞技。

　　这是我们在"伟大的商业游戏"中使用的基本周期。这听起来很耗费时间，但事实上，每个人每周在各种会议上投入的总时长不会超过4个小时，并且95%的员工只参加1次时长1小时甚至更短时间的会议。我们每月完成4～5轮这样的周期，这取决于当月有几周。一个月结束之后，会计部门综合各种实际的财务数据并做出月度财务报表。从报表中我们可以看出，自己向最终目标前进了多少，以及各个团队的表现如何。与此同时，我们已经开始下个月的新一轮游戏。

　　当然，如果随着时间的推进，奖金能够不断提高，任何比赛都会变得更有趣。随着月底的来临，这种现象每周都会发生。由于奖金计划的存在，这些情况也会逐月出现。因为奖金支付是按季度进行的，所以即便出现头两个月落后的情况，我们仍可以在第三个月里完成目标。相反，如果我们在季度的首个月里表现突出，那么在确保奖金不会流失的过程中会承受很大的压力。所以，我们的比赛不仅仅是每周一次和每月一次，更是每季度一次，每个月的成功都会带来比上一个月多一些的兴奋感。

然而，不仅是这些。要记住，我们已经设计了奖金计划以达到这样的目的：

（1）在每一个获胜的季度，我们都会努力争取更大比重的年终奖。

（2）在上一季度错失目标的情况下，我们总会有机会获得部分奖金。

结果是，奖金会逐季度上升，员工的兴奋性随之上升，并且每个人都会一直参与其中并努力工作到年底。于是这同时演变成了一场年度游戏。

使这一切成为可能的，是以每周会议为中心的沟通机制，这种机制确保了我们在任何比赛中总能持续了解最新进展。我们都在遵循这样的行动。

当每个人都据此行动时，所有的人都整装待发。

让大讨论真实高效并从中受益颇多的技巧

如果你希望像我们这样开展比赛，很明显你需要一些类似的、能够把员工吸引到活动中的机制。这并不是说你需要和我们一模一样的机制。相反，你的机制必然要看起来、听起来或感觉起来十分地与众不同，并且确实应该如此。公司之间的差别，就如同人与人之间的差别一样，而且没有什么能比沟通的方式更让你显得很独特。你必须开发一种能使你和你的员工感到舒适的语言和风格，这同时也要与企业的个性相匹配。你也需要根据自己的情况吸收借鉴其他公司的技巧，还要注重自有方法的创新。

例如，有一家货车运输公司的经理参观了我们公司，回去之后决定借鉴制定与我们相类似的周例会流程。他说，唯一的问题是公司90%的员工一直在全国各地的公路上运输货物。让他们聚集到一起举行定期周会是不可能的（我建议他给员工配备便携式传真机和移动电话）。我还知道，有家公司在40个州拥有100多个连锁批发物流中心。这家公司在实践自己的游戏，而且它根本不开周例会。取而代之的是，公司基于每月的情况公布经营指标，给每个物流中心发送一份完整的利润表——公司的大部分经营活动都发生在物流中心。然后，这家公司实施了很多配套强化培训。这与我们的机制不同，但是在这家公司运行得很好。

语言的力量

我的父亲在为万国收割机公司工作之前，是一个专业的棒球运动员。他训练我打棒球，告诉我要为一切可能发生的事情做好准备，这十分重要，其中一部分是体力上的积蓄。如果我在第二垒，就必须弯下身子，脚尖着地，为向任何方向移动做好准备。但与此同时，我必须告诉自己，要持续关注整个比赛，尽可能地保持注意力的高度集中。

这就是语言的力量。当号召大家执行任务时，它会让你的反应更迅速，挖掘更深入，奔跑更有力。这是一种准备好参加大型比赛的方式。同样的技巧也适用于其他运动。在空手道中，它是大声尖叫；在掷铁饼中，是低沉的吼声。你在企业中也可以发现这些。日本人是通过歌唱和训练做到这一点的。对我们来说，它是关于财务和数字的语言，是关于管理费用摊销、劳动力的使用等事项。什么是股权分拆？什么是进账款项？什么是标准？你是否达到自己设定的标准？你时时刻刻会听到它——不仅在会议上，而且在车间、餐厅、走廊里，甚至在工作之余的酒吧里。它是让员工持续投入游戏之中的方法，它让员工时刻准备好向任何方向行动，采取必要手段去获胜，它帮助员工们做出最大的贡献。

根据所听到的沟通质量，我就能判断一家公司经营得是好是坏。那是员工被激励、兴奋以及参与其中的确切表现。沟通是不能被捏造的，如果员工感觉不到它，他们就不会按照说的那样去做。基于同样的原因，虽然你能鼓励员工们进行交流，但你却无法强迫他们这样做。有些公司通过晨间讲话达到这种目的。强有力的销售组织常常有他们自己的歌曲，并且在准备出去销售之前合唱——托马斯·沃森领导的IBM公司可能是最好的典范。其他公司通过自己的语言和企业文化来促进交流。他们发明一些词汇并使之成为公司认同感的组成部分，从而使员工的注意力集中到共同的目标上。

但是这些技巧只有在你已经事先做好基础准备，构建了公司的信任机制，员工们知道他们参与竞赛游戏的重要性时，才会真正发挥作用。不要在没有形成适宜的条件之时，就试图促成内部交流。这样做的公司，其实是在实践形式最糟糕的企业强制力。他们利用恐惧和操纵来迫使员工执行一定行为，这样做不仅是错误的，也是无效的。心之所向，素履以往。当员工们把注意力集中在如何获胜，而不是担心是否会失去工作时，沟通和交流才会出现。

我们通过每周的管理人员会议来促进交流。大讨论和"粉笔式教学"，使大家增强了对财务数据的认识，明白了那些特定的术语。一旦我们有了共同语言，大家就可以使用它。经理们可以使用诸如转嫁费用率、股本负债率、管理费用摊销、库存精确率提升等术语进行沟通。很快，其他人也开始使用同样的术语，这样，交流就开始了。

这同时还会产生教育效果。自然而然地，一个员工能够快速学习的环境也出现了。术语开始在沟通中传递——应收款项、流动比率等。有些人可能会不理解这些术语，但他会逐渐熟悉它，然后记住它。最终，当量的积累到达一定程度时，所有这些会结合在一起时，他会顿悟："啊哈！现在我知道了。"这是沟通的功效之一，有些东西会被深深地印入他的脑海。一名仓库经理告诉我，他的员工正在提高库存准确率，因为他们开始明白这将有助于生产装配线摊销更多的管理费用。那是充满活力的沟通。沟通源于知道自己做的事情对别人很重要。

事实上，在开发有效的沟通流程时，每个企业将面临独有的挑战。如果你在克服困难时需要帮助，我的建议是，要从员工开始，把问题解释给他们听，并征求他们的意见。除此之外，我会提供一些我们这些年来积累的经验，你会发现这些同样有用。

技巧 No.1：定期和准时召开会议

关于我们的周例会，最重要的是每个人都知道它在每周三的早上9点钟准时开始，而不是在本周二上午10点半，下周三下午3点，然后在下下周又回到周三早上9点钟进行。会议的召开应该固定在同一天、同样的时间、同样的地点。这样，员工们就能够充满期待，并为此做出计划，他们会以此为惯例。员工们甚至不需要花费一丁点时间来思考会议将在何时或者何地召开，他们能够集中精力应对比赛。

技巧 No.2：会议的召开要保持充足的频度，以保证对财务 数据的掌控

　　我经常会谈到我们的周例会，但有一段时间，会议是每两周才召开一次。我们做出这样的改变，是因为我担心员工们对此感到厌烦。有一次，当我们的会议进行到需要交流信息时，大部分人不能提供任何东西，这让我有些抓狂。一方面，我认为他们没有尽力，没有在意。另一方面，我意识到我们有可能工作得过度劳累了，或许我们需要休整一段时间。最后，我说:"见鬼，我们把会议改成每两周一次。"

　　这十分糟糕。令人惊讶的是，没有人对此感到高兴。你也许认为员工们更愿意少开会，但他们对于了解工作业绩更感兴趣。这个改变完全打乱了我们的规律，员工们失去了了解最新动态的机会，不知道如何做才能实现目标。会议间隔两周时间太长了，我们甚至不知道如何从一次会议的内容过渡到下一次会议。在某些财务科目，会议上预估的财务指标最后与月末报表的实际经营数据相差高达30%～40%。我看到，部门之间的隔阂在增加，员工们开始为自己的问题相互指责，沟通交流也已停止。一切都似乎在倒退。我们真的开始动摇。所以，会议召开的频率又恢复到从前。

　　我并不是说，你不应该每两周举行一次员工会议。其他一些公司可能发现那样做是正确的，但对我们来说是个大错误。经验教训：要形成一种惯例，使你能够掌控财务数据，然后坚

持完成它。

技巧 No.3：将利润表上的每个指标责任落实到人

大讨论的一个主要收益就是使企业变得更加人性化。它消除了看不见的敌人——"他们"，比如，"他们把事情弄砸了""他们试图让我们难堪""他们不知道自己在干什么"。看不见的敌人毁灭了一家又一家公司，它为猜疑、无知和分歧埋下种子。你必须追捕到它，并在它毁灭公司之前把它消灭掉。我们要把握住每次机会找到它。

我们与看不见的敌人进行斗争的一个方法是分配财务数据的承担责任，把每一行的每一个数字落实到具体的个人。这样到每周三召开会议时，这些财务指标就不是落在那些不知名的"他们"头上，而是需要计划部门的帕姆、销售部门的杰夫、生产部门的艾琳直接汇报这些数据的情况。所以，我们对这些数据的反应，不会像刚刚从会计那里拿到一样，当"他们"有坏消息时，我们变得愤怒。而当艾琳带来坏消息时，我们会问她是否需要帮助，这是一种健康的人际关系。我们愿意相互支持，当一个人遇到困难时，其他人会赶过来帮助他走出困境。

为了建立这些联系，你必须把利润表上的责任个人化。这意味着要经历我在第五章描述的过程。把利润表的主要科目细分成一些可控的要素，然后把每个要素分配给公司的某个人。那个人会负责在会议上汇报相关的财务指标。在大多数情况下，这个人会是部门经理，他的团队对这些指标的影响最大。如果你的大部分员工在生产部门，你需要在该部门设一个代表汇报劳动力成本的问题。如果大部分员工是销售人员，就把这个责任分配给销售部门的某个人。整体思路在于，把这些财务指标分配给对它们控制力最强的人负责，并尽可能广泛地拓宽汇报的领域。要确保企业的各个部门都有汇报代表。

技巧 No.4：邀请任何一位能够贡献的人

我们每周的管理人员会议，对公司的每个人都是开放的，但是参会的员工一般都有出席的原因。他们或者有经营指标要报告，或者有信息要汇报，或者过来查看与他们息息相关的事情进展如何。大部分与会者是负有部门领导责任的中高层管理人员。同时，我们不想排外，会议中不应该有任何秘密，它应该是把握公司全局的一部分。所以我们明确了一点，每年要邀请很多员工参加会议。偶尔，他们宁愿我们没有这样做。有时，一个经理会带一位一线主管参加会议——比如说气缸盖部门的主管。每当我们见到部门经理让直接负责人员出席会议时，就知道要有难看的业绩数据要报告，经理不得不让负责人员来到这里亲自做出解释。这也会带来一些小的刺激，防止再次出现经营不善的情况。

技巧 No.5：要有固定的形式，但不能令人生厌

我们的会议通常会持续一个半小时，会议内容涵盖的范围很广，并且能够让大家坐得住。我们通过设计一种简单而固定的模

式，保证会议内容有趣，会议进展迅速。我经常在会议开始时，用简短的讲话开篇，为会议定下基调和主题——更多是为了定下主题。然后，会议的内容会分成两轮。首先，我们会用之前讲过的方式讨论利润表。这部分内容通常会很有意思，让大家明白当前的进展，让所有与会者掌握基本情况。（另一方面，外来旁听者则向我们抱怨，会议进行得太快导致他们跟不上。）当我们完成这部分内容讨论时，我们就能知道离实现税前利润目标还有多大差距。

其次，我们开始第二部分会议内容，与会者讲述他们认为整个组织应该知道的新闻和其他信息——新客户、重要的里程碑事件、行业荣誉、捕鱼比赛结果、高尔夫比赛结果、个人业绩等。这一部分有点居民小组聚会的味道，每个人会站起来告诉我们有关自己或者邻居的某些事情。会议室里充满着玩笑、同情、祝贺和笑声，我们在加强彼此之间的人际关系。

与此同时，首席财务官会根据大家刚刚汇报的经营指标快速地形成一个现金流量表。我们需要这样一份报表，以了解我们的资产负债目标的实现情况。（现金流量表向我们展示了公司有多少现金，公司产生了多少现金，现金流向哪里——所有这些会帮助我们判断，是否达到了资产负债目标。）当轮到首席财务官进行报告时，我们每个人会拿到一张计分卡，这是一张空白的现金流量表。他宣布各项财务指标，我们把指标填写到空白表上。所以，现在我们对两个目标都有了认识。如果我们临近季度末，首席财务官还会给每个人发一份显示从上次会议到现在进展情况的材料，并指出我们必须如何做才能达到目标。这样做是为了避免以后出现任何与目标失之交臂的痛苦。如果我们差0.01%而没能够完成目标，总会有人找到1000美元的盈余帮助我们完成目标。

在第二部分内容结束后，我以一个会议成果总结的形式结束本次会议。通常情况下，我会回到会议开始时的主题，或者提到某位参会人员所说的内容。我的目的很简单，就是基于我们刚刚听到的和看到的当前形势，即我们的企业经营所面临的环境，强调一下我认为大家的共同关注点应该放在哪里。

技巧 No.6：做一名领导者，而不是发号施令的人

如果你在主持会议，要小心避免成为给出所有答案的人。我从不愿意让员工们认为他们是在向我汇报情况，进而让我告诉他们该如何去做。对我来说，重要的是持续把责任交回到他们手里，并赋予他们能够更多赢利的工具。在了解完情况以后，然后说"你本应该做这个或那个"，这对于我来说易如反掌。但是，如果我这样做，员工们会开始把决策权交还给我。所以我力图避免陷入那种事后批评。相反，我着眼于未来，并且鼓励员工们也这样做。我希望员工们走在我的前面，尽可能地超越我。我需要工具帮助他们做到这一点，正如他们也需要工具一样。我们都在使用同样的工具——财务报表。所以我们都是朝着同一方向前进，我们是拉着同一辆马车的一大队马匹，步调坚实一致。公司不再有任何混淆的信息，只有财务报表的结果。

这并不意味着你应该消极被动，相反，你应该起到领导作用，应该教育和培训他们，寻找在员工们的头脑中播种的机会。强调那些关键点，推动他们去寻找财务指标背后的故事——那些能够显示指标的来源，那些能够把数字与具体的人、具体的事联系起来的故事。每当有机会时，都要讲出这些故事，因为正是通过这些故事，员工能够学有所长。

会议的开始，是埋下种子的绝佳机会。我经常花很多时间思考我要说什么，希望让员工们的注意力集中在哪些方面。也许是经济形势或者其他全国性问题，也许是一个地方性的问题——比如说，城里的一家大企业破产了。也许是我们面对的一个战略问题，或者是我们能够庆祝的近期的胜利，或者是我们所关注的趋势。我在寻找一个主题，能够给我们一个背景、一种视角，一些我们在检查业绩指标和分享信息时能够牢记在心的东西。

在我的开场白之后，我会让其他人进行大部分的沟通和交流，直到会议结束。主要是我希望让会议正常运转起来。当员工们报告尤为优秀的业绩指标情况时，我和其他人一起欢呼。当经营状况出现问题时，我们会停下来，找到合理的解释。不管是好是坏，我们想要听到数字背后的真实情况。到会议结束时，特定的主题已经出现。我们能够看出哪些地方薄弱，哪些方面强大，哪些方面已经做得很好，哪些方面我们必须持续改善以完成目标。我在总结发言中把这些问题提出来，这是隐藏在财务数据中的信息，是我们把会议的结果传递给整个公司时应该强调的内容。

技巧 No.7：确保这些数字会传递出去

永远不要忘记：大讨论之后的事情，要比会议本身更重要。如果信息只停留在参会者当中，而没有传递给其他员工，那么上述整个实践活动都是对时间的巨大浪费。这也是我如此强调"粉笔式教学"的原因。每次会议结束，我们都会尽可能快地把会议内容传递给每一个人。在一个小部门，可能只需要一次"粉笔式教学"就够了。而在一个大部门里，则需要甚至多达8次的信息传递。例如，生产部门的负责人，与全部7位车间一线主管会面。这些主管回去之后，在各自的团队召开类似的会议传达经营指标。在每次会议中，员工们不仅会明确经营指标和生产信息，而且还需要弄清楚如何才能提高业绩。例如，生产部负责人会和主管讨论工厂里资源的分配问题。（我们是否有足够的零件完成定单？我们是否应该在拆卸部门增加人手？我们是否能够针对涡轮增压器的问题采取一些措施？）而主管会和他的员工讨论他们能够影响业绩数字的具体方法。（如果让钻床每一轮班多工作1个小时，能够多摊销多少管理费用？如果我们试着重复使用这些抛光盘，会节约多少现金？如果我们在其他机器上重新使用这些零件，能否更大程度地利用废品的残值？）这是整个流程的关键部分，如果没有这一点，员工们就不会受到教育并得以提升。要确保会议内容的对外传递，我们有个工厂，很长时间都没有传达会议内容，而工厂的经理在这件事情上向我们撒谎。当我们发现了真相就解雇了那个经理，但这次经历也给了我们一次教训。现在我们每周在全公司范围内进行现场审查，以确保每个人都及时了解最新的进展情况。

技巧 No.8：坚持让员工们记录下来

起初，我们认为把每周的最新财务数据告诉员工们就足够了。我们在"粉笔式教学"中，与员工们进行了多次的沟通、解释和辅导，以为这样就可以了。然后我们发现，公司的一个工厂根本就没有参与到游戏中，我开始担忧。我担心我们会成为自己报告的受害者——我们没有真正教会员工理解财务报表，我们以为已经为此写了很多东西，就认为员工已经会用了。我们针对这一问题进行了详尽的讨论，并决定给公司的每个员工分发空白的记录卡。这样，员工们在"粉笔式教学"的过程中不仅能够听到这些数字，而且会把它们记录下来。

这在整个教育员工的过程中，实际上是很重要的一步，是我们很早以前就应该采取的措施。你每周向员工公布公司的经营情况时，就是在建立公司的信任机制。你要员工记下这些信息时，就是在进行教育。教育源于重复。这就像学习乘法表一样，如果你经常练习，它就会成为你的第二本能。这正是我们想要的，我们希望确保教给员工知识，正是他们需要知道的——这样，我们就把愚昧无知赶出了车间，教会了员工们理解那些待完成任务。

春田再造公司
美国分部预计收益表
（000）省略

日期 _____

❶ 销售预测：

❷	计划	当前进展	下一步计划	第二个月	第三个月	第四个月	第五个月
美国							
加拿大							

❹ 销售：

	计划	❸ 梅普尔	❸ 威洛	❸ 马什菲尔德	❸ 纽新特里姆	总计	百分比
销售总额 – 加拿大							
销售总额 – 美国							
落后进度							
可出货							
结束时预计落后进度							
回报 / 补贴							
净销售出货额							

❺ —— 标准产品销售成本

❻ —— 标准收入总额

❼ —— 备忘：存货收据

❽ 制造偏差：

采购价格 / 重新分类 / 运输							
材料使用 / 废弃							
投资调整							
劳动绩效							
超支							
间接费用摊配							
间接费用偏差							
制造方差合计							

❾ —— 边际贡献

❿ 费用：

工程							
销售和制造							
行政管理							
员工持股计划贡献							
保证期索赔支付							
保证期许可							
差异							
保证权责发生制							
产品保证费用合计							
费用合计							

⓫ —— 营业收入

⓬ 非营业收入 / 非营业费用

其他收入 / 费用							
子公司收入							
利息费用							
非营业收入合计							

⓭ —— 持续经营收入

⓮ —— 库存处理计划

⓯ —— 税前收入（亏损）

⓰ —— 月度税前利润百分比

⓱ —— 税前利润总计

周计分卡

在公司私有化的早些年里，我们在会议室的一块黑板上编制每月的利润表（参见"春田再造公司美国部预计收益表"）。我站在黑板旁边，把员工告诉我的财务数据写下来。然后我们把各个指标综合起来，看看我们在税前利润目标方面的进展情况。我们现在仍在采用基本上相同的方法，只不过计分卡变成印刷版了，随着公司的转变以及自我完善的意识不断增强，我们会对它进行持续的修订。

1.销售预测

这是一项创新的设计，它的存在是为了提供一种早期预警机制。每周，销售部门都会有专人对今后6个月在美国和加拿大的销售情况做出预测。如果预测发生了意外改变，我们就有充足的时间及时解决问题。

2.计划

这列的内容直接源于年度游戏计划（第八章）。它们是我们估计本月在各个科目上将达到的指标。

3.梅普尔/威洛/马什菲尔德/纽斯特里姆

这些是春田再造公司拥有和运营的四家不同的企业。枫树街的梅普尔是我们最初的工厂，现在专门生产重型发动机。柳树泉的威洛是重新组装汽车发动机的工厂。马什菲尔德是再造"转矩放大器"零件的一个全资子公司。

纽斯特里姆是我们与一个客户联合成立的合资公司，为卡车发动机装配修理工具包。

4.销售

产品在发货运输之前，我们是不会把它记入销售中的，并且我们的销售栏中还会扣除退回的订单。从销售总额当中减去落后于计划的订单额和退货额，就可以计算出净销售额。

5.标准产品销售成本

标准成本体系使我们能够立即计算出制造发货运输的产品成本是多少。我们只需要简单地用净销售额乘以年度游戏计划中的标准系数就可以得出。

6.标准收入总额

从净销售额中减去标准产品销售成本时，我们就得到了标准收入总额。如果我们能够以标准费率生产出所有的产品，我们就能通过总收入得到标准收入总额。"总收入"就是销售额与我们生产出来的、客户购买的产品或服务的成本之间的差额。总收入必须能够覆盖所有的非生产性费用并留有利润空间。如果不是这样，你就会陷入困境。

7. 备忘：库存收据

库存是一个资产负债表科目，我们之所以把它列在这里，部分原因是我们希望能够对它进行持续关注，同时也是因为我们会在稍后的会议中制作现金流量表，到时会需要这个指标。

8. 制造偏差

在现实世界中，你很少会恰好达到标准。如果你没有达到，就产生了"偏差"，也就是实际费用与标准费用之间的差额。如果你的实际费用比标准费用高，那么它就是一种必须从标准收入总额中扣除的不利偏差。如果实际费用低于标准费用，这种偏差是有利的，还会增加标准收入总额。我们在制造成本的每个方面跟踪记录偏差，然后把它们加总。有利的偏差会用括号（[ ]）加以标注。

9. 边际贡献

它能告诉我们生产这些产品获得的实际毛利。它的计算方法是用标准收入总额减去生产偏差总额（如果总偏差数据是在括号内，那它就是有利的，我们会把它加入标准收入总额，而不是减去它）。

10. 费用

这是指所有与实际产品制造并非直接相关的运营成本。

11. 营业收入

营业收入告诉你公司的实际经营获得了多少收入。它的计算方法是从边际贡献中减去费用。

12. 非营业收入/非营业费用

在春田再造公司中,这个指标主要指的是来自子公司的收入和所付的债务利息。

13. 持续经营收入

用营业收入减去非运营成本,就会得到持续经营收入。它应该与税前利润是相等的,只是我们另加了一个用以处理多余库存的计划。

14. 库存处理计划

它的含义就如同字面意思所示。

15. 税前收入(亏损)

同上。

16. 月度税前利润百分比

这是指每月的税前利润。

17. 税前利润总计

本年度迄今为止的税前利润累积额。记住，超过5%的利润就能让我们获得奖金。

如何领导开卷式管理

1991年5月初，我面对着一个令人费解的问题。经济形势处于萧条期，而我们刚刚结束了公司历史上同期业绩最突出的第一季度。问题在于，我们已经赢利颇丰，而当时面对的是要步入一段看起来将会非常艰难的时期。在召开每周的管理人员会议之前，我必须决定向全公司传达哪种类型的信息。我是否要表扬员工在上一季度取得的重大成绩？哄骗他们进而让机会溜走？提醒他们乌云即将到来？我承认大部分CEO都会遇到同样的问题。最后，我决定还是像往常一样——让财务数据说话，这样员工能够清楚地了解情况。

有些人很自然地会说，像我们这样的体制，是对基层员工的恩惠，把这种体制当成一种能够使员工生活得更有意义、更有价值，让他们对未来充满希望的方法。我认为他们说的这些都是事实，但是像我们一样经营开卷式管理的人还有个小秘诀：位置最高的人，获得的收益最大。

要知道何时推动，何时拥抱，何时鼓励，何时反对以及何时惩戒。

这是非常困难的。你很容易走入歧途，容易丢掉西瓜捡起芝麻。如果你缺乏一些方法保持对全局的关注，就可能会四处碰壁，给员工发出错误的指令。你会在本应该激励员工时打击他们的士气，在应该置身事外时对他们胡乱干涉，在他们应该承担风险时却让他们明哲保身。所以你需要一些东西来指引你，这也是引入财务数据的缘由。

财务数据会告诉你企业的真实情况。它们会告诉你谁的工作出色，谁处于麻烦之中；谁在努力提高，谁在散漫退步；谁赢得巨大成功，谁犯下愚蠢的错误；谁需要一项新的挑战，谁需要一次休假。CEO的工作就是掌管公司的总体经营指标。我们的体制让这样的工作变得很容易。员工在日常的工作中产生出各种数字，我能够立即获得这些数字。并且它们是确凿、真实的，我们能够把这些数字直接给到我们的贷款方。我们对自己的财务指标如此熟悉，这让外人感到很吃惊。在大多数公司里，要获取像我们那样的财务数据，需要花费几周时间，而且即便拿到数据也没有那么精准，因为它们不是由实际从事这项工作的人收集的。他们的财务指标是由会计部门综合统计的，没有经过核对，难以确保指标的真实性。

所以我能够用这些财务数据引导自己，我能够在问题演变成危机之前提前预判。这使我能够在一切仍然运转正常的情况下采取措施。我并不是说要告诉员工们如何去做，我的意思是给他们指出可能发生的问题，使他们有机会及时避开。

财务数据为你提供一种看待问题的不同视角；问题可以发展，甚至恶化，目的在于对错误形成透彻的理解。

看到我们存在问题，这一点都不会令我感到担忧。重要的是，员工们是否在寻求解决问题的途径。我们经常会遇到问题，重点是我们如何做才能解决问题？财务数据为我提供了一个全面的视角。它们告诉我哪些是真正重要的，哪些不是。没能够完成一个月的经营目标不重要，连续三个月达不到才凸显了问题的严重性。

财务数据也为我提供了一种保障，使我可以允许员工进行一些冒险。我能够通过指标判断，在必须干预员工之前可以给予他们多大自由度。这是非常重要的，如果你要员工获得发展，就必须允许他们冒险，允许他们失败。诀窍在于知道能够给予员工多大的自由度，在哪里设定底线。财务数据是我的指南，它们会告诉我，一个员工或者一个部门的失败，会在何时殃及其他。

数字使我远离猜疑。

当你成为公司的领导时，猜疑是一种职业病。你会听到各种各样的问题、抱怨以及批评，你会看到员工不忠，你可能发现有些员工盗窃公司财物。在这种情况下，让自己不多疑是困难的，而多疑会逐渐破坏一个企业。公司的老板会认为自己如果不够小心，就会上当受骗——这是有可能发生的。他意识不到的，是他自己给自己贴上了"保护自己免受欺骗"的标签。有些员工为了保护自己免受欺骗，结果不能取得成功，不能够求得发展，不能够为公司创造利润。这都是因为他们只是不能忍受自己被欺骗。这样，员工之间产生了很多隔阂。当你打破隔阂时，你会发现大部分员工在一开始并没有想欺骗你。如果你已经设计出了一种机制，保护自己远离10%或20%的恶意员工，那样你就在忽视80%或90%的善意员工。这样的情形无时无刻不在发生。我们一直在为那些破坏规定的员工制定新的规定。在这个过程中，我们也一并惩罚了那些贡献者。我突然开始意识到这是不公平的，是个很大的错误。如果以那种方式经营春田再造公司，我们的股票市值将不可能由1983年的10万美元增加到1991年的2000万美元。

THE GREAT
GAME OF BUSINESS

第十章　所有者的公司

大部分公司支付给员工的工资是每小时8美元或者近似数额，并且仅此而已。但在春田再造公司，我们还给予员工股权，因为我们经营企业是为了实现自己的梦想，我们也想让员工们成就自己的梦想，而且如果每个员工都是持股者，公司取得成功的可能性会更高。事实上，与完全占有股权相比，分享股权会让你获得更多的财富。春田再造公司的股票能够在今天物有所值，是公司的每一位员工共同努力的结果。如果我和其他的投资集团把全部的股权留给自己，我们就不可能取得像现在如此多的成就。

　　这是因为，所有者的公司在每一周的每一天中，都会比雇员的公司表现得更好。所以，我们尽一切可能向员工们灌输主人翁意识，鼓励他们像主人一样思考和行动。当你像公司的所有者那样思考时，你会为取得成功做一切必要的事情，无论它们有多琐碎。你会想办法把某个零件的成本削减25美分；你会把钱花在产品展示上，而不是酒店房间和租车费上；你会在产品打包和发货之前，擦拭掉油污。

但是，只有在员工有更远大的目标时，不再只是为了挣取工资而工作时，他们才会像所有者一样思考。像某些管理专家们想象的那样，仅仅想通过让他们选择工作时间或装饰自己的工作区，就能把员工转变为公司主人，这是不可能的。此类行为只是一个开端，但只做到这一点是远远不够的。员工们必须有全局观，他们必须知道自己在做什么，为什么自己做的事情很重要，大家朝着哪个方向前进，以及企业经营如何能够帮助他们到达那里。只有这样，他们才有意愿走出去，使用你为他们提供的工具，参与"伟大的商业游戏"来获得成功。

股权是我们"伟大的商业游戏"工具包中的第 5 个工具。通过这种方法，公司能够实现其他 4 个工具的承诺——标准、奖金计划、年度游戏计划以及以大讨论为核心的沟通过程。通过使用这些工具，员工能够稳步增加公司的价值，并在这个过程中享受乐趣。他们可以通过实现预期标准获得每天的胜利；通过提高整体业绩获得每周的胜利；通过赢得奖金计划的现金回报获得每季度的胜利；通过实现年度计划的目标获得每年的胜利，并保障自己的工作。

但是，更大的成功源自参与股权游戏。我们每挣 1 美元的税后利润，股价都会上升大约 10 美元，那是实实在在的财富。当员工们离开公司时，我们回购他们拥有的全部春田再造公司的股票，并且他们能把自己在员工持股计划里的股份兑换成现金。有时，我们也会设立特定的"交易窗口"，在这段时间里，员工们可以购买或出售春田再造提供的股票。从1983年开始，我们已经通过这样或那样的方式，从员工和前员工那里回购价值总计600万美元的股票。

然而，获益最多的是，那些坚持持有自己股票或者在某个"交易窗口"期间买入股票的人。1983年公司私有化时，春田再造公司的股票每股价值10美分；到1986年1月1日，价值涨到4.05美元；1989年1月1日，上升到13.02美元；1991年1月1日，上升到18.3美元。股价在9年里增长了18200%，而这个数字还有可能被低估了。公司的净资产每年都由一家独立的评估公司进行评估，这需要在每个财年结束之后对公司进行一次大规模审计，并确定公司在所有交易中通用的官方股票价格。像其他类似的公司一样，我们聘请的评估公司在价值评估上相对保守，因为夸大的价格会给客户带来破坏性的作用。所以综合起来可以想象的是，如果我们选择进入公开市场，公司的股票价格会相对更高。

这就是叠加效应的神奇之处。实际上，现在很多公司公开交易的价格，是其年利润的25～30倍。你想到这些都会觉得不可思议。如果你走向公开交易市场，公司的税后利润是 X 美元，公众会付给你30×X的价格来控股你的公司。所以，你手中的每一美元，在公开股票市场上都会变成30美元。10万美元的资产，就会让你从投资者那里获得300万美元。这种资金，是你通过赌博的投机行为赚到的，当然这种方式的风险会小很多，并且你还可以控制旋转的轮盘赌。

股权是大部分人见过的、扩大财富的最佳方式。这就像是偶然发现了一个油田。我参与过很多种游戏，但想不出任何一种游戏能够提供同样的获利概率和可以相提并论的回报。关于这一点，我愿意和你下任何赌注。这是最好的交易方式，易如反掌，因为你能够影响结果。你能够在很大程度上决定自己是否可以取得成功。

是谁发明了这种资本游戏？我确实不知道。在我参与之前，它已经存在很久了。我只是教其他人如何参与其中，向他们展示这确实是一个难以置信的游戏。当你中了股票的头奖时，你能够做的不仅仅是支付账单。事实上，你还可以实现你的一些梦想。机会就在这里，如果你能够抓住，就能够为自己和家人创造更好的生活。这是我所知道的参与"伟大的商业游戏"的最好理由。这也是我们一直向春田再造公司员工传递的信息。

股权让这些信息变得更加真实。

问题的关键在于，我失去了很多企业的所有者。

员工们喜欢"伟大的商业游戏"的一切，直到分享股权的这部分内容。对于那些管理企业但缺乏所有权的人，或者在大型公司的某个事业部里工作但完全没有办法把股权作为工具的人来说，这也是个问题。他们问我：

（1）在没有股权参与的情况下，你是否还能够开展"伟大的商业游戏"？

（2）如果员工不能拥有股权，其他的方法是否还能奏效？

（3）当员工们事实上不是所有者的情况下，你还能够让他们像所有者那样思考和行动吗？

所有的答案都是"是"。你可以设定标准，设计一个奖金计划，提出一个游戏计划，并通过类似我们"大讨论"的机制与员工进行沟通。员工会有所反馈，学到知识，参与到经营之中，并想办法赢利和产生现金流。我知道的许多公司都能够做到上述的所有事情。他们中的大部分做得极好，即便在员工们并没有公司股权的情况下。但除非你把员工们作为真正的所有者引入其中，否则你就永远不能完成对他们的教育。你会由于缺少最重要的教育课程而停滞。你就等于只是向员工展示虚幻的希望，而不告诉他们如何才能实现。

股权是所有长远考虑的基础，是员工自始至终努力工作的最好课程，是牺牲眼前利益和追寻长期收益的最佳理由。如果你拥有股权并能理解它的意义，就会明白为什么它对于构建未来如此重要，你就能够做出长远决策。你仍在关心日常细节，但是这样做有恰当的理由：那是取得**持久**成功的最好方式。

不与员工们分享股权的公司实际正在犯错误。这样会造成原本应该消除的隔阂，他们是在为员工的发展设置障碍。当你仔细思考这个问题时，会发现这些公司是在欺骗员工。但他们同时也是在欺骗自己，因为股权恰好是最重要的管理博弈之一。

沃尔玛效应：如何让股权市场补偿和激励你的员工

对美国的大部分企业来说，股市是个可利用的巨大机会，是大部分人都不容错过的机会。对企业家来说，它是为员工们发奖金却不需要自己来支付的机会。为了回馈员工们对公司的贡献，你可以给他们几页纸，并称之为股权。那对你来说只是纸片，但是，如果你拥有经营良好的企业，企业外部的人会出资购买这些纸片。迟早，你的员工将能够用纸片换回现金。

没有人能够比沃尔玛的创始人兼董事长山姆·沃尔顿更高效地利用这种工具了。无论你如何评价沃尔玛的采购、销售推广、定价和店面选址策略，其成功的真正秘密在于拥有世界上最积极上进的员工队伍。沃尔顿利用股权对他的员工进行持续激励，给予员工增加收入的每一次机会。在这么做的同时，他很清楚地知道周围有很多投资者，他们渴望得到沃尔玛的股票。那么接下来发生了什么？公开股票市场开始为沃尔玛的员工支付费用，为他们所做的每一件小事定期发放奖金，正是这些小事让沃尔玛如此成功。由于股市的增值效应，工作在收银台的女工每小时挣的钱不再是5美元，她每小时挣的是20美元、30美元、40美元。所以沃尔顿所做的只是持续寻找机会，让员工们获得更多的股票。例如，如果公司的股权进行拆分，比如从10亿股，每股35美元，拆分成20亿股，每股17.5美元。这样，沃尔顿就拥有了更多可以分发给员工的股票。并且在短时间之内，股票在公开市场上的价格又会恢复到每股35美元。通过这种方法，沃尔顿使股票始终保持较低的价格，让员工们能够买得起。之后，当股价上涨时，员工得到因股票增值而带来的收益，这事实上相当于获得奖金，而这些钱由公众埋单。

当然，公众也不愚蠢。公众希望买到物有所值的东西，而沃尔顿也是这样，因为这些奖金上附有某种信息。为了确保员工能够清楚地看到这种信息，沃尔顿在自己的连锁店里张贴公告，在公司总部安装电子告示牌，让员工们能够知道当前的股票价格。他会这样告诉员工："那就是属于你的财富。现在由你来决定是否让它变得更多。你可以让它变得像你想要的那么多，只要你全力以赴去做正确的事情。"

员工们获得了这样的信息，沃尔玛也取得了突出的业绩。这带来了整洁的店面、友好的店员、快速的服务和公允的价格。这让员工队伍充满活力，并把重心放在基本服务上——销售，微笑、热情待客。并且这消除了那些使员工注意力偏离基本服务的事务。如果一个员工要购买一所房子，或者送孩子上大学，或者照顾生病的父母，他不需要在工作时焦虑自己如何才能支付得起这些费用，他根本不用去做几份兼职，他只需卖掉一些股票就可以了。

这是一笔极好的交易。沃尔玛的收银员实际上就是百万富翁，而随时都会有其他人也成为百万富翁。这样，沃尔玛能够保持极低的成本运营和极高的员工士气——这使得公司的股票成为公众购买的优选。公众能够清楚地看到，投资一家员工持股公司的好处，并且公司内部也这样认为。这就形成了良性循环。

这就是你能够利用股权做到的事情。它允许你以一种新的方式补偿员工，而且这种方式不会影响产品生产或者公司经营的基础成本结构。结果是，你的劳动力成本会低于竞争对手，这意味着你为工作提供了保障，但你仍然可以为员工们提供赢得更多回报的机会，作为对他们卓越绩效的回报。在这种意义上，股权与我们的加薪计划支付的奖金很相似，并且效果更好。通过股权，你可以充分利用叠加效应的力量。你可以给予员工更大的奖励，为他们提供更高层次的教育。你可以向每小时挣8美元的人展示，如何获得每小时20美元的报酬——通过自我投资。

那么，为什么不是所有的公司都把股权分享给员工呢？如果收益如此之高，成本如此之低，你可能会认为，除了那些极为保守的公司之外，所有的公司所有者都会愿意释放自己的股权。然而事实与此相反，正如我们所知，与员工分享股权的公司仍是少数派，而不是主流。

贪婪，无疑从中扮演了一个角色，虽然只有与无知结合在一起时才会这样。分享股权不会让你一贫如洗——只要问问山姆·沃尔顿就知道了，他是美国最富有的人之一。我认为，比贪婪更大的一个原因是恐惧。很多企业所有者和高管们不愿意分享股权，是因为他们害怕分享信息，而他们害怕的原因，我们在第五章"开卷式管理"中讨论过。这些并不都是不符合逻辑的。如果员工们看不到是财务数据在决定股票的价值，即便把股权分给他们也是毫无意义的。开卷式管理是使股权发挥功效的最佳方式。如果你害怕公开财务数据，股权还是自己留着吧。虽然这样就不用面对愚昧无知、愤怒的股东，但你同样也会遇到很多问题。

除了恐惧和贪婪之外，还存在反对股权参与的3个共性理由。我经常从已经给员工分享股权而后悔的人们那里听到这些理由。

反对股权分享的第一种情况：员工对此并不理解

这是我从那些有过股权分享失败经历的人们那里听到的最常见的抱怨。他们这样说是对的。如果你没有把经营管理的知识教给员工，他们就不会理解股权。你不能指望给员工一些纸片，就让他们像企业所有者一样思考和行动。你的员工们可能会说他们需要股权，他们甚至渴求股权。很多人把股权混淆为黄金，这要归功于20世纪80年代产生的一些神话。但是如果员工们不知道该如何影响股权的价值，股权就不会对他们起到激励作用。当股权不能使员工们奇迹般地致富时，他们又会变得愤世嫉俗和冷嘲热讽，这样你会后悔让他们拥有股权。所有权与责任是相辅相成的，员工们必须清楚自己肩负的责任。

反对股权分享的第二种情况：让员工为他们自己投资

有些人通过提出一个替代方案反对股权分享。他们认为，员工持股方案基本上是一种投资手段。那么为什么不把要投入员工持股计划的资金直接发放到他们手中，让他们按照自己的心愿投资？给他们支付更多的奖金。设立一个401(k)方案，使他们在提取现金时才需要为此交税。如果他们热衷于股票，他们可以购买其他公司的股票——例如沃尔玛。这样他们能够进行多元化投资。他们能够投资于其他形式的证券。当你给员工的不是股权而是现金时，你赋予了他们独立、自制和保障。你让他们遵循了谨慎投资的首要原则：不要把所有的鸡蛋放在一个篮子里。

这是个有趣的观点，但是它没有抓住重点。毕竟，真正的问题在于员工是否能够投资于他们效力公司的股票。员工持股计划并不仅仅是一种投资手段，就如同家并不是旅馆一样。当员工投资于其他公司，他们寻求的是良好的回报。而当员工投资于他们自己时，他们是在做出一种承诺。他们在改变自己与工作的关系。他们追求的是彩虹尽头的财富。并且，他们在公司股权上所能获得的钱，你是没有能力支付的。毕竟，这需要你支付给他们现金，进而减少公司的收入。而股权形式的财富更具潜力，这要归功于叠加效应。如果要从收入中提取资金支付给员工，你的公司离破产就不远了。

反对股权分享的第三种情况：它使公司分化

最后，还有一种观点认为，股权分享会催生派系斗争。那些想要走向公开市场的人联合起来，与那些想被收购的人对抗，而这两队人马都会与想保持现状的人发生矛盾。利益的冲突产生了。员工们会对他们的责任感到困惑。管理者们不能成为好的所有者，所有者们不能充当好的管理者，以至于争论不休。

接下来要讲到问题的核心。股权偶尔会占据某些人的头脑。我们曾有位拥有很多股份的经理，他的行为表现得好像工厂是他的种植园，员工是他的奴隶。最终，他做得太离谱而不得不被辞退。但问题几乎总是最终落到参与的个人身上。股权本身不是问题的根源，它只是个借口。

事实上，我发现股权在一般情况下具有相反的作用，它能让员工把琐碎的事情放到一边，专注于全局观。它有助于消除由于企业内部冲突而引起的愤怒。如果没有股权，人们就很容易陷入琐碎的分歧之中。分享股权之后，你就可以说："嘿，醒醒，来闻闻玫瑰的香味。这些争执其实是没有意义的。让我们看看全局。看看如果你不能解决这些问题，你会失去什么。"

如何分享股权

如果你决定和员工分享股权，这里有几种方法，并且每种方法都是非常有规律的。当我们刚开始实施股权分享计划时，我们认为，应该把股权分给春田再造公司的每一位员工。然后我们发现，只有进入公开股票市场才能保证每个员工获得股权，因为这种分配方式的成本将超过我们当时的承受能力，并且可能会让我们面临当下没有充分准备好的挑战。（例如，如果竞争对手在某种程度上对我们进行恶意收购，该如何应对？）所以，我们保持非公开操作，寻找能够让员工获得股权的其他途径。最终，我们想出了3种模式。

模式 No.1：员工持股计划

员工在春田再造公司全职工作满一年之后，就有资格参与员工持股计划。转而，员工持股计划成为春田再造公司最大的单一股东，到1992年1月1日，该计划占总股本的31%(开始时只占总股本的3%，并且比例持续逐年增长)。根据法律规定，投资者持有股份的锁定期是7年。这也是员工参与员工持股计划必须达到的年限，到那时你才有权在离开公司时获得100%股权的价值。

员工持股计划在各个公司的作用有所不同。在春田再造公司，员工持股计划主要是让员工分担财务风险和分享所有者权益的一种方法：员工持股计划的股票价值也会上下波动，就像直接持有春田再造公司的股票一样。虽然员工持有的股份在公司没有表决权，但是它享有持股者所有的其他法定权利，其权利范围相当广泛。员工持股计划由5人组成的委员会进行管理，其中3人由春田再造公司的董事会任命，其余2人由选举产生，1人从临时员工中选举产生，另一人从正式员工中选举产生。

模式 No.2：特殊权益

有时，我们也会给员工提供机会来购买一种特殊形式的股票，有些州允许通过这种方式来激励员工成为所有者。根据密苏里州和联邦法律，公司可以通过豁免登记的方式给员工分发股票，前提是所有员工(或大部分员工)在本州居住。这些豁免使你能够直接把股票卖给员工，而不需要让公司进入公开市场。这对购买股票的员工人数没有限制，只要他们是公司的全职员工和本州永久居民或者拥有某种特殊的豁免原因。

我们在1986年第一次使用这种方式，分发了17.7万股股票

（价值50万美元）。为了最大限度地扩大股权参与的范围，我们把权益分为阶段性的。第一阶段，每个员工能够买进200～450股。如果在第一阶段股票没有售完，我们进入第二阶段，在这一阶段里每个员工最多能买进9550股。当然还有第三阶段，但我们还没有走那么远。所有的股票在前两个阶段已经全部售完。甚至公司的一些临时员工也买进了股票。一个家伙把自己的全部积蓄都投进来。他是跟自己打了一个赌，而他的选择是正确的。在接下来的5年里，他的股票价值增加了216%，从每股8.45美元上升到18.30美元。

模式 No.3：内部交易

1983年开始实施私有化时，公司有13个股东，他们是春田再造公司的全体经理和主管。现在公司有45个股东（不包括参加员工持股计划的人），他们来自公司的各个部门。既然我们暂时没有准备进入公开市场，公司限定股票必须由员工或者董事直接持有，但是，在这个界定范围之内，我们鼓励一定数量的内部交易。这给了新员工买进股票的机会及老员工实现收益的途径，并且这会增进公司内部对股权的普遍了解。

然而，我们确实会对内部交易进行监管，确保股权不会流失在外，从而对公司造成伤害。根据原先的持股协议，我们有权在持股者死亡、辞职或者任何情况下离开公司时回购他们持有的股票，并且可以在很长时间内慢慢付清款项。除此之外，我们为当前的持股者提供一个机会，可以在交易窗口把自己所持股票卖给公司，在财务资源允许的情况下，我们会每两年或者三年开放一次。我们还向那些承担特殊责任和风险的员工发售股票期权。并且现有的持股者可以在内部买卖无表决权股票，而不用经过公司的批准。

结果是，我们能够决定谁可以或不可以拥有股权，通过这种方式来保护公司整体。我们不希望让股权流失到公司之外，我们担心外来投资者会带来不被认可的观点，强迫我们做不情愿做的事情。还有，我们想为公司内部员工保留买入的机会。

有一年，我们投票决定不发圣诞奖金

当你根据自己所学的知识在现实生活中做出各种选择时，这才是对教育效果的检验。在1989年11月初，我们就面临这样一种情况，我们必须在保护股权和支付圣诞奖金之间做出选择。

我们已经失去了第一季度和第二季度的奖金，这并不是很异常的情况。如果你选好了一个目标，那么为了实现目标通常会花费6个月的时间。然而，在10月底时，情况已经很明显，我们也即将失去第三季度的奖金——这是前所未有的。第三季度的奖金本应在11月底发放，这时刚好是圣诞采购的时间，所以员工们对于即将失去这次奖金感到心烦意乱，这是可以理解的。让情况变得更棘手的是，我们与流动比率的目标仅差0.01%。

　　主管们聚集在一起，要求召开一次会议；基层员工则怨声载道。在整个一年当中，员工们都非常努力地工作，与那些突如其来进入公司业务领域的新企业竞争。主管们已经把他们鼓舞起来，激励他们努力工作来得到奖金。现在却没有任何奖金，主管该怎么向员工交代？在剩下的几个月里如何激励员工？

　　我听他们把话说完，然后说："我理解你们所说的问题，并且我和你们一样关注员工的士气和动力。如果你们想发放奖金，我们可以提前这么做。无论如何，我们在第四季度还有一次完成目标的机会，所以这只是把奖金发放日期从2月提前到11月，让员工们在过圣诞节时得到这笔钱。

　　"但是，你们和员工们在接受这笔奖金之前，应该想清楚。如果我们因为某种原因，在第四季度仍没有达到目标，公司会缺少我们已经支付的那部分资金。那么这笔资金必须从其他地方挪用。事实上，这个缺口只能用利润来填补。如果这样做，我们股票价值的上升将不如预期的那么多。并且要记住，每一美元的税后利润相当于10美元股票价值。所以，这是你们自己的选择。我们可以现在发奖金，或者等达到目标之后再发放，你们来决定。"

　　在接下来的一周里，公司上下进行了激烈的讨论。原本从车间到办公室5分钟的路程，现在每天生产主管都要花半小时才能走完。员工们不断地拦住生产主管问他的想法，还想让他帮助评估业绩指标。每个人都在计算第四季度达到目标的可能性。

当一周以后与主管们举行会议时，我问他们的决定。他们告诉我，他们进行了一次非正式民意测验，40%的员工想要获得奖金，这部分人主要是那些在公司工作时间不长，未获得股权的青年员工；另外60%的员工更愿意等到第四季度完成目标时再拿奖金。"那么你们的决定是什么？"我问。他们想让我做出决定。我说："不可能，你们是将来承担决定后果的人。"他们以压倒性的投票，决定当时不发放奖金。

结果是，在第四季度，我们又以0.01%的差距未完成目标。这时，我又有了鼓舞士气的问题。我在管理人员会议上说："好的，我知道你们是优秀的，我不能否认的事实是，你们连续四个季度没有获得奖金。我们要做的是维持奖金计划的公平公正。"7年以来这是第一次把本年度的目标推到下一年度，但是这次的目标更高。员工们需要一次胜利，我们必须给他们证明自己优秀的机会。员工们在1990年的第一季度就完成了目标。

我们分享股权的主要目的，是在公司内部尽可能广泛地让公司员工分享财务收益和承担责任。大多数问题的最终法定权力，掌握在那些在春田再造公司有投票表决权的大股东手里，也就是我和其他5位从原有集团独立出来的经理。刚开始时，还有另外两个经理持有表决权股票，后来一个离开了公司，另一个在某次内部交易中把股票卖给了公司。公司回购了他们的股票并把它们作废。我们这些仍持有表决权的人只把表决权用于一个目的：选举董事会。

事实上，分享股权不像一些公司老板害怕的那样，会迫使你放弃对公司的控制权。然而，如果分享股权并没有改变你经营公司的方式，那你肯定做错了什么。拥有一支受过培训、能够理解企业经营各个方面的员工队伍会带来很大的裨益：当你遇到难以抉择的问题时，可以向很多人寻求帮助。

当老板难以抉择时，让员工们来决定

当出现下列情况时，我会寻求一致意见。

（1）我不能确定正确的决定是什么。

（2）我看到事情具有两面性。

（3）这个问题对我来说确实晦涩难懂。

那么，做出决定唯一公平公正的途径，是少数服从多数。我不是无所不知的，所以当我不能回答某个问题时，我会把它交给公司的员工。我会依靠他们的创造力，提出一个比我能想到的更好的主意。每当我认为自己有失偏颇、不能清晰地考虑某个问题时，我就会这样做。例如，曾经出现过一个问题，我们是否应该新建一个餐厅。当我在员工会议上提出这个问题时，他们说："还有很多事情比建新餐厅更重要。"他们需要的是更多的机械工具和其他类似的物品，能够帮助他们更高效地生产。

当我遇到令人左右为难、根本无法决策的事情时，我就会在很大程度上依赖员工们。因为不论通过多少种方式来考虑，我都不能判断怎样做才是正确的。1986年12月，当时我遇到这样一个问题，通用汽车公司突然取消了5000台发动机的订单，这相当于我们公司下一年40%的业务收入。

各种经营数据显示，我们必须裁掉100名员工，否则就要面临破产的风险。但是这种形式的裁员，对管理团队来说是巨大的失败。不应该为这件事责备任何人。虽然我没办法事先预料到灾难的发生，但我必须为此负责。我不得不做出是否裁减一些员工的决定。我知道自己至少在当时能够独善其身，但那只会使问题变得更糟。我坐在办公室里，眼睛盯着天花板，考虑着员工们要靠这份工作养家糊口。我们曾告诉过员工，他们的工作有保障，如果哪一天他们离开了，那应该是他们自己的决定，而不是我们的决定。

我和其他几位经理花费了几周的时间，反复研究经营数据，希望能够找出解决办法。我们和客户及销售人员沟通，跟踪各个销售线索，努力尝试让通用汽车公司回心转意，但没用。最后，我走向公司的员工们。在1987年3月中旬，我们在全公司举行了一系列会议。我如实告诉员工公司面临的恶劣情况。我告诉他们，如果要保住每个人的工作，必须出去争取到相当于55000个工时的新订单，并且如果最终证明这个决定是错误的，情况将无可挽回。那时需要解雇的不再是100名员工，而很可能是200名。到那时我们将需要外来资金的注入，而这会影响到公司的整体经营理念，甚至有可能撤换整个管理层。

对此，员工们的反馈是复杂的。资历较深的员工们不愿意冒这种风险，他们不关心将被裁掉的新员工。他们说："如果要在我们和他们之间做出取舍，还是裁掉他们吧。"老员工们这样想，理由很充分。为了顺利渡过危机并同时保住每个人的工作，我们必须在3个月内建立并运转100条新生产线。问题是你不可能那么快开发出新产品。我承认：看起来这是不可能成功的。

所以我们已经做好准备要裁员。但这时作为核心骨干的老员工们又开始重新找到我。显然他们自己也对此问题进行过反复讨论，准确地弄清楚建立新的生产线将需要采取哪些措施。他们说："老板，我们对这个问题已经考虑过了，公司能够渡过这次危机。我们必须培训这些新员工，我们会这样做。我们一定行。"他们和我一样不希望裁减员工，但我认为这不是他们出于感情考虑，而是经过数据分析得出的结果。他们能够比我更加详尽地分析工作的要素，并且笃定能够直面挑战。

企业经营中的民主到底是什么

我们经营春田再造公司时，员工们在其中的参与程度很高，但这种参与并不是政治意义上的民主。政治意义上的民主，其权威来源于被管理对象的一致认同。公司的权威源于市场地位的认同。员工们可能认为这种观点是极好的，但当自己的公司不能赢利或者资金短缺时，他们将不得不去找其他工作。所以，市场能够告诉我们应该怎样做决定。通常诀窍在于：要清楚市场给你提供的信息。

然而，企业中民主的可行性，还是比员工们意识到的要多。令人不解的是，他们甘愿被操纵。我指的是，那些获得了上市公司股票的人，拥有权利却从未使用。但我不知道为什么他们不加以利用。在拥有权利和使用权利之间，存在着巨大的鸿沟。为什么行使自己权利的股东这么少？

在公司里，如果某个问题的决定不能获得一致认可，被员工们鼓掌欢呼表示通过，它就绝不是真正重要的决定。每个重大的决定都应经过事先讨论。员工们应该提出自己的建议，说出自己的想法。我们是否愿意把每个员工吸收进来，成为公司的股东？公司是否想要发展壮大？管理上是否愿意分散集权？当我们开始考虑下放权力时，我们和公司的每个人进行谈话，光会议记录就有好几本笔记。首先，我和主管们进行探讨，然后我们和全体员工讨论了解他们的需求。我们把他们的想法告诉管理团队，努力寻找可以帮他们达成目标的方式。所有这些讨论形成了分散集权的计划。

在一般企业里，都是老板来决定公司应该如何发展，而我计划使用一种民主的程序。我要求员工们提出建议，进行投票表决，参与整个过程，并切实投入其中。在这个过程中，我收获了很多信任。

我试图寻找一种机制，过程简单，易于员工们理解和操作。我想给予他们一个游戏计划，能够允许他们自己做出决策。我希望他们能看到，自己的决定与整个公司的全局联系在一起。所以，首先你必须教育他们。没有教育机制，就形不成民主体制，结果只能是操纵和被操纵。如果员工不能理解你所说的东西，你的公司也就不会形成民主。员工们接受的教育越充分，公司的民主程度就越高，其作用就越大。

在某种程度上，发展本身变成了民主的障碍，因为你需要等新人跟上速度——就是说，"等一会，等这些家伙能够跟上来"。我们一直在寻找解决这一问题的办法，这也是我们设立子公司的原因之一。如果我们成立更小规模的公司，信息就更易于传达给员工。小型公司的沟通过程会更迅速，更有效。当你经营较小规模的公司，你会拥有更多的时间解决问题。反之，如果你经营规模较大的公司，问题也会随之放大。

在美国独立战争时期，托马斯·潘恩把他的小册子命名为《常识》，是因为他认为民主是一种常识。我持同样的看法。我经营这个公司依靠的方法只是简单的常识，是最公平公正的做事方式。世界上有如此多的不公正之事，为什么不创造一个环境，至少可以使其中的事情变得公正些呢？

这种机制确实很有用，这也是我使用它的原因。我不知道还有什么其他方法能比这种体制把公司经营得更好。它有效的原因是，能让员工贡献、参与、学习和成长。如果员工不参与其中，民主制度不会发挥应有的作用。美国民主政治的唯一问题就是，我们每个人的贡献都不够充分。在春田再造公司，我们鼓励员工贡献的方式，是告诉他们企业经营的真实情况，使之全身心投入。我们尽力吸引他们的兴趣，告诉他们，如果他们做出贡献，就会获得相应的回报。在这一点上，股权发挥了重要的作用。

　　这是公司机制进行自我维护的案例。如果我听到公司的人有其他说法，我可能不得不做出不同的反应。但是当这些人说"让我们尽力去做"时，这正是我所需要的。我确实希望员工能够同甘共苦。当你看到员工们内心的同情和怜悯时，这对我来说是巨大的奖赏。它愈发能够激励你，因为你发现自己正在和多么优秀的团队一起并肩作战。

　　但是我必须承认，引进那些新产品生产线纯粹是一种历练。我们告诉员工们面对的压力能够被克服，但我不认为我们有什么办法能够扭转形势。7月，坏消息不断传来，形势非常严峻。我们无法提高产品质量，无法维持正常运转。我们承受着创业型公司面临的严峻考验。这个过程就像中风后逐渐恢复一样——非常缓慢而痛苦。这个过程很煎熬，真的很难过。我现在是在谈论一段长时间的痛苦，但是我们终究躲过了失败，避免了裁员。事实上，那一年里我们还招聘了100名新员工。

THE GREAT
GAME OF BUSINESS

第十一章　思考的最高水准

让我告诉你一些使每个经营公司的老板害怕或者至少应该感到害怕的事情。这些问题曾经偷偷地出现在公司里，并潜伏多年，却没有人关注到它们。现在它们出现了，而且愈发严重，每个人都意识到这一点并为此感到害怕。它能够在很短的时间内，让你变得穷困潦倒，使你丢掉工作，摧毁你的公司，破坏你的家庭，毁掉你的生活。

我在这里要谈到的是，医疗保障费用。

这是当今企业面临的最艰巨的问题。我不知道该如何解决，也不知道谁能解决这个问题。数十年来，我们没有把医疗保障看作经营问题，结果其费用每年以24%～40%的速度增加。我们过去认为，保险公司能够为我们承担医疗保障。我们没有直面这样的事实，那就是医疗保障费用最终会全部以保险费的形式转嫁给投保人。现在问题变得失去控制。我花了4年的时间，来考虑利润表上的这个科目，并把这个问题分割成56个小类别，这样我就能够引用经营指标和统计数字对其进行分析。这个问题变成了我的一大困扰。当我最小的女儿出生时，我站在旁边看到医生用的是价格为2.22美元一副的手套。我知道在我们的工厂里，这样的手套只需19美分。看到医生扔掉这些手套时，我是如此心烦意乱，以至于几乎忘了孩子的出生。

医疗保障问题就会对你产生这样的影响。它的费用庞大到令人震惊，而且必须有人为此埋单。研究这个问题的时间越长，我就越为此感到心力交瘁。我找不到一丝头绪。后来发生了一件事情，提醒我这个问题有多么可怕。

一个员工的儿子心脏病突发。当救护车来到时，他已经处于昏迷状态。这是个可怕的悲剧。那是个积极的、充满活力的17岁小伙子，他有着美好的前途。我认识他的妈妈很多年了，她在来春田再造公司工作之前曾为我们的律师工作过，是我认识的最好的人之一。然而，当我得知这个消息时，我的第一反应是：我们该如何支付医疗费用？

当知道我们可能需要长期支付治疗费用时，我都快吓死了。那意味着我们每年要额外花费40万美元，而这将直接减少公司的利润。我们可能被迫放弃奖金计划，每个人的利益都会受到影响。我不知道公司该怎么办，不知道自己应该如何对待这件事。我应该只关注他的疾病？难道不应该考虑这可能给公司的其他员工及家人造成的影响？如果再有几个这样的人该怎么办？

这个问题让我感到十分痛苦。我不知道该祈祷什么。事实是，我不知道自己是希望那个小伙子死去，还是希望他活过来，这是最令我感到恐惧的问题。我变成什么人了？我一直告诉自己，我在通过企业经营来提高员工们的生活质量，而此时我却有点希望那个患病的人死去。当然，我愿意他日益康复——这样问题会变得很简单。但是如果他必须进行长期康复治疗呢？我们该如何支付费用？不管我们怎么做，公司的其他人都会受到影响。每个员工都将为此做出牺牲，将会失去一些东西，这公平吗？坦白地讲，我真不知道该如何看待这件事情。

最终，我们不必解决这个艰难的问题。另一家公司承担了这项费用，因为这个孩子的医疗保障费用是由他父亲的工作单位负责的。所以，其他人为这个孩子的住院及日后康复支付了费用。但这段经历对我触动很大，几近使我崩溃。我曾经为一个地方性企业和医务人员联合会工作，联合会中的医务人员每天都在努力应对各种医疗危机。不久之后，我辞职了。因为我觉得自己不能再面对这种问题，这种问题使我变得像一个怪物。

不幸的是，这是一个我们所有人都必须正视的问题，并且面对的不是单一的问题。我们正在被一些能够对企业产生重大影响的问题所包围，更不用说社会上的其他群体了。我在这里所说的，并不是一些模糊、抽象的概念。这些问题不仅会影响我们的生活质量，还体现在利润表当中，以我们能够看到、感觉到和评估的方式袭击我们。我们会遭受到各种袭击：公路路况的恶化会导致企业运输成本的上升，低水平的教育会导致产品质量低下和高频率的索赔，忽视环境问题会导致合规成本、保险费率和责任诉讼的增多，贫穷和犯罪会导致税收增加。并且随着越来越多的公司难以赢利，每家企业会由于其他企业的失败而导致更高的备用金抵扣坏账。

这里我们讨论的就是企业的间接成本，如果你愿意，可以称之为社会间接资本，事实是一样的。这种费用可以衡量和量化，在这个国家每个公司的利润表中都能体现出来。不管是否把它单列为一个科目，是否意识到它的存在，你已经在为社会成本支付费用。这是你必须消化的间接成本之一。

没有什么办法能使你逃掉这部分费用。医疗保险是一个直接影响我们所有人的问题。只要你提供医疗保险，你就会变得愈加无助。不管你如何殚精竭虑，费用都会一直上升。你可以通过要求员工们改变习惯来缓解费用对公司的影响。你可以对员工们施压，禁止他们吸烟，鼓励他们减轻体重、锻炼身体或者采取其他一些措施。但这也很难执行到位，因为这是对员工隐私的侵犯。并且尽管如此，也不一定能够让他们远离疾病，不可能防止那个男孩心脏病突发，不能使你控制公司的医疗保险费用。费用将不断上升，因为必须有人为那些未享有医疗保险的人支付医疗费用，而这部分群体的数量在日益庞大。

是的，可以有个短期适用的替代方案：假定以后你可以狠下心，把医疗保险丢在一边不管。但是这部分成本会以其他形式表现出来——生产率下降，员工流失，或者不能吸引优秀人才。而且，你需要从一家拥有医疗保险的公司购买这些产品或服务，并为此支付相应的费用。

你可以逃跑，但无处可藏。或早或晚，医疗保险的洪水猛兽总会抓到你。到那时，它会毁掉你的公司。它会增加你的费用，直到公司不能赢利；或者通过削弱员工士气从内部破坏公司。我实在不喜欢这个问题。我已经把这个问题分解成最小的要素，但仍然找不到任何解决办法。有时候我这样想，每年直接给每个员工发放4000美元供其自由支配，从而替代医疗保险。如果员工愿意投入在医疗方面，好的，因为那是你战胜困难的唯一希望。或者，你最好找到一个方法，使你能够每年得到25%的回报，否则当你最终患病时将没有钱治疗。但是，从哪里能够获得年收益25%的回报呢？

过去，这个问题有两种应对方法。一种是直接忽略：也许我们忽视这个问题，它将远离我们而去。有时结果会是这样，有时则不是。另一种是让政府来承担。我们不能够再依赖上述两种方式了。我们已经尝试过第一种方法，但并不奏效，结果是情况进一步恶化。另一方面，让政府解决医疗问题会花费更多。没有什么方法比通过官僚体制、规章制度和法律授权解决问题更昂贵的了。谁能够为新的社会保障体系或者医疗保障计划来埋单？我们努力消化现有成本的结果，只会带来间接成本的增加。

不要再天真了，没有人会为我们解决这些难题。我们用尽了筹集资金的一切可能途径。我们不能通过向富人征税解决问题：他们没有足够的资金。如果我们向企业征税，会产生一系列的新问题并使原来的问题恶化。我们不能贷款：日本和欧洲已经紧缩了我们的信贷。而且，即使是政府也迟早要偿还债务。政府需要现金偿还债务，而获得现金只有3种方法：（1）多印刷纸币——这会造成通货膨胀，进一步导致经济恶化；（2）卖出资产——放弃所有权，把国家资源出售给外国人；（3）让国家把重心放在赢利和获取现金上。

这使我们回到"伟大的商业游戏"以及我在第一章里讨论过的两个基本原则上。它们不仅是经营企业的一种明智做法，实际上，它们为解决全社会所面临的问题也提供了唯一的真正希望。除此之外，没有任何替代方法。这正是解决经济衰退、生活水平下降的方法，正是为我们的子孙后代提供的机会。

我们需要的是新的思维方法和范围广泛的培训计划。总体上来说，就是需要在全国的企业内部开展教育和培训——在基层、仓库、零售柜台、饮水机和复印机旁，在办公桌旁、会议室和餐厅里。我们必须改变所有人的心态，改变在过去的企业经营中形成的理念；我们必须消灭各种借口；我们必须根除错误的想法，不再认为可以把自己的错误归咎于别人，不再寻求别人照顾自己。所有人都必须为自己负责，我们必须自力更生，必须改进指标、达到标准、控制成本，必须负起责任、制定目标，用奖金计划作为补偿，充分发挥叠加效应，教育员工使之像主人翁一样思考和行动——我们必须完成这一切，因为这是恢复经济和使社会走上正轨的唯一机会。但是，如果没有管理层的带头，这些将不会发生。

第十条超级法则：

从高层开始改变，否则，像我们在密苏里州说的那样，麻烦总会急剧恶化。

不管你喜不喜欢，改变未来的责任直接落在我们商界人士的肩膀上。我们是唯一被赋予信任的群体，我们拥有能产生真正改变的力量。这没什么可激动的，我们都需要在生活中保持平衡，而生活越有序，社会获益会越多。我希望政府因明智和高效而著名，学校成为民族自豪的源泉。就像今天一样，领导力必须来自商界。如果你想找一个能够扭转乾坤且值得依靠的人，看看镜子里面，那个人就是你。

作为一名企业家，我们必须回归本源。我们需要把重点重新放在企业主要的社会使命上：创造就业机会。当你创造就业机会时，你也在为吸纳间接成本提供途径，这包括我们之前累积的所有社会成本。我们创造的工作机会越少，失业的人或者依赖社会福利的人就会越多，没有医疗保险的人也会越多，陷入贫困和犯罪的人同时增多。结果是，每个企业内部需要消化的社会成本更高。因为这些都会返回到我们自身，无论如何，我们必须为其支付费用。

工作从哪里来

几年前，为了身体健康，我开始学习钓鱼。那是在大约1983年年底，也就是公司私有化的第二年，我的压力很大。我的头发一把一把往下掉，我茶饭不思，夜不能寐，走路也会摔倒。我去看了医生，他说这症状要么是卢·格里克症，要么是多发性硬化症。另一个医生的话则令我放心，他说只是压力所致。

我想钓鱼可能有助于自我放松，所以购买了一些渔具，并从春田再造公司工作的朋友那里学到了一些经验后开始实践这项活动。效果却很糟糕，我读了相关的指导书籍和学习经验，就是钓不到鱼。我请教了专业人员，学习钓鱼杂志上的文章，努力提高自己的技巧。但这些都毫无帮助。我不能用钓鱼来拯救我的灵魂。当我在春田再造公司参加鲈鱼垂钓比赛时，得了倒数第一名。

一天，在又一次徒劳无功之后，我站在池塘边上，看到身旁的一个人，他显然是个湖边垂钓的老前辈。他的手上和脸上布满皱纹，嘴里看不到一颗牙齿，他久经风霜，看起来就像《老人与海》中的那个老人。我慢慢地走过去和他交谈，希望他帮我检查一下，告诉我哪里做得不对。他看看我的工具没有说话，我提了几下鱼钩，他只是在一旁观看。最后，我问他：“那么，我错在哪里？”

“你没有错。”他回答。

“没有错？”我问，“那为什么我钓不到鱼？”

“让我告诉你一些事情，小伙子。”他说道，“来这里钓鱼的人，钓到鱼的机会是同等的。唯一的区别是，那些钓不到鱼的人没有做好准备，做不到专心致志。你必须确保鱼钩锋利，钓线上标有刻度。然后必须盯着钓线。要关注它们的细微之处，你就会钓到所有咬钩的鱼。”

当我遇到那些因为没有足够的机会而不知道如何改变自己生活的人时，我总会想到这个故事。当我听说有些公司因为不再需要某些员工的服务、没有足够的工作机会、没有其他办法而解雇员工时，我也会想到这个故事。这些都是无稽之谈。机会随处可见——成长的机会、创业的机会、创造工作职位和吸收社会成本的机会。每个人都有同样的机会。能够抓到鱼的人，是因为他们做好了准备，可以快速把握机会。

在20世纪90年代初，我们创建了春田再造公司这个新企业，并尽我们所能地让它快速运转起来。与此同时，我们通过把公司化为小经营单元独立运营，逐步实现现有企业经营的分散化。这是把春田再造公司转变为一家多元化的企业集团和前进中的企业孵化器计划的一部分。从总体上来说，新公司都是由那些在春田再造公司接受过教育和培训的人经营的。其中大部分人都通过职级晋升一步步走上管理岗位——无论是从小时工、正式的专业人员还是从中层管理者；他们与我们同甘共苦度过20世纪80年代，在过程中学会了关于"伟大的商业游戏"的全部知识。到90年代，他们已经准备好把所学知识运用到自己的企业中来。只要他们愿意，就有机会在将来获得自己的企业。与此同时，春田再造公司还在不断地创立新的公司。

坦白地讲，很多机会我们无暇顾及。我们到处能发现有待推进的新业务。我们成立了一家新公司再造一种棘手的发动机零件，由此把每年耗费50万美元的问题转给年收入250万美元的公司来解决。我们成立了两家公司来帮助客户解决问题——纳威司达（Navistar）和 J. I. 凯斯（J.I.Case）。我们发现，某家工厂里正好有个从事涡轮增压器生产的部门可以独立出来成立公司。我们甚至专门成立了一家研究公司，接待那些来自其他公司的想看看游戏如何进行的人。

精简规模把握机会

　　成立这些新公司没有什么可奇怪的。你需要两个组成部分，我称之为间接成本消化者和现金流产生者。*间接成本消化者是一种产品或者服务。* 通过这个途径，员工能够花时间生产一些客户愿意付费购买的产品，由此吸收企业经营所需的费用。*现金流产生者就是客户和市场，最好是有保障的客户和市场。* 通过这个途径，员工有理由相信自己将创造企业起步发展必需的现金。当我们把间接成本吸收者（产品）和现金流产生者（承诺购买产品的客户）结合在一起时，就形成了一家企业。那么，剩下的就是完善各种细节问题了。有时你必须做一些市场营销，有时必须对产品进行改进，从而在你能够支付的成本范围内获得质量最优的产品。但这只是企业经营面临的常态化挑战。一旦解决了这些问题，你就有能力为社会创造就业机会。

　　从某种意义上来说，我们是在精简规模，但是这与其他公司的做法不同。我们不是在解雇员工，而是尽力做到最好，从而为员工们创造机会。我们持续地告诉员工，我们愿意看到他们取得进步，这个组织并不是一成不变，他们应尽自己所能走得更远，而且既然我们说过愿意帮助他们实现自己的梦想，我们就会说到做到。与此同时，我们都在向更高层次的教育水平迈进。我们总是喜欢应用股权的思想，现在我们获得了叠加效应的精髓。当我们的员工走出去为他们自己创业时，他们也在为总公司创造额外收益，这会提升我们公司的股票价值。一些企业的股票市盈率最终会达到20倍、30倍或者40倍。谁会从中获益？是春田再造公司的员工股东们。

这笔交易如此划算，以至于我甚至怀疑它是否完全合乎法律规定。这一切简单而有趣，具有挑战性而没有太大风险。这是挣大钱的方法，每个人都能从中获益。不仅如此，我们还为更多的人创造了就业机会，我们帮助他们变得自力更生。这一切都从对他们进行教育开始，教会他们如何赢利和产生现金流。我们能够消化更多的间接成本，包括那些逐渐变成所有企业负担的社会成本。

那么，为什么没有更多的公司这样做？为什么不帮助员工成立独立的子公司？我怀疑，这与他们不愿意分享股权以及公开财务报表的原因是一样的：恐惧、贪婪、偏执和无知。一旦不信任员工，你不大可能会帮助他们成立自己的企业，因为那些企业可能会脱离你而更加成功，可能会变成你的竞争对手。当然，这种想法也会导致相反的结果，员工们可能会为此愤怒和心灰意冷，他们会竭尽全力与你抗衡。这对你个人来说太不幸了，但这对其他的企业无所谓。毕竟，新公司能够起到消化间接成本和创造就业的作用，会减轻其他企业面临的压力。

更令我不解和困惑的是大公司们缩减规模的方式。我不太欣赏它们为瘦身而做出的努力，变得"至精至简"。我认为它们应该回到问题的真正本源上去，引进新的管理体制，但几乎鲜有这种迹象。诚然，关于员工参与、参与式管理、自主管理团队以及授权体制的讨论很多，但十有八九都是在胡说八道。这只是一种消除中层管理的方式。

现实情况是，世界正在变得更加具有竞争性，而这些企业却停滞不前，所以现在它们不得不降低成本。主要有三类成本：劳动力费用、原材料费用和间接成本。它们无法对劳动力费用和原材料费用做出太大的削减，所以只能通过减少中层经理和主管的方法来控制间接成本。可以确信的是，他们借此降低经营单元的成本，但由于他们的生产率没有提升，所以并不会因此变得更具有竞争力。

我们在春田有一个经典的案例。有一家名为齐尼思(Zenith)的电子公司，这家公司曾经拥有全美国最先进的电视机生产工厂。然而，它却被第三世界的竞争对手打垮。韩国人把电视机卖进美国，它的原材料成本低于齐尼思，这可能会是一种变相的倾销。这不公平，但这就是生活的真相。不管怎么样，齐尼思公司必须降低单位成本，以在价格上具有竞争力。要降低成本，只有两种途径：提高生产率或者降低费用标准。像绝大多数其他大公司一样，齐尼思公司选择了通过精简规模、裁减员工来降低费用标准。他们的态度是：我们需要资金，而员工们显然不能帮我们赢利。最后，他们根本不能赢利，整个工厂除了关闭别无选择，1500个工作职位被移往墨西哥。

这是个典型的例子，所有一切必须回到基本命题上来，如果想要使企业经营长久，就要成为成本最低的生产者或者具备别人没有的东西。这些企业不再有独一无二的产品，他们就必须努力使自己的成本变得最低。你也许认为授权是达到这个目的的一个途径——授权意味着员工自我管理，这样在基层就不再需要管理者。但这是一种错觉，不能因为经理们没有直接做出贡献而辞退他们。在很多情况下，他们努力工作了15年、20年或者25年。他们是基层员工的管理者和师傅，你需要他们提高生产率，或者仅仅为了维持现有的生产率。毋庸置疑，你可以通过辞退他们降低间接成本。但如果授权体制不能帮助你提高生产率，那它就是失败的。你所做的一切，都是在降低公司以外的人们的生活水平。结果是，你把企业的成本转嫁给社会。这会以社会成本的形式返回来——例如，医疗保险费用的提高。

我不是说精简规模是错误的。我们在剥离出新公司时，也是在精简规模，也是在削减基层间接成本，在降低产品单位成本。但与其他公司不同的是，我们不是解雇那些多年来努力工作的员工，而是资助他们成立公司。我们是给员工一个拥有和经营自己公司的机会，是在创造职位而不是削减职位。

太多的企业已经忘记自己有义务创造就业机会，创造职位是他们对经济、社会以及国家做出贡献的方法。当经理被迫裁减员工时，也就是承认自己不能够履行最基本的职能。这可能是考虑更换经理的原因，但我难以理解的是怎么会有人因"至精至简"而欢天喜地。

对所有权的渴望

当我们第一次提出要员工成立自己公司的计划时，我非常兴奋。我迫不及待要实施这个方案，这个方案经过了几个月的讨论，在此过程中，我们和员工们探讨他们的长远目标，我们的公司未来应该走向何方等问题。分散集权战略似乎正好是达到目的的途径，同时解决了我们面临的一系列其他挑战——如何应对成长的压力？如何在不丧失机会的情况下赋予员工宽松的环境？客户对业务的思考越来越丰富，如何与他们保持步调一致？如何在成长中避免臃肿和官僚化？

所以我们举行了一系列会议，在会上我向员工提出了这个战略。我谈到了所有权，告诉他们我们希望对企业经营感兴趣的员工都能拥有自己的公司。我们会帮助他们融资和提出经营方案，并提供持续的建议和支持。如果他们想要，我们可以立即售出所有股权份额。这个决定最终会由他们自己做出，每个人都有发家致富的机会。我告诉员工们，我希望听到有人已经为挑战做好准备并即刻行动。如果有人更愿意在春田再造公司得到进一步的锻炼和培训，我们同样可以进行安排。对于这件事而言，他们也可以选择错失良机。但我希望他们知道，我们是认真的。我们在积极寻求成立新公司的机会。我说，如果员工们把自己可能拥有的任何好主意贡献出来，我会深表感激。大家的反应出乎我的意料。

第一个申请由一个想购买酒店的人提出来。然后，有人提出开酒吧的计划，再以后是开设自主洗衣店、美容院、能够同时修理汽车的加油站，甚至有员工提出在墨西哥设立安利公司的分销处。我们听到很多主意，大部分都类似这样没有多大可行性。我没有对这些想法嗤之以鼻，而是尽自己的可能和员工一起计算出财务数据，帮助员工预见到未知的困境。最后，我说："看，我们要成立新公司，但新公司必须与现在的业务相关联。"但是，员工的反应让我看到，他们是多么希望拥有自己的公司。

现在，拥有自己的公司是相当普遍的愿望。全世界对所有权的渴望，都在与日俱增，任何时候你都能看到这一点。不管是在阿根廷、新加坡、捷克，还是在莫桑比克、摩洛哥、中国或者波罗的海诸国。这成为东欧转型的一大驱动力。现在，我们在报纸上看到人们渴望拥有拖拉机、耕犁、土地、自动售货机和公寓。将来，我们知道他们会渴望拥有自己的公司。

美国人应该为此感到自豪并持续关注。自豪是因为我们是先行者，并且我们仍然是激励所有这些人的源泉。关注，因为他们中的每个人都是潜在的竞争对手，并且他们拥有巨大的优势。他们研究其他人的资本运作方法——美国人、德国人、日本人、英国人、瑞典人——并且他们只需要吸纳最好的经验。他们不用承受工资体制的束缚，这种体制给执行官们骇人听闻的薪水，而无论他们到底表现如何。他们没有让员工们恶性竞争并把公司分割成敌对的小集团的管理经历，没有造成隔阂的官僚机构，也没有造成无知的传统保密机制，更没有过去留下的过时、荒谬的企业规则。

新资本家能够环视四周，寻求实用的经验加以利用，去其糟粕，取其精华。单纯依靠这一个原因，他们就能够获得巨大的飞跃，他们的企业会更加充满智慧、充满活力。当我们坐在那里决定该做什么时，他们已经开始着手满足员工对于所有权的渴望了。他们了解那种渴望，能够感觉、体会到它。他们意识到它的激励作用极为强大，在我们忽视这种需要时，他们已经重点关注

这个问题了。一旦他们弄清楚如何利用这种工具，就会全副武装
而加速超越我们。这是全球化竞争中真正的挑战。

　　这是我们将会面临的挑战，并且是我们不得不迎接的挑战。
我们没有太多的选择。我们正在谈论的不是一种新技术或者一种
明智的策略，而是历史前进的力量。对所有权的渴望将会重新塑
造整个世界，带领我们迈向下个世纪。我们可以选择加入其中，
或者让它擦肩而过，但不要在结果上犯方向性错误。社会资本会
持续增长，如果我们不做些什么，迟早有一天它将压倒我们。

- 如果不能直面挑战。
- 如果不能满足我们的员工对所有权的渴望。
- 如果不能用它来教育员工，激励他们，让他们更有责任感。
- 如果所有人没有变得自力更生、值得信任。
- 如果不能接受一些关于公平、正义和平等的基本标准，还
有股权。
- 简而言之，如果没有通过设定一些有意义的规则进行
游戏。

　　没有理由容忍这种后果的发生。我们拥有解决面临的问题和
为孩子创造美好未来所需的唯一资源：这就是我们自己。你可以
立即开始游戏了。只要有足够多的人这样做，我们就会获得成功。

THE GREAT
GAME OF BUSINESS

第十二章　终极法则：致中层管理者的信

这里还有一条额外的终极法则。

终极法则：

　　最高水准的思考，才能获得最高等级的表现。

　　这才真正是全部的要点所在。这个终极法则是其他所有超级法则的终点，也是推行"伟大的商业游戏"的主要理由。游戏能给你创造一种环境，这种环境下你能够持续不断地激发员工的潜能，你能够让他们超越日常的得失，在最高层次上思考——也就是说，利用他们所有的智慧和创造力促进相互协作，实现共同的目标。

　　但是，如果你所在的公司对引入新的游戏机制不感兴趣，那该怎么办？如果你的老板并不想激励你和其他人在最高层次上思考，那该怎么办？如果你是一名经理，虽然对本书所讲充满热情，深信不疑，也非常想去实践企业经营的超级法则，但是你却没有用来推倒桎梏、消除无知和向员工展示宏伟蓝图的工具，那该怎么办？如果你甚至连评估自己业绩的指标都不知道，又该怎么办？

要把这些问题都抛开，勇往直前。事实上，在单一的部门或办公室，推行游戏并不需要考虑这些问题。而当你将比赛扩展到整个公司时，情况就会发生改变。为职能截然不同的部门提供工具，让他们能够把关注点放在经营目标上，这一点至关重要。如果你是一名中层管理者，如果你在公司的一个独立业务板块推行游戏，即便没有奖金计划、股权参与计划或详尽的沟通机制，或者公布公司的财务状况，你也可以获得成功。你甚至不需要得到老板的同意。最重要的是，你需要的是个人承诺。对中层管理者而言，迈出游戏的第一步就是要对经营方式有清楚的认识，并且扪心自问下面这些棘手的问题——不要拿你的老板作为借口。

（1）你本人将给管理的员工们带来什么？

（2）你为员工们考虑的时间，与你花在客户、其他部门或公司高层领导上的时间一样多吗？

（3）你是与员工们分享问题，还是独自承担？你有请员工们帮你分担工作压力吗？他们知道你的压力是什么吗？你有没有把关键指标告诉过他们？

（4）你自己在企业运营过程中使用过财务报表吗？你是否让你的员工了解你所知道的一切？

（5）你从他们的聪明才智中获得过启发吗？或者你是否仍然认为自己有责任独自找出问题的解决方案？

（6）在没有被要求的情况下，你的员工们知道该做什么吗？或者他们在等待你的指令？是不是每一个人都在向同样的目标努力？是不是每一个人都知道共同目标是什么？你是否会让员工们思考实现目标的最佳方式？

（7）你知道最令员工们愤怒的是什么吗？你是否问过员工，令他们沮丧和恐惧的是什么？什么会让他们夜不能寐？员工们告诉过你他们的关键财务指标吗？

（8）你告诉过员工们令你自己恐惧和沮丧的事情吗？你能够放下包袱做这样一件事情吗？你愿意向别人显示自己脆弱的一面吗？你是否有足够的信心抓住这次机会？当然，你也有可能搞砸。

（9）最重要的是，如果你对上述问题给出的答案全是"否"，那么你是否真的愿意做出改变？

在这里声明一下，我并不是想让所有高管们立即采纳这种新的经营机制。我坚定地相信，如果美国的商业界不进行一次革命，这会对我们的生活方式造成长期且严重的损害。但这是一场只能在每个人内心发生的革命。这又完全回到了第五条超级法则：心之所向，素履以往。激励必须来自内心深处，这条法则既适用于老板，也适用于员工。不管你是通用汽车公司的总裁，是快餐连锁店的员工，还是一个身处传统经营方式的跨国公司中层管理者，**你必须从内心渴望改变**。最大的障碍并不在董事会或角落里的办公室，而在于我们自己。

　　基于同样的原因，即使你没有获得公司高层执行官们的支持，你也可以在自己的部门里推行适合自己版本的游戏。把你的员工们召集在一起，和他们坐下来交谈，了解他们所关心的事情和问题的根源。努力尝试搁置你自己的本能防御心理。让每个人都能自由地、坦率地、不受干扰地畅谈自己的想法。接下来，寻求某种模式达成一致共识。员工们怎样看待他们在公司中的地位？员工们怎样看待他们所处的环境？他们喜欢公司的哪些方面？他们不喜欢公司的哪些方面？他们认为最重要的问题是什么？他们最担心的是什么？他们最气愤的是什么？这样，你就能够弄清楚他们的关键财务指标，你可以通过设置游戏规则实现这些。

　　但是，不要就这样停下来。告诉员工们你的关键财务指标是什么，这是至关重要的。如果他们不知道你的真实目标，你就不可能要求员工进行最高层次的思考。告诉他们什么最令你担心，什么最令你恼火和什么让你彻夜难眠；向他们解释你对某些问题的看法。在我所拥有的每一份工作里，我总会感到，向员工们说出自己在前进过程中的心得是那么具有吸引力。他们有各种各样的想法和推测，并且非常急切地想知道事实和真相。你要为他们描绘公司的全局，解锁公司的秘密；要把自己看作代表员工利益的探索者。想成为一名快乐的经理，你必须和员工分享你所知的一切。当你独自保留秘密时，你就无法从中享受到乐趣。即使你成功了，你也不会踏实地享受到成功带来的愉悦。而当你和员工分享所知的一切时，你就能够与他们一起庆祝每次成功。作为一名经理，你将会玩得很开心。

获得快乐对你和你的员工来说是重要的，这是开卷式管理带来的主要回报之一。但是，只有你们作为一个团队一起工作，每个人都朝着同样的关键财务指标和同一个目标奋斗时，你才可能感受到快乐。而当每一个人都只为各自所关心的数字和不同目标奋斗时，就像脊柱弯曲似的，组织机体会持续地隐隐作痛。《伟大的商业游戏》这本书想达到的基本目标在于，确保组织机体各个部分的步调一致，以消除刺痛感。要想在整个公司里实现这一切，你需要运用类似于我们在春田再造公司应用的工具。而若在一个部门或办公室里应用这一方法，你只需要开诚布公并与员工分享信息就行了。

当然，在你自己的部门运用新的管理机制，并不能消除因整个公司的步调不一致而带来的痛苦。你将必须不停地面对各种错误的信息、部门间相互敌对、公司政治、荒谬的决定、秘密议程以及其他令人感到崩溃的事情，而这些都是由于公司的负责人没有承担起团结每个员工向着同一目标前进的责任。最终，你可能没有能力挽救整个公司。但是，你能够拯救自己和你的员工们。你将会在困顿的海洋中创造一片智慧的绿洲。幸亏有最后的超级法则，你还能在某种程度上控制自己的命运。通过让员工们进行最高层次的思考，你就有可能让员工们充分发挥自己的能力。工作业绩是我们自己唯一真正能控制的东西。只要我们在执行，只要我们能够高效产出，只要我们兑现诺言，有所贡献和创造价值，我们的服务就会永远供不应求。游戏将会助你一臂之力，为你在过程中带来欢乐。这就是你参与游戏的最充分的理由，即使你仍在孤军奋战。

THE GREAT
GAME OF BUSINESS

第十三章　指南介绍

在实践"伟大的商业游戏"时，当企业从专注于一项活动（如奖金计划、金融素养计划等）转向把"伟大的商业游戏"看作一个助力企业发展的运营体系时，就会迎来突破性进展。"伟大的商业游戏"是一种机制、一种模式、一项战略、一种思考方式。如果你希望充分借助于游戏的力量，你必须把它看作一种机制，并且持久地从事这项事业。

这个指南的目的在于，帮助你学习和实施这项机制。把这部分内容看作对你在书中读过的所有概念进行总结，并把它们按照一种特定的、实践性的"工作"方法论进行布局。

指南的内容包括两个组成部分。第一部分，"进入游戏：一名实践者的故事"，讲述的是一个"虚构的"创业家历程的故事（这篇小说的内容基于大量第一手资料、真实的记录改编而成）。从多年的经历当中，我们认识到教授游戏的最佳方式是分享故事——这些故事既包括我们自己的，也包括成千上万游戏的实践者的。指南会提供开启游戏的技巧，也会提供如何让游戏持久进行且牢固稳定运行的深刻洞察。

第二部分，"伟大的商业游戏的原则与实践综述"，为这一机制提供了一个综合视角，概况性地对组成游戏的原则与实践进行说明。

这部分内容，旨在与大家分享所有的工具、资源、技巧、故事、面临的障碍、潜在的危险、解决方案，以及对如何成功实施"伟大的商业游戏"的必要理解。我们希望分享自己学到的一切。当然，面对的挑战是要将超过30年的经验教训都写进一本书中。这也是为什么要设置"互动"环节。在指南的内容部分，你会看到"伟大的商业游戏"在线资源站点的链接，你可以从那里获取到额外的资源，以及可以下载的工具。每一条上面都会有一个地球标志（⬤）。通过这样的形式，资源会经常保持最新动态和相关性，无论你何时阅读这本书。

你可以通过下面的链接进入资源站点，登录密码是"GGOB20"。

（⬤）www. Greatgame.com/gigguide

进入游戏：一名实践者的故事

他盯着那本从随身行李中斜插出来的、卷边破旧的简装书。他在多年以前就读过了这本《伟大的商业游戏》，并且对自己说，如果他有机会经营一家属于自己的公司，他会用这样的方式经营……"开卷式管理"。他一路上这样想着，坐在拥挤的小型巴士上，从圣路易斯机场到了他住的酒店。小型巴士上坐满了他的整个管理团队的成员，他们兴奋地聊着天。这是他们第一次所有人一起出来旅行。这次年度秋季游戏大会即将在一小时后召开。

兰迪的公司已经有30年的历史了，公司业务由三部分组成：上门服务、干洗服务和应急修复服务。他的父亲白手起家，创立了这家公司，并且用指挥与控制的传统方式经营运作了几十年。去年，当最终需要兰迪出场时，他带着复杂的情绪接管了这家公司，混杂着激动万分、抓紧机会、自由万岁的情绪，以及他在思考私有化能够让公司在业务经营上发挥多大的财务杠杆效应时产生"如坠地狱"的感觉。

现在，公司是他的了，兰迪经常会感觉到自己迫切需要思考一下，为什么他的父亲会用铁腕手段来经营企业。当然，他的父亲肯定在某个湖上的钓鱼船里大笑……

兰迪意识到，应该做点什么的时刻到了，而且就是今天。

他对于这次大聚会激动不已。他听说这些实践派们已经连续20年出席这次会议了，他们在会上分享最佳实践活动，谈论他们的经营体验，讨论有效的和无效的方法；他们甚至创新地设置了一个全明星奖项，颁发给"精英中的佼佼者"。兰迪觉得，这实在是太棒了，但他想要的只是一个近距离观察的机会，看看这些理论是如何在真实世界中应用的——看看那些人是如何把它应用到企业经营当中的。那些人从《伟大的商业游戏》书中获取灵感后，是如何把这些内容应用到他或她自己的企业和文化中的。

他已经听到过很多关于开卷式管理的内容了，并且知道这就是他需要的答案。他在《经济学人》《华尔街日报》和《纽约时报》读过众多文章，都在宣扬赞美财务透明带来的效益。兰迪很快就会意识到，这场会议将会令他大开眼界。他将会认识到那些实践"伟大的商业游戏"的企业家们，学习到如何真正意义上充分借鉴这个想法，而不仅仅是公开公司的财务报表那么简单。

体验游戏

游戏的大聚会

大聚会为兰迪和他的管理团队提供了一个能够看到各种可能

性的视角。这种感觉，就像多年以前他第一次读到《伟大的商业游戏》一样，他的热情占据一切。他遇到了成百上千的人，他们来自世界各个角落，来自各行各业，来自企业的各个层级。这场会议和出席的与会人员，向他证明了一点，那就是他真的可以对他的企业产生影响。与此同时，他真的可以改变员工们的生活。兰迪看到这些普通人做出了这么多不平凡的事情，并且大家在分享彼此的成功，这真是难以置信。他的团队成员意识到，如果那些人能够做到，他们也可以做到。毕竟，他们感觉离开工作三天来参会，是他们能够做出的最佳投资。

正是在这次会议上，兰迪遇到了汤姆。汤姆是一名公司位于密苏里州北部的企业家，他利用"伟大的商业游戏"理念来运营公司。兰迪安排他的整个团队去汤姆的公司参观，学习游戏理念是如何应用到公司运营中的。在大聚会上听是一回事，看到它在企业中真正发挥作用就是另外一回事了。

一名实践者的到访

会议结束一周以后，兰迪和他的团队开车去拜访汤姆。汤姆邀请兰迪的整个实施团队（由自愿加入游戏启动小组的经理和员工组成）参加他的周讨论会。

汤姆的企业是一家IT公司；他在向潜在客户宣传时，把自己的公司看作"你们的IT外包部门"。他的员工都是计算机极客，汤姆不喜欢去学习如何成为一名商人。实际上，汤姆的员工也不会专注于学习企业经营，他们希望写代码，处理数据，喜欢孑然独立。因为这个行业存在对这类知识型工作者的极高需求，汤姆曾经还因员工跳槽而苦恼。但自从开始实施游戏后，他看到了真正的转变。

兰迪和他的团队受到了热情的欢迎，并快速地走进休息室。当参加讨论会的每个人都已就坐时，看到的场景让他们很吃惊。

汤姆的员工们在谈论企业经营的时候，就像经营丰富的创业者。在一个半小时内，汤姆构建了一整套企业的财务全局图——对当月月底的情况进行了预测。当时的情景，并不是汤姆站在会议室前面宣读着上一季度的财务数据，下面坐满了睡意绵绵的员工。而是他的团队，从零开始做出了一套前瞻性的损益表。每个人走出会议室的时候，都十分清晰明确地知道，在接下来的一周应该做哪些事情来提升业绩指标。他们的沟通如此清晰，甚至兰迪的团队在走出休息室时都已经理解了汤姆的企业经营现状如何，这个月底的情况会怎样，每一名员工应如何实现目标。

兰迪的一名团队成员梅雷迪思，她观察后说道："这看起来就像是汤姆在彼此之间互相承诺，一个部门接一个——进行着书面承诺！"

"他们甚至连自己的奖金都会预测！而且他们每周都进行这样的活动！"丹充满怀疑地说。

兰迪的团队在离开之前，邀请汤姆一起午餐，这样他们就可以在公司员工都没办法支持他的情况下，私下里问他更尖锐的问题。

"三年前，如果有人告诉我，他们在做这样的事情，我会认为他们疯了！"汤姆坦白地说。

"那是什么改变了你的想法？"兰迪问。

"在过去的15年间，我像一位仁慈的独裁者一样经营着这家公司。你知道，我们是一个大而幸福的家庭，我是这个大家庭的家长；我们士气满满，而且这个大家庭是工作的好地方。但他们并不需要关心公司的运营。那是我的工作职责。他们需要做的，只是按时上下班打卡。不得不承认的是，我让我的员工们变得更加愚钝。他们没有接受培训，没有胜任能力，或者没有权限做任何'真实'的企业经营。我最终意识到，我不能再一个人承担这一切了。我想在几年以后就退休，我意识到如果持续像现在这样，到那时公司就要被卖掉或关掉……无论是哪种方式，员工们将失去大家一起构建的伟大事业。"

兰迪承认，他全盘接受了"伟大的商业游戏"理念，当他想推行开卷式管理的时候，他的父亲认为他发疯了。"我的父亲警告我说，如果我在生意惨淡的年景公开财务报表，员工们可能会逃之夭夭，对我作为领导的角色失去信心。如果在生意兴旺的年景，他们会看到公司赢利满满，也想要分一杯羹。面对这两种情况，你如何应对？"

汤姆身体向后仰，咧开嘴笑了："相信我，我也遇到过这种情况。所以你在担心，当员工们最终看到你的底线时，他们会要求加薪，对吗？你猜怎么着，兰迪——他们其实已经得逞了！这就是现实。你的员工已经认为你能够赚很多钱。他们现在正在基于假设做出决策，采取行动。这可能会导致浪费，因为他们简单地认为你承受得起。财务透明很有帮助。当你教授员工企业经营的真实一面时，这能帮助你们建立信任。但开卷式管理只是游戏的一部分。"

"你说得有道理，汤姆。所以为什么你最终会决定这样做？"

"是因为来自同辈们的压力。我参加大聚会已经很多年了。事实上，我第二次参加聚会，与一个朋友在酒吧一起喝酒时，他把我放在聚光灯下对我说：'你打算什么时候扣动扳机？你不担心你的员工吗？你相信他们能够学会这些事情吗？汤姆，你在担心什么？你并不是在分享工资信息。你的员工们不会跑出去告诉全世界，你的公司赚多少钱。所以你会克服这些恐惧的。你本该10年前就开始这样做了，你知道的。你已经懂得了它的价值，明白了这件事的内涵。现在，展示你忘记恐惧的勇气吧，想想这将为你带来的收益，汤姆！如果你不是唯一一个因现金流、成本和竞争而彻夜无眠的那个人，如果每个人都关心是不是能够发出工资、完成订单并交付出去呢？那样会感觉如何？现在就行动吧！有问题就打电话给我，并且愿上帝保佑，把爱心传递出去！'"

汤姆停顿了一下，"他这样做让我很难堪，但让我的思绪回到原点，所以我让管理团队收拾行装，我们开车前往密苏里州春田市，参加春田再造公司的体验活动，要直接亲自看一下。能够看到可行的实践，还有它有效的事实证明，切实可行且能够使用的知识，这实在是太棒了。这些使我真正融入其中。"

兰迪抱歉离席，并把汤姆拉到一边说话："我不知道你是否注意到这一点，但杰拉尔德怎么办？他是我干洗事业部的负责人，极为愤世嫉俗。我觉得他会成为实施的阻碍。他很在意工作上的权力，并且常常对与众不同的做事方式报以强烈的反感。"

汤姆回答道："你看，兰迪，总会有一些人，他们要么极为抵触，要么只是刚开始的时候不愿意配合。有些人会及时地看到希望，也会有其他人不喜欢机制透明和责任到人，会自动选择退出。这就像是企业文化的达尔文进化论。你只需要清楚地知道，这不是'月度最佳销售计划'——你想要按照这样的方式对企业进行经营管理。这十分朴素而简单。把你的关注点放在愿意支持这项计划的80%员工身上，而不是20%的那些不支持的人。"

"还有一件事……一件很重要的事情……"兰迪继续说着，看起来有些难为情，"我感觉自己是一个优秀的领导者，但我不确定会不会把自己看作一个'财务数据'人士。我感觉自己头脑中的创造力、创业精神'飞轮'在以每分钟10000转的高速运转，但财务的飞轮几乎转不起来。我不确定自己充分理解了财务的要义。"

汤姆笑着拍拍兰迪的后背："兰迪，你和大多数其他的企业家都一样。"他轻声地笑着，"我也是其中之一。当我开始实施时，基于对簿记员们的信任，我让他们负责管理资金方面的事情，结果简直是一团糟。因为我之前从来没有经营过企业，我以为经营企业就是这样子的。后来经营情况每况愈下，我不得不解雇了这些人。之后花了几周的时间才解决掉他们遗留的烂摊子。在经历了这一切之后，我确实学习了很多财务知识，而且到现在都在持续学习。所以不要太担心。你会掌握它们的。"

兰迪看起来还是有些疑虑，他转过身走向桌边，边走边思考汤姆的话。

"并且，别忘了你手中还有一张王牌。"汤姆从后面提醒他，"你雇佣山姆来公司工作真的是十分明智。他在'伟大的商业游戏'上有经验积累，这就像是多了一位教练！好好利用这一点！"

汤姆提到的山姆，他是运营部门的负责人。兰迪在6个月之前招聘山姆进公司，帮助他从父亲那里接手公司的业务，完成过渡。兰迪和山姆是多年的好朋友，现在山姆的出现如此"引人注目"，让他感觉到有些怯懦，这完全可以理解。实际上，正是因为山姆对"伟大的商业游戏"的热情，引导了兰迪首次参加大聚会。通过一年又一年地实施"伟大的商业游戏"，山姆的前公司增势喜人，利润可观。

当他们吃完午餐的时候，杰拉尔德提了一个很好的问题："那么，实施的整个过程需要多长时间？"

汤姆回答道："要设置一些实际的目标。这可能会需要6个月的时间来做好准备，之后才真正开始'伟大的商业游戏'。你会在整个过程中看到令人惊讶的结果——真实、可衡量的结果，因为你的员工们是如此神奇。然后，你会需要另外6个月的时间，把各类实践活动嵌入其中，并忠于游戏的各项纪律。为了获得良好的成效，能够开始看到长期可持续的结果，需要再投入纪律严明的18～24个月的时间。"

汤姆继续说："当我第一次遇到杰克·斯塔克，他告诉我关于他如何做出承诺的故事。回到1983年的春田再造公司，如果当时他能够保住所有人的工作，他就会培训他遇到的每一个人，让他们懂得企业经营之道。本来是为了拯救大家的工作而开始的行为，结果却变成了创造工作的一种方式。然后就演变成创造财富，并最终与参与创造财富的同仁们一起分享财富。"

一下午的时间过得飞快，聊完就到了该回家的时候了。整个团队感谢汤姆和他员工的接待，随后离开。

下周一的时候，兰迪召开了一场名为"全员集合"的会议，在会上分发了"伟大的商业游戏"的内容复印件。

会议开始，他问了一个简单的问题："各位猜一下，我们销售出的每一美元，能够赚到多少利润？"

虽然一开始有点迟疑，但大家随后争先恐后地回答："60美分！""25美分！""50美分！"

"这些都是很好的猜测，但我认为你们知道真实情况后会很惊讶，我们卖出的每一美元，只赚到一枚5美分镍币。"兰迪这样说着，同时看到整个房间的人都安静下来，大家都因为难以置信而把头挺得很直。

"只有5美分？那何必多此一举？"从会议室的后面传过来一个半认真的评论。

兰迪笑了："好问题！"他借用了他喜爱的作家的一句话，"爱默生曾这样写道：'总是知道如何做的人总是能够找到工作，总是知道为什么要做的人总是能够成为他的老板。'我不仅想通过教授的方式让大家知道如何做，还想让大家懂得为什么进行企业的经营和管理。"

他继续说，"公司的经营已经极为平稳地运转了将近30年，开始有些颠簸而行，我想要它继续发展壮大。我想让在座的各位把握更多的机遇，拥有更多的机会来成长、赚钱、实现自己的梦想；我也一样。"

兰迪没有停下来，"我没办法独自完成这一切，我想要按照这种方式运营我们的公司。如果我们要做这件事，我们会全力以赴、孤注一掷。现在你们知道我的想法了。我去参加一场大型研讨会或小型讨论会，会因最新的畅销书或规划方案而感到惊喜万分。但伙计们，办企业就是另外一回事了。'伟大的商业游戏'并不是一些位于纽约的智库或拥有高大上会议室的咨询公司凭空想象出来的。它是30年前，在密苏里州春田市的一家工厂里，被像你我这样的普通人创造出来的；现在，这帮人已经组建了60多家公司，自从它被创造出来以后，跟我们一样的成百上千家公司都在验证这一理论的成功。"

兰迪继续说，"只需要给我90天的时间。我承诺，会把企业经营的规则教给在座各位——告诉大家我们的公司是如何赢利的。当这一切发生之后，我会期待你们利用这些知识做一些事情，来帮助我们做得更好。当我们把这一切实现时，我会把股权收益分享给你们。作为一个团队，我们福祸共享、荣辱与共。

"现在看看你们周围。看看你们的左边和右边。在未来的6个月里，这个房间里的某些人可能不会留下。这并不是因为他们被解雇，而是因为这种文化，是要建立企业家的业务版图，而不是为每一个个体。在宣扬绩效的文化中，并不是每个人都能够掌控透明和责任。"

"我们加入！"梅瑞迪斯大声说道，他是最具热情的助理经理之一。"但这应该如何运作呢？"

"接下来就是答案。"兰迪开始讲述。

设计游戏

商业评估

"整个过程十分简单，这也是为什么我们称之为一场游戏。"兰迪照着斯塔克的第二本著作《伟大的商业文化》，大声地朗读：

> 伟大的商业游戏，最初是我在努力让企业经营变得不那么吓人时使用的一个词语。我希望员工们用我看待商业的方式来看待它。我希望他们意识到这并不需要成为一种开发的手段，或贪婪的工具，同时你并不需要有MBA学位才能明白它的道理。

> 所以后来，公司外的有些人，对这个词语感到很生气。他们认为，我们把商业看成一场游戏，这让它变得平淡无奇。这种异议有一定的道理。然而，我并不是在贬低商业的价值，当然，我只是在努力让它变得不那么神秘莫测，让它走下神坛。我想要拆穿大肆宣传和荒谬无知带来的隔阂，这让商业变成少数人的精英运动，而让剩下的大部分人处于黑暗当中，远离财富。

> 并且，我没有告诉人们任何不真实的事情。毕竟，商业是一场游戏。我并不是说它像一场游戏，而是它在形式上与游戏很相像，都是

人类的群体行为。它不是一门艺术或一种科学，而是一种极具竞争性的事业，具备游戏规则，有各种得分的方式，需要运气和天资的因素，有赢家有输家，以及所有其他的游戏特征。此外，它会像任何一种你能够想象的游戏那样令人激动、充满挑战、趣味十足、内涵丰富——前提是，你理解它到底是什么。

当然，这之间的差异在于，商业经营的风险要高一些。你在为自己的生计、家人的幸福、美好的未来而参与其中。你在为一起工作的同伴而努力拼搏。你在为你自己的客户、客户的客户以及整个社会的健康而持续奋斗。

而且，你也会在参与的过程中收获到财富——很可能是很多钱。正如我们所知，那些商业游戏玩得很好的人，可以从中获得财富。这样，有些人变得贪婪，把成功的果实留给自己。但我希望员工们知道，商业并不一定像那种方式来经营。没有任何理由说，你不可以成立一家公司，让公司里的每个人一起参与一场游戏，分享收获的回报。这时，商业的游戏才真正可以被称为"伟大的游戏"，才对得起它的字面意义。

兰迪放下书，他说，"在我们开始游戏之前，我们需要理解我们自己处在什么样的游戏当中，所以我需要你们的输入！我需要你们对于企业经营的想法和观察。如果我要求你们所有人，思考和行为要像个所有者那样，我们就会像所有者那样对待你们，询问你们的想法。我们会通过一系列调研获取这些信息。一项是'实践评估'，另一项是'输入调研'（●）。它会为我们带来一些需要的观点，就像某种基准线一样，告诉我们现在应该如何进行'伟大的商业游戏'的实践。我们需要知道自己哪些地方做得比较好，哪些地方做得不好。我们还需要知道，企业经营的机会在哪里，我们面对哪些问题。我希望知道，你们认为在未来的6～12个月，公司会面临哪些关键性的问题。

"这是在定义我们游戏的规则，理解我们企业经营的规则。不仅是如此，你也还需要理解我们企业经营的**语言**。"

"语言？"李提出了这个疑问，他是上门清洁服务事业部的团队主管。

"是的，语言。要知道，企业经营有一种秘密的语言。每一位成功的商人都明白这一点。这是财务报表的语言。利润表、资产负债表和现金流量表。你能知道这有多难以置信吗？这些财务数据，500年前就已经被创造出来了。然而，到目前为止还没有人教过你这些事情，甚至是我！"

"伙计们，不用担心，"兰迪看出了他一半的员工眼中流露出的恐惧，"一切都会适时出现。对于现在来说，我需要获得你们对于企业经营现状的输入。我们还需要从其他领域寻找一些关键问题，比如做一些企业对标。"

"什么是企业对标？"

"很好！"兰迪笑了，因为他意识到自己在用员工们不了解的术语。"这是为了理解我们与行业最佳之间的差距而进行的比较。我们会通过走访行业协会，研究我们的竞争对手，与我们的客户沟通进行对标。我们也会看看财务历史数据会告诉我们什么信息。把这看作一个关于我们企业经营的360度绩效评估。

（🌐）实践评估和输入调研：www.greatgame.com/gigguide

　　"这需要几周的时间实施这项企业经营的'评估工作'，要收集和分析数据，然后把结果反馈给大家。这会给我们时间收集这些财务信息，与我们的同伴和同龄群体进行沟通，并且深入挖掘客户和竞争情报。"

　　在回答了一系列问题，包括一些担忧的情况，兰迪开始解决这个大问题，"我们曾经经历过这种模式，现在的这一切有什么不同？

　　"事实上，我们将要着手做这件事情。这个最初的评估流程会帮助我们获得一个可以聚焦的关键财务数据，'伟大的商业游戏'的机制会为我们提供理解、沟通和执行力，帮助我们一起实现目标。"

　　"一个关键财务数据？"这个问题在会议室中萦绕，有口头说出的，也有默默无言的。

　　"抱歉，我有些超前了。关键财务数据是'伟大的商业游戏'的核心，是游戏的首要目标。如果你要参与游戏，你必须首先理解成功的意义。当你定义关键财务数据时，你就是在定义成功。看，在你理解规则的前提下，企业经营并不比大富翁游戏复杂多少，你有一种方法来遵循行动，保持业绩，并且知道结果中的利害关系。简而言之，这些就是任何一种游戏的关键要素，是伟大的商业游戏背后的原则。"

　　兰迪指向伟大的商业游戏流程图。

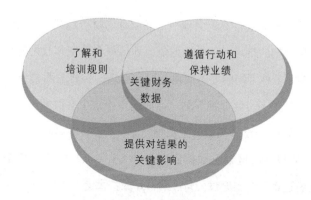

"成功是一个过程，这一切都从你的输入开始。我能够依靠你们坦诚的回应吗？"这并不是一个大家反馈简单的"能"就能做到的。兰迪知道员工们需要时间拥抱这个想法。

"很好。现在让我们开始行动吧！"兰迪说。

聚焦关键财务数据

周四，员工们在会议召开前收到了一封群发邮件。像往常一样，杰拉尔德迟到了15分钟，宣告他对于伟大的商业游戏持续的消极式攻击，他似乎处处都在精准地与活动进行斗争。

当每个人都到齐的时候，有人最终问道："我们如何利用这些信息？"

"很幸运的是，山姆现在跟我们在一起，他能够帮助我们经历'伟大的商业游戏'的整个流程。他在上一家公司多次操作过关键财务数据的活动，我们相信他会做很多事情帮助我们经历这一期。"会议日程摆在桌子上，咖啡被端了上来。

山姆开始说："伙计们，我们将会对接下来的6～12个月的目标进行一些说明，我们会通过思考自身的财务趋势、员工的信息输入和我们的市场地位实施这个计划。每个领域为我们的企业发展提供了一种不同的业务视角。再次强调，要把它看作一个针对企业经营的360度业绩评估。当我们走出这个会议室时，要能够确定公司的1～2个关键财务数据。”

“所以，关键财务数据到底是什么？”杰拉尔德疑惑道，好像他最近都没有出席过公司近期召开的扩大会议。

兰迪说：“杰拉尔德，它将在未来一年定义我们的成功。我们交流过的某些人把它看作需要被驱逐出公司的一个劣势。我们期望看到的是，财务数据在任何特定的时间点都会对我们的企业经营产生最伟大的影响。”

团队成员们开始紧密围绕关键财务数据的意义进行深入的探讨，声音响彻整个会议室，相关的评论和疑问此起彼伏。

（🌐）关键财务数据的获取路径：www.greatgame.com/gigguide

“但我们的关键财务数据会不会总是处于底线边缘？利润的情况又如何？我读过你给我的书。斯塔克在书中说，企业经营的目标是要赢利和产生现金流。兰迪，为什么它们不是我们的关键财务数据？”首席财务官黛博拉说。

兰迪笑着说：“看，伙伴们，这里没有错误的答案。我们需要紧紧抓住企业经营中的问题，把关注点放在最重要的问题上。当然，我们可以只是挑选一个数字。但如果我们不经历这个流程，并且真正探索所有不同的观点，让员工们充分输入，我们最终可能是绝对正确。"

"绝对正确？难道你不是说绝对错误吗？"凯文问道，他是紧急修复服务主管。

"不——是绝对正确。我们可能是正确的，但我们也可能会消亡，因为我们的团队对于'象牙塔'里提出的关键财务数据并不买账。记住，员工们会支持那些他们参与创造的事务。"

"说得好。"丹补充说，"如果他们参与数字的创造，每个人就很难说，'哦，那是管理层的数据指标'。"

山姆说："看，利润永远重要。团队成员会一直思考如何赢利并产生现金流。但我们也需要员工们把注意力集中在那些能够通过解决我们关键问题、消除主要弱点使公司变得强大的事情。事实上，利润会毫无疑问受到我们的关键财务数据的影响。但真正重要的是我们如何产生利润。这里举例说明。如果我们所有的利润都是从一个大客户那里获得的，利润还会是我们的关键财务数据吗？"

会议室里很安静，员工们都在思考这个问题。山姆继续说："如果客户脱离开我们公司会发生什么情况？如果他们把我们'开除'了怎么办？"

整个会议室似乎都在回答："我们就会破产！"

山姆对于大家的快速反应很满意："说得没错！所以，到那时我们的关键财务数据会变成什么样？"

"很明显，我们只不能依赖于一个客户——那样就把我们所有的鸡蛋都放在一个篮子里！"凯文声明。每个人都点头认同。

"说对了！"山姆喊道。

会议在持续进行，团队汇总了所有的数据，集体讨论，并把它们放到大的活动挂图上面。所有的记录都在墙上，每个人都开始看这些数字告诉他们哪些信息。

整个公司的业务，都是基于紧急修复事业部对于火灾、洪水和自然灾害引起的损害进行的紧急响应，这是他们称之为"蓝色代码"的紧急修复工作。但会议室里的每个人都知道这个工作有多么让人提心吊胆。数据显示，他们这些年遇到的紧急事件和自然灾害的数量在骤减，而这种情况是他们绝对没有办法控制的。

每个人都知道，单纯依靠自然灾害支付他们所有的费用，这是不可能让企业发展壮大的。他们不得不面对现实。当他们把自己与行业同行进行对比时，他们快速地发现，他们企业经营的其他业务也没有合乎标准。在产出类似的干洗运营时，他们的资源用量却更多。

有些人在喃喃自语，某种程度上有些戏谑的成分："我们被变成了清洁工！"杰拉尔德听到后环视了一眼，因为干洗运营业务是他负责的。

山姆开始进一步在大的活动挂图上组织讨论："谈谈财务问题。"他开始列出财务趋势和他们的行业对标数据呈现出来的问题。他写道：

1.财务问题

（1）与行业公司相比，运营成本过高。

（2）干洗运营低效，毛利率低于行业水平5%。

（3）公司资本不足（因贷款收购兰迪父亲的公司导致）。

在结合员工和管理团队的输入之后，其他的问题都显现出来，整个全局变得更为清晰了。

2.市场问题

（1）公司很大程度上依赖蓝色代码业务。

（2）缺乏对大型账目的关注。

（3）没有努力推动打包销售。

3.运营问题

（1）干洗工厂的成本没有得到控制，尤其是劳动成本和供应成本。

（2）我们需要对费用进一步管控，从而安全度过衰退期。

4.人员问题

（1）要承担更多的责任，实施"伟大的商业游戏"。

（2）在其他业务领域，也充分利用蓝色代码技术专家的经验。

山姆总结道："你们已经看到了，我们是如何与市场上的竞争对手决一胜负的，我们的员工应该如何谈论公司的业务发展。现在我们要把这些问题放在首要地位。让我们休息一会，当大家回来时，根据你在活动挂图上看到的，提出你认为我们在未来6～12个月应该重点关注的3个问题。"

在短暂休息期间，沟通的氛围从激动到焦虑，再到犹豫不决，但每个人似乎都参与其中。

当会议再次召开时，山姆让每个人说出他们认为公司当前最重要的3个问题。各种各样的问题被陆续收集，重复提及的问题被做上标记，表明很多人都把它看作重要问题。最终形成一张图上整个团队关心的重要问题：

重要问题

（1）干洗运营事业部的财务绩效指标完成情况较差。

（2）要把握针对存量客户提高打包销售率的机会。

（3）公司过度依赖蓝色代码业务。

（4）运营费用在销售额中占比高于同行业其他公司。

（5）资本金不足，归因于购买公司产生的额外负债。

兰迪接替主持会议："所以，在这些问题当中，哪些会对公司发展产生最大的影响？哪件事情，如果我们不好好解决，其他事情都没有办法顺利进行？"讨论继续进行，努力明确"一件事情"。

他进行总结："伙计们，我们对紧急修复业务依赖太久了。数据证明了这一点，不是吗？结果会是：如果某一年紧急修复业务业绩较差，我们的公司就会面临风险。"

会议室里安静得一根针掉地上都能听得见。会议室里的每个人都知道这是真的，但并不愿意承认，或者也许只是缺乏正视问题的勇气。

整个团队知道，他们不能指望通过火灾、洪水和龙卷风来发展业务。但他们从挂图上可以真实地看到，列举的大部分问题都表明，他们对于紧急事件蓝色代码业务的不健康依赖。他们意识到，企业经营的重大问题是*如何脱离蓝色代码业务实现多元化发展*。

山姆利用从前的经验引导整个讨论的进行，他进一步阐述："所以，如何脱离蓝色代码业务实现多元化发展是我们当前的重大问题，我们如何明确这一点或对它进行量化？"

上门服务事业部负责人丹建议说："在蓝色代码业务之外，增加销售额。"

坐在会议室那边的首席财务官黛博拉补充道："到底是销售额还是边际利润？如果干洗业务保持行业同水平运营，我们也会有更多的利润。"

杰拉尔德对于这个评论发飙了："噢，好的，我明白了。你们要把这一切都算在我头上！"

兰迪马上插话进来，他了解杰拉尔德的想法："不！我们在这个过程中是团结在一起的。我们是荣辱与共的，还记得吗？"

讨论还在继续，大家又提出了一系列问题、回答和建议。过程的绝妙之处在于人与人之间的互动。兰迪的父亲只会简单地下达企业经营的目标，而兰迪与他的不同之处在于，会从员工当中收集所有的答案。他们是整个过程的一个重要组成部分。

"如果我们能够产生足够的非蓝色代码业务，来覆盖所有的间接成本呢？到那时，我们做出的所有蓝色代码业务就会锦上添花了，不是吗？"每个人都惊讶地看着梅雷迪思，就好像她是一个天才。

"非常正确，只要我们把非蓝色代码业务利润看作核心目标，而不是收入。"

"那么，问题解决了。非蓝色代码业务毛利率会成为我们的关键财务指标。大家同意吗？"兰迪问。几乎所有人都点头表示同意。

在兰迪准备继续时，杰拉尔德向他挑战："像今年这样，我们不可能覆盖所有的间接成本。"

山姆反击道："是的，但我们可以在今年将对蓝色代码业务利润的依赖减少到一半，明年再进一步？"

"我们能做到这一点吗？"整个会议室弥漫着惆怅的情绪。

山姆说："伙计们，我们不需要在第一年就把关键财务指标的问题全部解决掉。在我的字典里，只要有任何的改进和提高都是一种胜利。那么，有哪些可能的方式？"

丹环顾四周说道："我不知道，也许可以减掉1/4。"

梅雷迪思问："好吧，让我问一个愚蠢的问题。大家现在知道，如果我们把重点放在蓝色代码之外的业务上，那么如何实现这些业务的盈利？非蓝色代码业务的额外边际收入从何而来？"

兰迪建议说:"也许,这需要整个团队来回答。"

按照正确的驱动程序行事

那天晚上,兰迪在反思关键财务数据会议。看到他的团队在努力提出与公司相关的问题,这令他感到很振奋。谁能想到,他们会提出像非蓝色代码业务毛利率如此绝妙的声音?如此简洁易懂,也具备改变公司的真实且强大的力量……

他暗自思考,我们已经谈到过更多地聚焦于干洗业务和交叉销售,但每当龙卷风警报和火警报警器响起时,每个人都集结起来出去救援,而这些想法早就抛到脑后。我们现在有了一个每个人都可以看到、能够理解和与之连接的战斗口号。这就像一个巨大的中心主题,无论整个团队有多忙碌,他们都会连接于此。我们拥有的关注点是多么不可思议啊!

一些不可预测的事情也在同时发生。兰迪开始感到没有那么过度劳累了。往常每到晚上时,他都还在独自焦虑于企业的经营。他的心脏会在胸膛里重重地回响,他躺在床上夜不能寐,感觉到彻底的孤单和寂寞。现在,他感觉到员工们正在开始"明白",同时他知道城镇里又多了6个夜里睡不着的人。多么美妙的感觉……他想到这些,渐渐入睡。

第二天早上,当兰迪走进办公室的时候,管理团队已经在那里等候了——每个人都在,除了杰拉尔德。他们都等不及要开始了。

"兰迪,关于关键财务数据,你知道最棒的是什么吗?我最喜欢它的一点是,以前我们总是被100万个方向搜来搜去,现在我们至少知道我们即将着手做的'一件事'。"丹声称。很明显，他也深入思考这个问题到深夜。"当然，它让我们更容易看清楚我们真正需要关注的要点。"

这种改变是巨大的。兰迪非常擅长设定目标，并让每个人都明白他们的本职工作，但他从来没有真正意义上为企业发展设立议程，分享战略，或给大范围员工设定预期。兰迪很迫切地想知道其他人对于他们一起提出的目标有什么想法。而更重要的是，他很兴奋地想看到，每一个管理团队会提出哪些措施来解决这些问题。毕竟，这关乎整个"伟大的商业游戏"。

他暗自思考，我们完成了收集数据、观点、信息和情报的整个流程。团队成员对于他们的业务理解很到位，并且有能力针对他们应该关注的重点达成一致意见。现在，他们将收集整个团队的创造性贡献，探讨如何实现他们的目标。兰迪第一次感觉到，他在探测自己的智力上限。

"所以，我们今天应该做些什么？"这似乎是来自团队的情绪反馈。

"那么，我们从教会每个人什么是关键财务数据开始，了解它的含义，以及为什么它对于企业经营至关重要。然后我们会提问每一位员工，他们认为如何才能帮助我们实现目标。"

那一周，管理者们开始组织活动，让部门团队聚集在一起，从个人角度和团队角度，思考他们能够做什么影响关键财务数据和基准的财务结果。

在上门服务事业部，丹为他的团队介绍整个关键财务数据流程。一开始，他与团队成员分享了他调研的结果以及明确的问题。随后，他继续解释管理团队是如何解决这些问题的，并选取了一个关键财务数据——一个与每个人都利害相关的公司层面的目标，以及上门服务是如何帮助实现关键财务数据非蓝色代码业务毛利润的。

"非蓝色代码业务是什么？"李笑着问，他是地毯清洁事业部的主管之一。李问出了会议室里大多数员工不解的问题。

丹也笑了，进一步解释从紧急修复服务之外如何创造毛利润的想法。

"那么，毛利润是什么？"琼问道，她是一个直言不讳的同事。

"毛利润是我们在支付了人工成本和原材料成本之后（简称为'销售成本'）剩下的资金。所以，如果我们为客户清理一张地毯报价150美元，而我们为此花费的时间、清洁材料以及诸如此类的物品一共75美元，那么我们还剩下多少钱？"

"丹，这很简单，是75美元。"琼回答道。每个人都点头同意。

"这就是毛利润。非常简单不是吗？销售总额减去我们的直接成本就是毛利润。你们认为我们应该如何提高毛利润？"

"提高收费标准！"桑迪喊道，他是一名清洁工。

"重复利用化学试剂？"李问。

"第一次要把事情做对。你们要知道这一点，确保我们不会犯错误。"

"稍等一下。我们在任何业务上都能赚到一半利润吗？"琼又问道。

"不是，不同的服务会产生差异化的毛利润。为什么这么问？"丹回答道。

"那么，为什么我们不能只卖利润水平最高的东西呢？你们看，这样我们就可以赚更多的钱了？"

丹对此印象深刻："喔，琼，这个主意真不错。"

琼继续说："我们利润水平最高的服务有哪些？"

马上，丹的助理经理比尔脱口而出："这很简单，斯科奇加德。"

"斯科奇加德？"每个人都在问。

比尔回答道："是的，这很容易。我们在做每件斯科奇加德的产品应用上都可以赚到75%的利润。这件事我跟你们唠叨了很多年，让你们提升对客户的销售质量，但你们从来没有人听过我。"

"问题是，我们也不知道在它上面可以赚到75%的利润啊！"李笑道。

其实就是这么回事。在整个组织中，会议可以产生神奇、简单但卓有成效的观点，能够形成真正意义上影响关键财务数据的"驱动力"。它们被收集在一张表格上（●），展示每个人与关键财务数据的直接关系：每个部门和每名员工是如何与非蓝色代码业务毛利润联系在一起的。对于上门服务事业部，它就是"更多地销售斯科奇加德产品"；对于紧急修复运营，它就是"向我们的紧急修复客户打包销售我们的其他服务"；对于干洗业务来说，它就是"控制我们的供应成本。"一旦发布出来，这些"驱动力"就变得十分具体，因为团队成员会明确他们将如何衡量这些活动。

（🌐）直线关系工具：www.greatgame.com/gigguide

　　员工们对此感到十分兴奋。但没过多久，就有人问道："所以，如果我们帮助公司赚更多的钱，这对于我们有什么好处？"

　　山姆回答："很好的问题。我们从中获得的好处有很多。首先是对工作的保障。你们也看到了行业的数据，与我们的同行相比，我们的经营状况并没有那么良好。最终，我们必须改变，不然，我们会受到竞争对手的蚕食。其次，如果我们制订一个计划并努力实现它，我们就将有能力对市场进行反击。并且如果我们做到这一点，我们就会获得更理想的市场回报。兰迪会愿意为我们所有人提供结果收益。那将会是股权，是以奖金计划的形式获得的额外奖励。下一步，我们将会开始做这件事。

　　"作为管理团队的一员，为推行伟大的商业游戏的全部细则，这需要一段时间，因为我们需要完成预算/年度计划，制定公司的打分标准，当然，还要设计奖金计划。但是，我们会完成这一切的。"

　　"当我看到它的时候我会愿意相信，但现在没关系。一段时间是多久？"杰拉尔德突然打断说。

　　"我们考虑用30天左右的时间。但你们要有耐心且宽容我们，因为我们对这一切也很生疏。即便如此，我们还是要马上落实一些事情，就在我们自己的部门。实际上，所有的部门都会有他们自己的'迷你'游戏。"

通过迷你游戏创造早期胜利

　　管理者们对于"伟大的商业游戏"都很兴奋，但如果员工们不能够参与到关键财务数据的创建过程中，他们就会对于未知的事情感到很恐慌。团队意识到，这需要花一些时间来完成奖金计划，创建打分机制，然后开始展开讨论，学习如何预测等。他们很担心，在团队设计这场大游戏的同时，员工们会随之流失。他们知道，他们将需要一些方法来保持员工们对此的兴趣。所以，在管理层设计大游戏的同时，为什么不进行一系列小规模游戏呢？

　　这就是产生迷你游戏概念的缘由。在管理团队参观拜访汤姆的IT公司时，当时他解释道，迷你游戏跟大游戏很像，所有的要素都是一样的，只是规模相对较小。迷你游戏有统一的目标、各种规则、计分卡和获胜后的回报。他们通常会根据运营或财务的数据来设定——它们是公司范围内关键财务数据的"核心驱动力"——然后在部门层面和工作组层面推行。兰迪喜欢这一点，因为迷你游戏在周期上相对较短，一般只有60～90天；员工们能够开始实施这些方法，并为管理团队提供一个机会来设计和改善伟大的商业游戏。

　　在上门服务事业部，因为它们已经意识到斯科奇加德产品有更高的毛利率，并且客户很喜欢这项服务，他们认为这是一个创造早期胜利的绝佳机会。

丹和比尔汇总了一些数据，这些数据体现了过去一年中，斯科奇加德产品为他们的整个团队增加了多少销售额。然而令他们感到尴尬的是，他们发现历史数据显示，只有1/10的客户真正购买了斯科奇加德产品。

"我们为什么不多卖一些？我指的是，这就像说'你想要一起买点炸薯条吗'那么简单。"丹问道。

一位负责人李说："丹，我当时甚至不知道这如此重要。这并没有那么难做。我的意思是，地毯清洁业务本身是劳动密集型的。如果我早就知道能在斯科奇加德产品上获得这么多盈利，我会跟所有人建议购买它。我确信，如果我们通过正确的方式询问他们，一半客户都会说愿意购买。这真是一件好事。"

丹问："你是在说，我们能够把手头执行的项目销售额从10%提升到50%？"

"正是。"李回答道。他的话获得了其他领域负责人的认可。

"所以，这就是我们的提升目标——我们推行迷你游戏的具体路径。我们想从10%提升到50%。换句话说，不是1/10的客户购买斯科奇加德产品，而是我们想办法找到5个潜在购买客户，对吗？

"那么，我认为我们应该实行90天，然后获得真实有效的销售金额提升，并且驱动关键业绩指标。"丹宣布。

地毯团队开始着手于迷你游戏流程。只用了10分钟的时间进行头脑风暴，他们就形成了游戏计划"苏格兰威士忌加冰块"，并把内容都写在白板上。他们采用了大酒杯的形式，因为这样可以在杯底加很多冰块，每个冰块代表了斯科奇加德产品的一位新客户。每次有一位客户购买了促销产品，他的名字会出现在小方冰块上，然后冰块会放到玻璃杯里。李会把计分板和冰块印到广告牌上。他们决定再在底部添加一部分内容，会显示出新客户将会带来的非蓝色代码业务毛利润的总金额。他们制作了三个水平的"苏格兰威士忌"，分别代表30天、60天和90天。这样团队就会很容易看出来他们的玻璃杯里有多少"冰块"，进而表明他们是否赢得了胜利。

　　每个人对于这个想法都很兴奋。团队成员一致决定，展示计分板的最佳位置是休息室，放在那里的话，每一位员工每天都可以看到。实际上，他们可以每天站在计分板前面，进行10分钟左右简短的讨论，更新新客户的状态和金额，分享哪些措施有效，哪些措施无效。关于这一点最佳之处在于它很简单，每个人扫一眼就可以看见他们到底是赢了还是输了。

　　在接下来的3个月当中，他们知道他们已经服务了150名客户，而他们的目标是要把的销售金额提升到50%。这意味着他们需要75名新客户，或玻璃杯里的"冰块"来增加销量。75名客户，乘以斯科奇加德产品的平均价格200美元，等于1.5万美元的额外收入，或11250美元的毛利润。并且，所有这一切都是非蓝色代码业务毛利润。

　　"这就是我们的目标！"丹解释说。每个人都马上明白了，并且能够很直观地看到，他们在获得销售额提升时，又往玻璃杯里放进一块冰块。

　　"哇哦！"贝斯喊道，他是地毯团队的一位主管，"你说我们

的迷你游戏奖励是 11000 美元？"

丹笑着解释说："那简直太好了，贝斯，但不是这样。11250美元会成为我们的基金成本，用于日后资金支持我们的关键财务指标和奖金池。管理团队现在正在研究它，虽然这会需要一些时间完成这个计划。但我们会让所有这一切变得有意义。它将会有可追溯力。当迷你游戏获胜时也会有额外奖励，这是我们的团队能够决定的。

"迷你游戏发挥效能的最佳方式，是创造不同水平的奖项回报，这样我们可以一路获胜，每次的奖励金额都会比之前一次递增。山姆向我展示过样品，刚开始是棒球帽，随后是T恤，之后是夹克，最终是每个人一起去看一场棒球比赛。你们认为奖励都可以是什么？"

山姆给他们一份迷你游戏的设计清单复印件（🌐），他们快速地填好。

（🌐）迷你游戏检查清单：www.greatgame.com/gigguide

1.写出游戏名称

改善提升的目标:"苏格兰威士忌加冰块"——增加斯科奇加德产品对客户的销量。

2.设定目标

何时实现何种提升:在90天实现从15名客户提升为75名客户。

3.评估收益

未来潜在影响/回报:11250美元非蓝色代码毛利润。

4.明确参与者

那些能够影响目标的人:上门服务团队。

5.决定时间框架

时间要足够长从而能够改变行为:90天。

6.创建一个主题,构建一个计分板

要有创造性!

要有超大的酒杯可以容纳冰块(客户)。苏格兰威士忌灌满玻璃杯30天、60天和90天的刻度线。如果冰块超过苏格兰威士忌,我们会赢得那个水平的奖励。

7.决定奖品回报

少考虑钱，多考虑乐趣。让奖品变得值得纪念。

30天：第一个月的某个周五的晚上举办鸡尾酒聚会。

60天：公司摇滚日——10首你最喜爱的摇滚音乐（iTunes卡）。

90天：在戴夫和巴斯特（Dave and Buster）举办大型聚会，庆祝迷你游戏的成功。

现在，整个团队都兴奋起来了。他们有了统一的目标，一个计分板，一次大讨论计划，以及他们一致认可的奖品。因为将参加游戏的团队会帮忙设计整个流程，大家对此支持度很高，成功似乎很容易获得，并且奖品的开销也很低。

丹提醒每个人："小的胜利会加总成为大的胜利。如果我们达到这项目标，我们会享受这个过程，学习到一种好习惯，并且同时为我们的年度奖金池贡献力量。"

提供结果中的利害关系——回报和认可

针对"伟大的商业游戏"，相关工作已经在开展。像"苏格兰威士忌加冰块"这样的迷你游戏，在公司内部的各个部门都在运行，大家的活力和热情都高涨。斯科奇加德产品一周之内的销量增加了一倍！这引起了员工们的注意，但管理者们希望做得更好。干洗迷你游戏是"把它带给清洁员"，紧急修复团队的迷你游戏是"财源滚滚"，这两个游戏是要在他们的非工作期间，从数据库中获取打包销售的机会。

在花了一周的时间帮助员工理解关键财务指标和如何对每个指标产生影响之后，动能形成了。一些很成型的想法出现了，员工们开始变得积极参与。当迷你游戏出现时，兰迪知道他需要进一步奋力向前，重新集结管理团队一起设计游戏的剩余部分——计分板、大讨论、业绩预测，尤其是回报和奖赏。

兰迪暗自思考，我已经等不及要改变我的奖金计划了。他们之前的计划从未有效——它既没有改变人员的行为，也没能够对企业经营产生任何影响。他的父亲之前很多年都是随意发放奖金，当然，员工们认为他有权力这样做，而不管公司的经营状况到底是良好还是欠佳。兰迪之前只是因为没有更好的方法或勇气进行改变，原有的奖金体系与企业的经营业绩是相互脱节的。他一直想，多少年后，当他坐在总经理的位置上，他会如何给员工们发奖金。

到了应该推出重要举措的时刻了，他们要设计一个有效的奖金计划。这对于他至关重要，能够帮助他不会搞砸这个游戏计划。能有山姆加入他的团队，他十分感激。在之前的公司，山姆曾经帮忙设计过众多"伟大的商业游戏"的奖金计划。更棒的是，山姆曾经也指导过员工理解整个流程。他还会把曾经使用过的"伟大的商业游戏"的预算和奖金工具吸纳到新的体系中来。

在下一次管理团队会议上，兰迪告诉每个人："奖金计划是一个重要的概念，你们所有人都要密切关注。我希望你们真正理解你们的工作是如何进行的，因为你们会有责任教会我们所有人。"

山姆插话进来，强调他在之前的公司学到的一条很重要的经验："伙计们，大家对于奖金计划的理解，是奖金计划能够成功或失败的最重要原因。奖金计划的成功，会取决于我们对它的沟通和教学是否充分。如果员工们没有明白或不能理解到底发生了什么，或者不相信他们能够影响这个计划，我们也可以给大家一个月的时间来期待发生最好的结果。"每个人都在轻轻地笑，联想到《疯狂圣诞假期》经典的场景。

兰迪补充道："在我们拜访汤姆公司时，你们看到了这个结果。所有的员工都准确地知道他们能够如何在关键财务指标上取得进展，并且能够计算出他们每周的潜在奖金数额。他们清晰地知道机会在哪里，他们能够如何直接影响分数和他们的奖励。这难道不令人印象深刻吗？"

团队成员们都在点头同意。

"为了让这个奖金计划起作用，你们都要对自己的理解能力有信心，要相信你们可以教会你们的员工。如果你们都不相信这一点，那么就没人会相信了。山姆和我将会根据书中的概念，形成奖金计划的初稿。我希望每个人都回去翻开《伟大的商业游戏》这本书，阅读'精神很重要，物质更重要'这一章。这一章的内容很好地诠释了奖金回报应该如何设计的逻辑，同时确保工作和企业经验的安全感不会受到威胁。你们会发现，创建一个良好的、稳固的奖金计划并不是简单地'赚一美元，分享一美元'。"

第二天，管理团队又聚在一起。他们都很激动地谈到他们的奖金计划将会是什么样。兰迪开始问："你们从书中领悟到什么？"

梅雷迪思说："明显的理念是，我们通过奖金计划让大家集结在一个共同的目标体系内；在我们公司的情况下，就是非蓝色代码业务毛利润。这需要是一个团队的力量。每个人都有同样伟大的目标，紧密联系着巨大的回报，并且需要我们共同实现它们。我们要么一起赢，要么一起输。"

丹继续说："我们的奖金计划需要确保公司长期的财务安全，然后才是分享收益的重要部分。对于我来说，工作保障是最重要的，其次是奖金收益。"

杰拉尔德补充说，"给员工们提供一个尽早和经常赚取奖金的机会！"

凯文说，"经常庆祝成功，确保识别出核心成员。持续地沟通，沟通，沟通！"

"各位，这太棒了！干得好。我们将要开始逐一接触这些理念。让我们从我和山姆一起设计的奖金计划开始。我们首先看一下年度财务计划，这是我们所有人在过去几个月当中努力实现的（●）。正如大家所知，公司到年末时，我们预测会实现多达770万美元的收入，利润会达到59万美元。我们一致认为，10%的增长是可以实现的，那么上限目标就是850万美元的收入。按照大家所说的那样，我们需要支撑这种增长，我们会得到65万美元的税前最低利润。"

兰迪补充道，"我们今年的重点是要实现65万以上的利润额，同时增加非蓝色代码业务工作。所以，山姆和我草拟的奖金计划是设计用来实现那两个关键财务指标的。"

"我们愿意为员工提供工资金额的20%作为奖金。奖金的一半，或工资的10%，会与公司的整体利润挂钩。其他一半会与我们提高非蓝色代码业务毛利润相关。通过这种方式，我们让员工们保持对企业赢利的关注，大家如何做才能产生影响，以及努力消除企业经营的劣势。"

"游戏中的奖金计划的工作原理，与我们之前的做法大相径庭。过去，我们按照利润的比重随意分发奖金……类似一个利润分享计划。你们知道，赚一美元，分享一美元。"

山姆说，"在游戏中，任何奖金支付之前，我们必须首先设定利润的最低阈值。"

（●）年度计划/预算工具：www.greatgame.com/gigguide

杰拉尔德迅速回应道："山姆，等一下。如果所有的费用都能够被覆盖，而我们创造了利润，难道我们不是有权享有一定份额吗？"

兰迪探身过去说："杰拉尔德，你认为所有的利润会去到哪里？"

"嗯？"杰拉尔德有些犹豫，"你知道，比如……"他几乎要脱口说出"你的两次假期旅行和你老婆的新车"，但却说，"……比如给你带来了额外的收入。"

"这就是需要'开卷'的意义。"山姆笑着说，"首先，几乎一半的利润都要支付税款，伙计。"

兰迪介入说："看，杰拉尔德，把这些零碎的信息整合到一起，这花费了我很长时间。在成本花销之外，这些钱还要用于企业经营投入。有机器设备、场地设施、库存，以及对股东的投资回报。在我们有能力为奖金计划设立一笔基金之前，为了公司的长远发展和业务安全，所有这些事情都亟待解决。"

"把这个过程看作设定一个阈值，一个基准线的过程。如果我们理解需要解决的问题，我们就会知道奖金计划如何才能安全地开展。"山姆说，"现在你可以理解什么是'自我融资'了。我们会首先偿还所有的债务，保障公司长期的财务安全，在完成这一切之前，我们不会给大家发一分钱。这将反过来保障原有工作，创造新工作机会，创造财富，分享财富。"

"好的，我明白了。我们的阈值是什么？"丹问。

"山姆和我正在制订这个计划，决定下一年的现金预算情况。除了应缴税费之外，还有应收账款，或结余利润，但客户并没有把支票还给我们。还有一项是负债。对于我们而言，需要支付我用于购买父亲公司的贷款。我们还需要对存货和资本支出进行投资，这包括新卡车、设备、电脑等其他诸如此类的物品。最后一项是为所有者提供的合理收益。在把所有的加总之后，我们的总体阈值是 55 万美元。"（🌐）

"我不能理解的是，为了维持企业经营，我们需要产生多少利润。这太不可思议了！这是要让员工理解的一个很大的概念，"梅雷迪思说，摇着她的脑袋，"我知道这是需要我做的……"

（🌐）奖金阈值工具：www.greatgame.com/gigguide

山姆看起来很严肃地说："是的，这是一个很大的概念，而且短期内员工们不会理解，但随着时间的推进，并辅之以教学方法，他们会学习和理解的。如果我们现在不这样做，权利纷争就会悄悄潜入进来，并永远地萦绕在我们周围。大家都认为是兰迪一年从公司拿走50万美元，我们一定要跟这种错误想法做斗争。"

"明白了，汤姆，但我真的想回到讨论20%奖金的那件事上。我们如何才能得到它？"凯文问。

"我们希望把奖金计划放在重要的位置上，借此来保持员工们对于游戏的参与……也许它只占到工资的10%，或者往里面灌水，最多涨到20%。那就相当于多发了一两个月工资。"

"例如，如果工资的10%是我们奖金池的上限，而非蓝色代码业务毛利润是我们的关键财务指标，并且需要支付的金额是110万美元，这就给我们提供了一个最高金额可达11万美元的奖金池。这意味着，我们需要额外产生22万的毛利润，其中50%归团队，50%归公司。现在，我们知道了公司最高金额奖金计划的延伸目标。把这划分为10个等级，每一份相当于工资的1%。这是可以争取的潜在的胜利。"

汤姆继续说，他们应该把每个级别代表的百分比转换成额外小时或天，而不仅是工资的比例。"工厂车间里的员工会以不同的方式思考，那么为什么不把这转换成他们的语言呢？"

凯文惊奇地说："我们如何来决定发多少？"

"兰迪和我打算仿照春田再造公司的季度支付模式。"山姆说。

"这是我最喜欢'伟大的商业模式'的原因，"兰迪说，"特别是在过去，我们只有等到年底，在关账之后才能看看有没有剩余……然后我们可能会很随意地发一些奖金。你们看，这种行为和当初设立奖金的初衷偏离了多少?

"我们想要在一定的时间范围内回报员工，他们的行为会创造结果。例如，如果我们的团队可以在第一季度驱动业绩提升，我就会希望尽快奖励他们，这样他们可以看到自己的行为是如何直接影响他们的收益的。我们通过两种方式实现这一点。首先，我们会形成一个结构化的计划，包含增加值和各种水平等级，所以并不是要么全拿到，要么什么都拿不到。所有的改善都是成功。

"其次，我们会让奖金的发放呈现递增趋势，所以员工们会保持持续参与。我们会在第一季度以10%的比例开始，进步呈现出倾斜上升趋势……第二季度20%，第三季度30%，第四季度40%。而且，它是叠加积累的。换句话说，如果你错过了第一季度的奖金，你可以在下一次补上。"

时间周期	支付比例	迄今支付比例	占工资的百分比
第一季度	10%	10%	1%～20%
第二季度	20%	30%	1%～20%
第三季度	30%	60%	1%～20%
第四季度	40%	100%	1%～20%

兰迪拿出了他和山姆一起制订的奖金计划草稿。上面显示了所有可能的水平和支付金额(●)。尤其令人兴奋的是，团队真正

意义上开始积极地思考员工们将如何参与其中。

　　会议室里的表情从激动到担心，各有不同。山姆看到梅雷迪思在费力地理解这些新概念，就问她担心的是什么。

　　"难道这些不会因其合理性和可实现性而受到质疑吗？我不太确定我们的员工是否会认为这可以实现。我们真的能够在已经很宏大的利润目标上再增加22万美元吗？"她问。

　　山姆回复说："那么，让我们看看吧……把所有这一切加总。你们已经跟团队成员都沟通过，关于他们如何能够帮助驱动非蓝色代码业务毛利润。我们能够从斯科奇加德产品获得哪些灵感？如果我们能够获得医院客户，上门服务的边际利润能够增加多少？打包销售的机会能增加多少？这里估计还有5万美元潜在毛利润。嘿，还记得标杆管理的数据吗？它表明我们在运营费用方面比行业平均水平高了几个点……所以通过削减成本，我们真的有机会获得额外的2万美元。杰拉尔德，我知道你可能认为这过于乐观，但你的员工在干洗工厂里同样可以获得2.5万美元。"

（🌐）奖金计划工具：www.greatgame.com/gigguide

　　兰迪继续说："针对游戏的推行，汤姆曾指出，当他们每周跟踪和测量费用时，他们能够找到机会，而这些机会是他们从来没有意识到存在的。"

　　"你们只需要给我足够的时间来为奖金池募集50%的资金。我认为，实际会比现在罗列的有更多可能性。现在，我们应该识

（●）奖金计划工具

工资阶段	关键数字：税前利润				奖金计划			
阶段	一季度目标	二季度目标	三季度目标	四季度目标	奖金池	额外支付百分比	额外支付天数	额外支付时长
上年度	—	—	—	590.000	—	—	—	—
计划	162 500	325 000	487 500	650 000	—	—	—	—
1	152 200	306 600	463 200	622 000	11 000	1.00%	2.6	20.8
2	154 400	313 800	476 400	644 000	22 000	2.00%	5.2	41.6
3	156 600	319 800	489 600	666 000	33 000	3.00%	7.8	62.4
4	158 800	326 400	502 800	688 000	44 000	4.00%	10.4	83.2
5	161 000	333 000	516 000	710 000	55 000	5.00%	13.0	104.0
6	163 200	339 600	529 200	732 000	66 000	6.00%	15.6	124.8
7	165 400	346 200	542 400	754 000	77 000	7.00%	18.2	145.6
8	167 600	352 800	555 600	776 000	88 000	8.00%	20.8	166.4
9	169 800	359 400	568 800	798 000	99 000	9.00%	23.4	187.2
10	172 000	366 000	582 000	820 000	110 000	10.00%	26.0	208.0

	季度支付百分比	10%	20%	30%	40%
	累计支付百分比	10%	30%	60%	100%

（基本工资 × 阶段百分比=10%）×（累计支付百分比 × 累计支付百分比=30%）−（先前支付额）

样例：（基本工资=30000美元 × 阶段百分比=10%）×（累计支付百分比=30%）−（先前支付额=300美元）=600美元 二季度奖金支付

（●）获得该工具的复印件，请访问 www.greatgame.com/gigguide

工资	关键数字：非蓝色代码业务				奖金计划			
阶段	一季度目标	二季度目标	三季度目标	四季度目标	奖金池	额外支付百分比	额外支付天数	额外支付时长
上年度	300 000	600 000	900 000	1 100 000	—	—	—	—
计划	—	—	—	1 200 000	—	—	—	—
1	277 200	556 600	838 200	1 122 000	11 000	1.00%	2.6	20.8
2	279 400	563 200	851 400	1 144 000	22 000	2.00%	5.2	41.6
3	281 600	569 800	864 800	1 166 000	33 000	3.00%	7.8	62.4
4	283 800	576 400	877 800	1 188 000	44 000	4.00%	10.4	83.2
5	286 000	583 000	891 000	1 210 000	55 000	5.00%	13.0	104.0
6	288 200	589 600	904 200	1 232 000	66 000	6.00%	15.6	124.8
7	290 400	596 200	917 400	1 254 000	77 000	7.00%	18.2	145.6
8	292 600	602 800	930 600	1 276 000	88 000	8.00%	20.8	166.4
9	294 800	609 400	943 800	1 298 000	99 000	9.00%	23.4	187.2
10	297 000	616 000	967 000	1 320 000	110 000	10.00%	26.0	208.0

（🌐）获得该工具的复印件，请访问 www.greatgame.com/gigguide

别出这些机会是什么，并且帮助我们的员工理解这一点，那就是他们的努力和观点可以帮助他们募集到自己的奖金。"山姆说。

兰迪问："梅雷迪思，你怎么看？这可以实现吗？这一切合理吗？"

梅雷迪思回答道："我认为如此……考虑到首先支付的那些奖金水平都在我们可实现的能力范围之内，这似乎合情合理。并且现在我们识别出一些机会来帮助我们实现，我们更倾向于相信这是可以实现的。"

山姆说："伙计们，这很不错。每个人都喜欢丰厚的奖金。但我们要多次记住，金钱并不是唯一的激励因素。"

凯文笑着说："不是吗？你需要把这个观点告诉我的太太。"每个人都笑了。

山姆回答说："当然，还有其他的事物会以金钱的形式体现，但重要性并不亚于金钱，有三件事情，我们不能简单地忽略掉，这就是理解、参与和认可。"

丹说："山姆，我想说，我们十分擅长对员工的认可……让他们知道我们很感谢他们。这是我们文化的一部分。"

"丹，我明白了。但让我解释一下。我们刚刚想出来一个非常不错的奖金计划，是不是？如果我们的员工不能接收到这个信息，如果他们不能在真正意义上理解这一点，并且不能在实施过程中跟上进度，我们就会失败。所以我们在培训和沟通这个计划的过程中，必须保持警惕……要持续鼓励员工努力实现目标。培训和学习的过程永远不会结束。这就是'理解'。"

他继续说:"要关注的下一个问题是'参与'。融入其中和被告知相关信息,是让员工们进行持续参与的一个巨大的组成部分。每个人都希望知道他们的观点是很重要的。被认为有价值和被融入其中,向员工们展示了公司对他们的尊重,并且信任他们进行正确的决策。这就是授权和激励。"

员工们点头表示同意。山姆继续说:"第三个凌驾于现金奖励之上的激励因素是'认可'。丹,你说过这个方式很好……这是因为它是兰迪创造的文化的重要组成部分。需要明确的一点是,我们会通过庆祝每一次胜利和认可这些参与者们,识别出并感谢员工们努力实现我们的共同目标。对于那些做出贡献和真正参与其中的员工们来说,他们必须知道,毫无疑问,他们所做的一切会得到大家的认可和感谢。我们需要确保能够做成一笔大买卖……然后当我们取得成功时,真正意义上庆祝一下。让员工们觉得自己像成功者一样。这是人们想要复制的感觉……他们会准确地知道,哪些行为会让他们获得回报……获得认可。同时,他们会觉得很自豪,并且希望再来一遍。"

整个管理团队需要思考很多。丹这样总结他们的感受:"现在我明白了,这真正解释了为什么杰克·斯塔克称之为'结果的利害关系'。这比简单一个奖金计划要宽泛得多。"

保持业绩——设计计分板

很难相信,他们居然已经进入流程30天了,而他们才开始做计分板。然而，能够看到员工们在他们创造的迷你游戏中取得相当大的进步，这令人激动。他们已经理解关键绩效指标的含义，并且在逐步实现目标。现在，奖金计划已经被反复推敲，管理团队又聚焦在一起，讨论他们应该如何保持业绩。

山姆开始重述他之前参与游戏的经历：

"如果你拜访我之前的公司，你不可能看不到计分板。墙上、门厅走廊贴得到处都是这些！我们或许应该持有一家白板公司。"每个人都可以想象到这个画面，大家都笑了。他继续说："我们对于保持业绩十分狂热。每个人都想要知道我们是赢还是输。就好像我们在用这个保持业绩的想法不停地敲着他的脑袋。整个过程并不是管理者在用分数要求团队，而是团队在用分数要求他们自己。员工们对业绩负责。他们保持业绩，制作计分板，伙计们，计分板到处都是。"

"你们都记录些什么？"凯文问。

山姆回忆说："当然，这里面内容会很多，公司级的财务计分板会告诉我们是否在赢利。那个板设在食堂，我们每天的生活都离不开这个地方。挨着它的计分板突出显示了我们的关键财务指标。你知道的，这十分地形象，就像在展示我们取得的进展。我记得有一年，我们在煤渣砖墙上，根据我们的关键财务指标一块一块地涂上不同的颜色，那墙看上去就像一面巨型的俄罗斯方块墙。"

兰迪补充说："当你们进入这种企业经营活动中，你会看到计分板出现在每个部门，实际上这就像反向级联。'反向级联'是一个词吗? 不管怎样, 我的意思是这些财务数据会上升而不是下降, 因为它们融合了各个团队和部门的信息, 然后呈现在公司级的计分板中。"

丹很活跃:"是的, 我在汤姆的IT公司看到过那个。从里面可以看到单独的计分卡, 这很棒; 他们称之为'游戏书', 我认为, 这可以指引团队进行预测, 并把结果写在部门计分卡上。然后我们在大讨论会议上看到这些都被汇总起来, 展现在财务计分卡上!"

杰拉尔德加入讨论:"我们员工的电脑上已经有了这些指标盘, 但我不确定是否有人使用它们。没有人注意到这些。似乎让它们变得真正清楚明显很重要。"

"杰拉尔德, 你说得很对。可见性包含很多内容,"兰迪回答说,"把它放在员工们忍不住必须看到分数的地方, 你才会让员工们产生责任感。成功者都热衷于保持水平。我学校的橄榄球教练会这样说:'如果你们不能保持水平, 那就继续练习; 但当大家都保持分数时, 比赛的表现会很不一样。'"

山姆继续说:"这里还有另外一种形式的计分卡。提到汤姆的公司, 你们要知道, 那是一家真正意义上参与'伟大的商业游戏'的公司, 你在每个角落里都会遇到迷你游戏计分板。"

梅雷迪思大声笑起来:"这绝对不是开玩笑……真的是遇到计分板! 在汤姆的公司, 我碰巧在走廊里遇到一头鹿! 他的IT集团的一家公司在进行'狩猎客户'的活动, 在一辆牵引车上放了一头鹿的诱饵, 在旁边写下了活动目标。这真赞!"

兰迪让团队讨论回归主题:"好了,山姆,我们都明白了。计分板很重要……那么我们从哪里开始?"

"设计一个好的计分板有三个步骤。首先,我们认为哪些因素很重要,需要记录下来?其次,由谁来'承担'这些业绩指标?最后,我们如何让计分板具有预见性?

"首先,让我们思考一下财务计分板。这会告诉我们的员工,公司是在盈利还是在亏损。换句话说,我们所有的努力是在创造利润吗?这个计分板是我们财务报表的简化版,首先是利润表。简化版的意思是,我们不会用每个总分类账科目填写,只使用主要的科目或类目代表对公司业绩产生最大影响的重要结果。核心目的是要弄清楚,财务的结果'从哪里'以及'如何'被创造出来。我们会培训每个员工,教会他们钱是如何进入和流出企业,以及之后剩余了什么。

"只有跟踪运营数据和关键绩效指标的计分板,就如同去观看棒球比赛时,计分板只显示错误和出局分数,并不显示得分一样。"

山姆拿出了"伟大的商业游戏"的计分板模板来开始这个过程。讨论组拿出财务报表,开始把每行的类目整合成大类,寻找方法简化它们,并把注意力放在驱动80%绩效结果的那20%行类目。30分钟之后,计分板初步成形了。

"山姆,这开始跟我们月末的财务报表很相像了;这两者之间有什么区别?"杰拉尔德问。

山姆说:"有一个很大的差异,那就是对未来财务指标的预测。我们月底的财务数据是历史数据。你知道历史数据的问题，不是吗？"

梅雷迪思脱口而出："是的。你不能改变它们。"

兰迪插进来说："**十分正确**。现在你知道它们之间的差异了。有了我们的财务计分卡，我们就可以预测月底的情况，而且我们每周都会这样做。这就是'伟大的商业游戏'如何帮助我们掌控命运。如果有些事情发展势头很好，我们就充分利用它。如果有些事情出现问题，我们还有时间弥补。"

山姆解开了会议室里的一些困惑："我们会花很多时间学习'预测'，伙计们，不用担心。现在，让我们完成计分板。"

他们已经构建了一个从上到下简化版的利润表，现在他们要把它变得有意义。

团队设置了"每行科目责任人"，或者谁将为跟踪和预测数字负责。"杰拉尔德，你负责干洗事业部，丹负责上门服务事业部，凯文负责应急修复。"他们继续完成整个表，为每一行都填上了一个名字，包括所有的直接费用和运营费用科目。

"似乎黛博拉应该负责大部分的科目，因为首席财务官才是应该对所有数字负责的人。"凯文半开玩笑地说。

黛博拉笑着大声说："**我就知道这会给我带来更多的工作**。"

"这并不是说谁更能够接近这些数字，伙计们，而是关于谁可以影响这些数字。这也是为什么我们称之为'每行科目责任人'——你们对这个数字负责。我确定黛博拉能够帮助我们收集和理解这些数字，但它们将会由你们所有人产生。"山姆说话的时

（●）计分板设计工具

财务计分板 11月12日	计算	上一年度	计划	前向预测（或观点）						11月12日	实际年度	计划年度	差额
				责任人	第一周	第二周	第三周	第四周	第五周	实际			
收入													
1a 恢复-蓝色代码													0
1b 干洗工厂													0
1c 上门服务													0
1d 其他													0
1e													0
1 总收入	1a:1e	0	0	0	0	0	0	0	0	0	0	0	0
售出商品成本													
2a 恢复-劳动力													0
2b 恢复-供应													0
2c 干洗工厂-劳动力													0
2d 干洗工厂-供应													0
2e 上门服务-劳动力													0
2f 上门服务-供应													0
2g 其他		0											0
2h		0											0
2 售出商品成本	1a-(2a+2b)	0	0	0	0	0	0	0	0	0	0		0
蓝色代码	[1b-1d]-[2a-2g]	0			0	0	0	0	0	0	0		0
非蓝色代码	1-2	0			0	0	0	0	0	0			0
3 总毛利		0											0
4 总利润百分比	3/1	#DIVID	#DIVID	#DIVID	#DIVID	#DIVID	#DIVID	#DIVID	#DIVID	#DIVID	#DIVID	#DIVID	0
费用													
5a 工资和收益													0
5b 销售和市场营销													0
5c 行政管理													0
5d 其他													0
5 总费用		0	0	0	0	0	0	0	0	0	0	0	0
6 税前利润	3-5	0	0	0	0	0	0	0	0	0	0	0	0
7 税前利润百分比	6/1	#DIVID	#DIVID	#DIVID	#DIVID	#DIVID	#DIVID	#DIVID	#DIVID	#DIVID	#DIVID	#DIVID	0

（●）获取这个工具的复印件，请访问 www.greatgame.com/gigguide

(●) 关键数字计分板

目标	关键数字 No.1 税前利润	一月	二月	三月	四月	五月	六月	七月	八月	九月	十月	十一月	十二月	总计
	计划													—
	实际预测													
	计划年度	—	—	—	—	—	—	—	—	—	—	—	—	—
	实际预测年度	—	—	—	—	—	—	—	—	—	—	—	—	—
	阶段一奖金目标													

目标	关键数字 No.2 税前利润	一月	二月	三月	四月	五月	六月	七月	八月	九月	十月	十一月	十二月	总计
	计划													—
	实际预测													
	计划年度	—	—	—	—	—	—	—	—	—	—	—	—	—
	实际预测年度	—	—	—	—	—	—	—	—	—	—	—	—	—
	阶段一奖金目标													

目标	驱动要素税前利润	责任人	一月	二月	三月	四月	五月	六月	七月	八月	九月	十月	十一月	十二月
80	净推动分数													

候，指向每一个团队。黛博拉如释重负地叹了口气。

从左到右，下一列是"计划"。这个数字来自兰迪和山姆之前
做出的月度预算。山姆说："计划代表了我们的目标，我们全年努
力的方向。计划是固定的，它在全年当中不会发生改变。每一周
我们都会针对计划进行预测，寻找差异、好的或坏的。

"现在，它开始变得有趣！接下来的五列，是我们如何使用计
分卡来鼓励每个人展望未来。这是我们让伟大的商业游戏变得如
此与众不同的地方。这是设计一个好的计分板的第三步。"

兰迪补充说："大多数的公司是在回顾中引领业务发展。他
们倾向于衡量过去的业绩，而这只告诉他们过去发生了什么。他
们看不到即将到来的是什么，只能看到哪些已经击中了他们的
统计。"

丹问："所以我们会把每周的结果公布于众，对吗？"

"不是！但这种想法很好。"山姆继续说，"不是的，我们希望
你们每周预测当月结束时的业绩情况。通过这种方式，我们就有
时间在当月随着分数的改变而进行调整。我们会每周预测当月的
情况，然后把它填入自己负责的内容栏。'伟大的商业游戏'称之
为'朝前预测'。这种实践活动很好，他们两次提到预测。"

杰拉尔德打断了他说的话："什么，所以你让我们成为占卜师？
凯文怎么预测什么时候会发生火灾还是龙卷风？"

"你看，不要纠结于'预测'这个说法。如果'预测'让你感
到困扰，那就忘记这个词。我希望从你们那里得到的，是你们对
于正在发生的事情的*想法*……并且杰拉尔德，我知道你是有想法

的。"兰迪坚持他的观点。

这停滞了一会,但杰拉尔德不得不微笑,因为他知道这是真的。"是的,我可以给你提供想法。"

"当我们开始大讨论时,会深入探讨这一点。现在让我们完成计分板。"说完,山姆在一栏里填写"实际",并在右边远一点的一栏填写"变化幅度"。通过这个,团队能够看到他们离计划有多远,以及他们最新的预测到底准不准。

"我们难道没有忘记什么事情?"黛博拉问。

"什么事情?"凯文回答。

"我们的关键财务指标?"黛博拉回复道。

山姆笑了:"我还在想,什么时候会有人提出这个问题。我们在每一行的科目中就可以实现这项了,不需要单独列出我们的关键财务指标。因为它是基于毛利润的,我们可以把它放在计分板的这个位置。我们可以把边际利润划分成两行:蓝色代码业务毛利润和非蓝色代码业务毛利润。我们也能够在销售成本里包含一些直接影响非蓝色代码业务毛利润的因素。这样讲得通吗?"现在,整个管理团队对于非蓝色代码业务毛利润非常满意,并点头表示同意。

"随着我们每周进行大讨论,这会真正帮助我们知道如何跟踪'年初至今'的关键财务指标。我们会在底部增加一些行补充这些细节。能够确定的一点是,如果我们对它进行衡量,我们就会有所提升!有了这行内容,每个人都可以跟踪到我们离奖金还有多远。下一步,我们会构建一个具备'特定主题'的关键财务指标计分板。大家知道，像'温度计'一样的白板，我们取得的进步在上面一目了然。"

兰迪感谢团队的每个人为草拟计分板的内容所贡献的时间。

在团队将要下班前，山姆指出："我们设计游戏的最后一步，将会是构建一种方法，让我们可以基于计分板的内容进行沟通。你们为创造计分板而进行的沟通和行动，与计分板本身一样重要。围绕这些计分板而进行的大讨论当中，会形成一些纪律和规则，如果我们不加以遵守，所有的这一切都会是徒劳。"

开展游戏

遵守行动——大讨论的循环

管理团队在食堂聚在一起，这已经成为他们近期的习惯。他们周围是上周形成的计分板。他们观看"伟大的商业游戏"的大讨论视频（🌐），这让他们回忆起在汤姆的IT公司，每个人的所见所闻。整个管理团队对于他们看到的情况一致认同。大讨论并不是普通的员工会议。

（🌐）伟大的商业游戏视频：www.greatgame.com/gigguide

兰迪首先说："我们喜欢他们在视频中对大讨论的定义。"他继续读他的记录，"如果关键财务指标是游戏的核心，大讨论就是心跳。这是一种节奏，一种沟通的节奏，每个人都被告知最新的信息，并充分参与到游戏当中。

"在观看完视频之后，'啊哈'时刻对于我来说是大讨论的循环。在汤姆的公司，我以为这只是一次讨论。但实际上，正是一系列的大讨论让整个体系正常运转。从每日的部门会议或准备，到每周的公司级的集会，财务数据在一系列的会议上被创造和分享。看到信息是如何从公司的每一个角落汇聚成一幅准确、实时的、反映公司整个财务业绩的宏伟蓝图，这真令人印象深刻。"

"而这每周都在发生？"凯文问，"那我们可有事干了……"

山姆补充说："我知道，这看起来有很多事情要做，但是不用担心。"他给出大讨论循环的图示，然后继续说，"这是游戏的规则，它会成为我们每周计算和沟通分数的惯例。这需要花时间固定下来，但我们会实现并完成这一切的。"山姆充满自信地笑着，希望能够让团队安心。

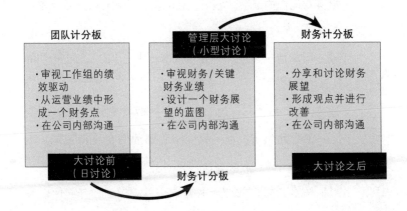

兰迪说:"好了,伙计们,你们已经知道我的想法。你们也参加过一次生动的大讨论,你们观看了视频,你们也进行了迷你游戏和讨论,你们已经感觉到大讨论应该是什么样。当你们在汤姆公司的大讨论现场时,是什么让它与众不同?你们看到了什么?"

杰拉尔德开始说:"那会议并不长,每件事情都得到快速处理且直达要点。我难以相信,这么大的信息量,在大概……45分钟的时间里就进行完成了?"

"是的,这部分是因为每个人都很守时并准备充分,"凯文补充说,他直接看向杰拉尔德,"会议十分结构化并且聚焦,这让我很喜欢。"每个人都了解议程,以及他们自己在其中的角色。"

梅雷迪思评论道:"沟通围绕他们的关键财务数字和数字背后的故事循环……"

"我记得讨论的主要内容是展望未来,"丹说,"他们在分析每个出现的问题和担忧点,而不是详细描述过去的事情。"

山姆喜欢他们的反馈:"很好。还有其他的吗?这些数字都是从哪里来的……是首席财务官吗?"

"不是!"黛博拉回答,"是每个从事具体工作的人给出他们的预测。这真的很棒。"

兰迪表示同意:"而且他们对于这些数字有十分清晰的责任……他们要为此负责。你们也能够看到他们在坚持完成,不是吗?"

山姆很快插话说:"这是一种重复,兰迪……你与同伴们参与的频度驱动了他们的责任和坚持完成的决心。建立这种联系，需要花费一段时间。知道其他人在信任我们，会提升我们承诺的水平。"

梅雷迪思补充说："我认为，这么多的责任是他们之间相互履行承诺的结果。我记得他们称之为'写下的承诺'。首先他们对上一周做出的承诺提供一个简短的更新，然后随之会为下一周做出一个他们称之为'新的承诺'的承诺。这为会议提供了一种真实的事必完成的感觉。"

"并且，员工们似乎这样就不会相互挑战。"杰拉尔德补充说。

丹的助理经理比尔，一直在保持安静，但他从对汤姆公司的访问当中真的收获了很多。"大讨论中的每个人都明确地理解问题和机会所在，以及他们如何才能对结果产生影响。"他继续说，"并且，如果他们在过程中很纠结，他们不会害怕分享这些问题。会毫不犹豫地寻求团队的帮助。我喜欢这一点。"

梅雷迪思补充说："是的，比尔，他们非常公开地讨论他们的成败得失……因为他们都在为一个共同的计分板和'底线'目标而努力，他们忍不住去帮助其他人，关注点都集中在问题本身，而不是责备其他人。统一的目标是提升底线，每个人都可以清楚地看到。"

黛博拉指出："他们似乎在花时间确保每个人都理解这些事情。提出问题的行为是受到鼓励的，甚至会得到奖励。汤姆在大讨论中还会给回答问题的员工几美元的奖励。这很与众不同。"

"员工们会接收更多的信息，并接受培训以更多地了解业务，确实是这样。"凯文补充说。

黛博拉进一步补充:"与此同时,他们如果在会议上没有明确各自的贡献以及成功的要求,就不会结束会议。员工们离开大讨论时会充满工作的热情和能量,准确知道下一步应该怎么做。"

"太棒了,伙计们,"兰迪大声地说,"你们真正理解了这些。好的,让我们开始做吧。汤姆说开始的最佳方式就是直奔主题。下周二上午9点,我们将进行公司的第一次大讨论。记住,这是管理大讨论,整个循环的第一步。我们会在接下来的几周内保持这种形式,时间可能会更长,以真正适应我们的计分板和整个流程;然后,我们会把它应用到整个组织。听起来怎么样?"

大家点头表示同意。

"这是会议议程。"山姆说,"兰迪,需要你来主持这次大讨论。你来为会议定下基调。要针对公司的蓝图给出简要的概况,公司现在处于什么情况,它将驶往什么方向。这会给每一个人提供游戏背景;然后就到了该查看分数的时候。我们会预测我们的财务数据,接着为公司创建一份财务的展望。我们会严格执行,追赶计分板上的指标,分享数字背后的故事,并专注于现实与目标之间的差异。然后我们会做出自己的承诺。"

梅雷迪思活跃起来:"这些就是我们在汤姆公司看到的'写下的承诺',对吗?"

山姆回复道:"非常正确,梅雷迪思。这并不是四件事,或十件事。一项承诺是一件你在本周内可以完成并用来提高业绩的事情。这十分简单,但带来的活力无限。"

兰迪说:"我们会跟踪和报道取得的各种进步,为结果负责,并持续地思考我们如何才能提升这些结果。一直以来,我们都在不断地学习和提高。"

山姆继续说,"在每次会议结束前,我们会让会议室里的每个人发言,所以每个人都可以更新各自业务领域的进展。突出那些成功的案例,认可同事们的努力,讨论那些非财务领域重要的事情。"(🌐)

"伙计们,这是我们将确保游戏有效开展的最重要步调之一,"兰迪真诚地说,"我们必须认真对待。我们要纪律严明,而且你们必须准备充分以保障它的运行。"

山姆表示同意,为团队提供了一些观点意见:"这些大讨论的首月,会出现一些开展不顺利的事情。时间会有些长,也许会组织无序……实际上,坦白地讲,场面会有些丑陋尴尬。但我们会持续前进,并在前进过程中解决这些问题。一旦我们逐渐适应,就开始继续前进。但是,我想确保管理层的每一个人,在财务指标和整个流程上,要信心十足地成为其他员工的老师和教练。"

"它的开始和结束,都将由我们的领导力驱动。"兰迪用这句话结束了会议。

(🌐)大讨论会议检查清单:www.greatgame.com/gigguide

周末的时间,山姆决定向整个团队发送一封邮件。他已经注意到,管理层对于下周二即将到来的大讨论有些焦虑情绪。他知道，大部分的焦虑源于他们每个人将被要求在会议上进行第一次业绩预测和第一次团队承诺这个事实。他的邮件写道：

> 寄件人：山姆
>
> 收件人：凯文、丹、比尔、杰拉尔德、梅雷迪思、黛博拉
>
> 抄　送：兰迪
>
> 主　题：业绩预测
>
> 附　件：预测工具4.jpg；预测工具3.jpg；预测工具2.jpg；预测工具1.jpg
>
> 各位团队同仁：
>
> 　　因为我们即将开始第一次大讨论和业绩预测，我能够从某些交谈中感受到一些焦虑的情绪。基于这一点，我想花几分钟时间给大家提供一些可能会有帮助的建议和技巧。
>
> 　　基于我之前对于预测的经验，你们可以通过至少以下四种方式来进行：
>
> 　　（1）使用复杂的Excel表格基于模型进行设计，比如线性回归、多重回归分析，或一些类似蒙特卡罗法的建模理论。
>
> 　　（2）你可以使用这四类试验验证过且真实可行的预测工具中的一种，参见附件。
>
> 　　（3）你可以聘用一些具备MBA资格的人（这可能会形成与列出

的第二个工具相近的结果）。

（4）你可以基于自己对业务的理解、一些历史信息、你的经验和直觉来绘制，并把这些都应用于财务数据预测中。

我的建议——放轻松，使用第四个工具。

山姆

讽刺的是，附件并不是"工具"，只是一些图片。第一张图上是一个"魔术八球"，第二张图显示的是掷硬币，第三张图上是一个水晶球，第四张图显示的是掷骰子。每个人都理解了这个玩笑和用意。山姆就是想让大家应用自己的学识、经验和"直觉"，让活动以最佳的方式持续推进到月底。

邮件发挥了它应用的作用。到周二来临时，实际上每个人都期待他们第一次真正的大讨论，知道即便不成功他们也不会穷途末路。

随着整个团队走进食堂，他们注意到兰迪在巨大的财务指标计分板旁边贴上一张新的标语。标语上印着的这段话为每个人需要做的事情指明了方向，并让他们感到很放心。

兰迪做了一次深呼吸，然后开始了会议："大家早上好! 欢迎参加我们的第一次官方大讨论。从书中溯源是一种很好的会议开启方式，这也是为什么我会贴出来这个标语。"他指向新的标语。上面写着：

当我们的大讨论结束的时候，我们看见前方的整个世界。我们

知道每个人都应该处于什么位置，游戏应该如何呈现，以及每个人
应该如何做来确保我们朝着目标的方向前行。

杰克·斯塔克，《伟大的商业游戏》

"我们今天的目标就是要实现这一点。我们有自己的财务指
标计分板，它们挂在墙上，比生命更重要。"说着他指向那里，"你
们每个人手里也会有打印的计分板。我们将会在今天上午构建公
司的财务前景展望图。山姆，你为什么还不快开始！"

山姆开始带领团队仔细研究计分板的每一行数字："销售！
你们对于修复业务的预测数据是多少？"随着每一行的科目都被
一一讨论，它的"责任人"报出了月底的预测数据，然后被写在大
白板上。随着一个个数字被记下，每位管理者都提供了数据推测
的简要背景，这可以体现数字带来的风险或机遇。与此同时，每
位管理者在他们面前的计分板上写下各组数字。

山姆继续说："销售成本！干洗业务劳动力成本是多少？"

杰拉尔德透过他的眼睛看向白板，然后看向山姆："我正在列
入计划。"

山姆看起来很疑惑："杰拉尔德，你是想把预测的数据留到月
底再公布吗？看起来销售业绩的增长很明显，"他说着，指向干洗
业务的销量增长线，"我以为你在周末时就已经把所有的都计算出
来了……"

梅雷迪思差点从她的座位上站起来："山姆，劳动力成本增加
了2100美元，因为大家有加班！"

"非常好!"山姆热情地回应,"现在,这才像一个预测!你们根据实际的业务状况,结合自己的经验,对月底将要发生的事情做出最好的预测,然后把这一切写在白板上。干得好,梅雷迪思!"杰拉尔德并没有开玩笑。

"随着我们对于流程越来越娴熟,你们可以观察和构建自己部门、团队和个人的计分卡。你们自己的运营数据会帮助你们更好地找到预测的感觉。这会让你们的员工更多地参与其中,因为运营的数据都来自哪里?"

"我们的员工!"会议室里的人们异口同声地说。"非常准确!"山姆笑着说,指向在座的大家。

"所以,当你们走进会议室,给出自己的预测时,这些数字会被员工们通盘接受,并全力支持。如果员工们没有参与其中,他们就不会接受。如果他们不接受,他们就不会进行承诺。如果他们不进行承诺,他们就不会付出!"

兰迪补充说:"是的。这是你们需要在'预讨论'时与团队进行沟通的。这是要创造一根瞄准线。这样他们都会知道自己的工作是如何融进数字当中,他们会理解他们的行为和决策能真正地产生影响。"

大讨论一直在继续,直到最底层的数据被填满,然后该轮到每个人对其他人进行承诺,将如何通过个人的努力提升绩效。

梅雷迪思准确地知道应该做些什么:"我的'一件事'是我真的会在本周前尽力把工作完成。我的承诺是努力把加班削减到一半。"

根据兰迪给出的议程，整个团队持续着会议室里的进程。快结束的时候，每个管理者针对自己部门的业务近况给出了简要的更新。在轮到凯文的时候，他表扬了"财源滚滚"团队在迷你游戏中的出色表现。他要求下一次要给团队荣誉奖赏，并挂在走廊里让每个人都可以看到。

他们也的确这样做了。管理团队成功地构建了一幅全局图，虽然有些粗糙，但很好地展示了月底前的业务将会如何进展。正如兰迪承诺的一样，标志上写得清清楚楚，他们会看见前方的整个世界，知道每个人都应该处于什么位置，游戏应该如何呈现，以及每个人应该如何做确保朝着目标的方向前行。

这将会需要几周的时间，他们才会逐渐适应。并不仅是适应财务数字、预测指标……还有成为团队的老师和教练，把这些理念和纪律带给整个团队。

从迷你游戏中驱动结果

从各个部门开始迷你游戏到现在，已经过去90天了，这个过程中既营造了意识，也产生了结果。很明显可以看到，正式员工、小时工，都比任何人想象的要更清晰地理解业务。他们在跟踪和衡量业绩，并且在预测他们的工作指标……这着实有效。"苏格兰威士忌加冰块"项目业绩增长了两倍多，而上门服务团队也很享受月末的庆祝活动，因为他们超额完成了每项指标。能源业务的员工工作积极性从未如此高涨，大家甚至开始询问是否可以开始下一次迷你游戏了。

　　紧急修复事业部的迷你游戏取得了极大的成功，真是"财源滚滚"。他们的目标是提升其他非紧急业务的打包销售，通过在业务间歇期对客户数据进行挖掘，努力拉动非蓝色代码业务毛利润的提升。他们已经按计划推进了90天了。

　　他们为每个月都设置了目标。第一级，250个电话/拜访；第二级，275个电话/拜访；第三级，300个电话/拜访。修复事业部的负责人凯文和兰迪都认为他们的目标设定得过低，但山姆建议他们，让团队自己尝试，这样他们就可以对他们自己的游戏"负责"。他认为，如果管理者设定目标，这将成为管理者的游戏，而不是团队成员的。兰迪和凯文同意这样开展，虽然很明显，他们都有些怀疑。首席财务官黛博拉担心，除了打电话的数量，没有其他与游戏相关的可以衡量的指标。她建议他们应该有一个与迷你游戏相关的实际的金额数；依然，山姆还是坚持他的观点。他保证，如果他们按照自己的标准打电话和拜访客户，这就可以成为一项投资回报率，一个可以衡量的指标，而他们的迷你游戏会自给自足的。

　　他们称之为"财源滚滚"，因为他们要从自己的数据库中挖掘潜在客户，完成打包销售的电话交流。他们会很迅速地告诉他们之前的"蓝色代码"客户，公司还可以提供干洗服务和上门服务。这对于他们的时间是很好的利用，因为他们发现自己居然能够提供这么多的服务。他们提供了众多的"干洗上门"服务，比如空调风管清洗、模具修复、瓷砖和灰浆清洗、家具清洁。所有这些都是他们的客户们能够使用的服务。而所有这些服务，都能够为关键财务指标的改善做出贡献。

这是在一个旧电视上播放打保龄球获取美元奖励的剧情，所以修复团队相应地按照主题来推进。收入回报与他们设定的三个层级都极为匹配。如果他们达到了第一层级的目标，团队就会收到一个鼠标垫，在使用的过程中思考下一个保龄球的主题。第二等级会让他们收到一件很酷的、复古保龄球的 T 恤，后面印着迷你游戏和公司的标志。如果他们实现了第三个等级，整个团队会在 90 天结束时举办一个以保龄球为主题的聚会，会上有比萨，当然还有工作。山姆指出，因为是由他们自己选择的回报，与迷你游戏带来的潜在财务收益相比，聚会的成本可以忽略不计。他们的计分板样式，是一个计算机鼠标在印有刻度的保龄球道上，随着电话/拜访活动的完成，逐步向前移动。

迷你游戏虽然只进展到一半，但已取得巨大成功。不仅他们实现了电话交流的目标，由此带来的影响也是显著的。第一个月，他们打出 102 个电话，其中 25 个人表示感兴趣，并且希望获得更多的信息；3 个人进行了业务预约。1 个客户甚至打电话过来要求为整个楼宇提供上门服务。真正的大单出现在第三个月，当他们与当地的医院进行一次面对面交流之后，对方打电话过来，要一份业务建议书。

在听到这些振奋人心的消息之后，上门服务团队来到紧急修复团队迷你游戏大讨论会议上，为他们长时间起立鼓掌。这让修复团队的员工极为感动。更棒的是，团队的自信心得到很大的提升，他们感受到公司的每个人都在后面支持他们。凯文、黛博拉和兰迪，在庆祝活动中看着山姆。兰迪简单地说："这简直是无价之宝。我等不及要看到迷你游戏到月底的成果了。"

能量和势头都如此高涨，各位同仁都希望学习到更多的东西。此时正是开展公司级游戏的绝佳时间。员工们会看到他们每天决策的结果。他们在直接经历着诱因和结果：他们是如何直接影响业务发展的，以及所有的数字是如何融入公司全局的。员工们为公司业务的财务业绩直接承担责任，他们开始像公司的所有者那样思考和行动。而大规模的游戏甚至还没有启动，或者已经产生影响了？

兰迪和山姆针对大规模游戏如何启动进行了长期的探讨。他们最终决定，效仿汤姆在他的IT公司实施的那些项目。

启动大游戏

公司的每个人都在附近的体育馆里集合，兰迪整整租了一下午。随着大家信步走进来，人们参与活动的激情扑面而来。他们被告知这将很有趣，既会学到一些知识，还会接触到奖金计划，这件事必然会吸引他们的注意力。每个人都等着了解它的情况，而现在迷你游戏取得了好的结果，他们知道这次"伟大的商业游戏"可能会发挥它应有的作用。

员工们走进会场时，公司向每个人发了一件T恤。各个事业部员工的T恤颜色不同：上门服务部是红色，干洗服务部是绿色，紧急修复部是蓝色，办公室和行政员工穿着白色。兰迪还邀请了一些顾问和朋友来参会。角落里坐着的是银行家，穿着他们的三件套西装，兰迪的保险代理人穿着Polo衫，另一个人穿着黑色套装。

会场的广播系统中，播放着"请大家就座，会议即将开始"的声音。当大家都就座时，人们开始向四周张望，找寻兰迪的座位。山姆走上木质台阶，走向舞台中央。他欢迎每个人的到来，并让大家为他们在迷你游戏中的出色表现热烈地鼓掌。然而，兰迪还是没有出现。

"从我们开始游戏到现在，已经有三个月的时间了，我知道你们都非常想知道大游戏将如何开展，以及'这对于我有什么好处'——我们的年度奖金计划。你们非常努力地为之工作，而与此同时，你们也在迷你游戏中努力提升事业部的业绩水平。我们提出的计划是极为令人振奋的。为了让大家更好地理解公司的宏伟蓝图，我们希望在座的每个人都为构建我们的第一个财务计分板贡献力量。这将成为我们公司级的计分板，每周都会围绕这些指标进行讨论。你们已经可以感受到工作方式上有所不同了，不是吗？"

人群中爆发出一阵欢呼声，他们很激动。

"当然了，这肯定会有所不同。现在，想象一下我们步入下一个阶段，把整个公司紧密围绕在我们的关键财务指标周围；只想象那些可能的事情！"山姆知道，到了该"揭晓"的时刻，"女士们，先生们，"他大声说着，像一个表演指挥者，"请欢迎销售团队和我们的总裁兼CEO——兰迪！"嘹亮的乐曲从广播里响起，在人们的欢呼声中兰迪从侧门走进来，后面跟着销售团队，他们推进来一个手推车，上面似乎堆满了现金。他们在山姆面前进行了一次胜利环游，然后把手推车放在讲台中心。

"嘿，大家好！你们准备好开始'伟大的商业游戏'了吗？"兰迪喊道。

又一阵欢呼声响起，人们向舞台回应着。

"你们在这里看到的，是装满770万美元现金的小推车，这是我们去年一年的全部收入。"兰迪指向现金，这是管理团队捆起来的假钱，每捆代表10000美元。"你们中的每个人都要帮助我们让这些钱动起来，这样我们就可以理解公司的现金流是如何运转起来的。当我们完成这一切，我们会看到结果到底如何，我们会讨论下一年的奖金计划。这听起来怎么样？"

更多的掌声响起来，但很快又安静下来。人们希望赶紧行动起来。

办公室团队里出来两个穿白色T恤的人，他们走上讲台，扛着一卷很厚的纸。随着纸卷的展开，人们可以看到一个巨型版本的利润表出现在体育馆的地板上。上面写着大字"销售额／收入、销售成本、毛利润、费用以及税前利润"。在销售和销售成本下面，是一行行每个事业部的工作内容：紧急修复，干洗，上门服务。与管理团队之前同意的、在公司级计分板上的科目完全一致。这个巨大的横幅跨度超过6米。

兰迪继续说："好的，这就是公司带来收入的方式。蓝色T恤们，到这里来！凯文，大声喊出你们紧急修复事业部的收入数字。办公室团队会把你们的数字写在大白板上，你的团队会从手推车上拿走去年你们赚的钱……"——大家很自豪地这么做。毕竟，去年他们为公司带来了最多的收入。随着蓝色T恤们各自散开，人群中可以看到计分板上已经把代表他们部门的收入更新进去了。其他的部门也跟着做，都把代表他们收入的钱带走，把指标填进去。手推车现在已经空了。

兰迪已经笑得合不拢嘴了，他说："现在，让我们开始销售成本科目! 材料部，采购部，下来吧!"这两个部门下来了。每个部门报出他们的数字，然后这些数字被整齐地写到大计分板上。"这些数字代表了，为完成我们刚刚提到的销售业绩，我们需要交付哪些材料……"兰迪解释道。然后，材料和采购部的员工走向计分板，把钱从销售那几行移到销售成本那几行，因为他们的数字已经被记录下来。兰迪喊道："现在，我需要每个部门的员工派代表出来把劳动力成本分担一下!"蓝色、红色和绿色T恤走上前台，兰迪指挥每个人把代表劳动力的美元从销售转向销售成本。再次，每个数字被记录在计分板上，钱被移走。露天看台上的每个人都可以看到"销售收入"在一堆堆地减少。能够很清楚地看到，所有的员工共同努力，计算，移钱，让资金在公司中运转。剩下的钱，由行政团队从"销售"转移到"毛利润"。

接下来的时间，会议上解释了利润表是如何构建的，体育馆里的每个人都会永远记住这个强大的瞬间。

"所以，到目前为止，大家都理解了资金是如何在企业经营中运转的吗? "兰迪问，在场的每个人都点头。从前台可以清楚地看到发生的这一切。现在该到审核费用的时候了。兰迪让团队开始关注一般管理费用，包括诸如工资、销售和市场营销费用，以及租金。每个人负责一行内容，而相应的团队走上前台，把钱从"毛利润"转向"费用"，直到只剩一小堆。

山姆指向剩下的那些问："那么我们应该如何处理这些钱？"

"奖金！"有些人喊出来，而其他人喊道，"这是最起码应该得的！"每个人都叫着笑着。兰迪控制不住场面，但感觉大家都被气氛带动起来了。

山姆向前迈一步，捡起剩下的一堆，然后开始走向"税前利润"。随着他把钱放下，人们注意到穿黑色西装的人戴上太阳镜，从角落里走向了计分板。他后背面向大家，人们可以看到他的后背印着"美国国税局"的标志。随着国税局的人把几乎一半的税前利润拿走并放到了税费那一行，人群中爆发出"不……"的不满声音。

随着事情落定，山姆拿着最后剩下的美元，向人群挥舞：

"所以，现在我们可以看到，想赚钱是多么不容易了吧。刚刚大家都已经看到，去年的各项财务数据是什么样的，以及剩下的如此之少。我们今年如何做得更好？"

"卖得更多！""削减费用！"所有他三个月前想听到的回答现在都听到了，但这次员工们表现得几乎有些疯狂，他们希望进入这个游戏的中期。

"你们说的这些方法，我们会应用到明年的财务数据上。"并且他们也确实这样做了。白T恤翻动纸张，揭开了他们新的计划，员工们都涌到台上看现金在公司中是如何流转的。这次，底部剩下的资金更多了。

在这次审视的过程中，有一个巨大的差异。以前只有一行毛利润，而现在有三行。蓝色代码业务毛利润、非蓝色代码业务毛利润，以及毛利润总额。在场的每个人现在都知道业务的关键财务指标将会在未来的每周都被重点关注。

会议还在继续，奖金计划被公布出来，并且向大家做出了承诺，管理团队的每个人都会随时解答大家的任何疑问。大家在讨论奖金与基准利润和非蓝色代码业务毛利润的财务指标之间的联系，并且考虑了明年全年的奖金活动"绿色代码"。整体思路很容易理解，并且很好接受。年度奖金计分板极具吸引力。这是一个秘密特工"碟中谍"风格的版面，"绿色代码"的任务用NCBGM标在顶端。当团队为NCBGM任务每产生1000美元时，1美元的贴纸就粘到板上，覆盖住顶部的图标。你看到计分板的时候，就可以一下子看出你是获胜还是失败。

兰迪感到，这是向他一直想要的"保险政策"迈进的伟大第一步：通过打造企业文化，构建一个多元化、可持续、不断发展的公司。

启动仪式活动即将结束，兰迪说："我们将在每周的固定时间集会，进行类似的大讨论。我们会在公司的食堂、在大财务计分板上做同样的事情。你们知道的，管理团队一直在练习大讨论，按照流程预测未来几周的财务数据。你们会更多地接触这些事物。实际上，你们每人都在过去几个月的迷你游戏中经历着这些事情。你们每周都在与团队进行大讨论，预测、跟踪、衡量和报告……并且在取得胜利！现在，你们将有机会把这些技巧应用到更大型的游戏中去。在'预讨论'中，管理团队要依靠你们的支持，构建我们的团队，形成团队的数字，这些都会进入我们公司层面的财务蓝图和关键财务指标中。然后，你就能够看到，部门的预测数据是如何添加到公司整体的财务预测中去的。"他暂停下来等待看大家的反应，"这个思路在于每个人都能够对公司全局有清晰的认识，能够理解每天的行为和决策是如何影响公司业务的。"

山姆补充说："每个人都要记住，大讨论的目标是要贴在食堂的墙上。当我们结束每周的大讨论时，你们就能够看到整个游戏的全局，知道每个人的位置，看到游戏是如何开启的，我们每个人必须如何做才能紧跟目标来行动。"

大家离开体育馆时，每个人都拿到一份"绿色代码"的文件夹，里面描述了他们任务的所有细节。它包括年度计划、关键财务指标、奖金计分板，以及一系列术语表。兰迪和山姆把他们分发出去，他们说："这是你们的任务，你们可以选择是否接受它。要记得在下周的大讨论时带着你们的文件夹。"虽然有些人还是思考的状态，但每个人离开时都是热情十足，骄傲自豪，而且有一种显而易见的参与感和尊重感。

升级游戏

空气中弥漫着秋的气息。兰迪想起他上一次在圣路易斯的情景。那是去年他在年度游戏聚集大会上体验"伟大的商业游戏"

时的情景，而今天他又回来了。这次，不再只是参加会议，而是在会议上发言。山姆几个月前就给他提出了这个建议，提醒兰迪回忆汤姆的"爱心传递"故事。在大聚会上讲述自己的故事，这种感觉是复杂的：紧张、激动和充满期待。当汤姆和山姆同意也来现场参与座谈，介绍首次实施游戏时面对的挑战和回报，他的情绪稍微放松了一些。

会议大厅里济济一堂，座无虚席，还有人靠着墙站着。噢，大家都只有站着的空间了。希望我不要让他们失望，他这样想着。这真是很谦虚。会议按时开始了，兰迪向大家讲述了他的父亲、他的公司，以及他去年的圣路易斯之旅。他讲到汤姆，讲到他去体验他们的大讨论，以及山姆的经历对他们的成功发挥的重要作用。

持续经营和财务培训

"一旦我们建立了大讨论机制，这就变成了稳定的企业经营和财务素养必修课，虽然我们并没有管它叫财务素养培训。我们称之为'结果中实现收益之路'，简称为PAYSIO。我们通过正式的'教室'培训来实施（🌐），通过持续在大讨论中'撕咬'来做支撑……利用15～20分钟小型的、'一口量'的课程。一两次课程似乎不见效，但如果你一个月培训一两次，一年就可以接受12～24节课程。课程也很受欢迎，因为它们很短，方便员工们理解。我们第一批'一口量'课程之一，我们称之为'美元大爆炸'（🌐）。开展这些课程的目的在于，展示公司内的每个人都可以对底线产生至关重要的影响。我们探索销售量提升1%与费用减少1%之间的关系与影响。美元大爆炸会带给我们什么？一定是十分简单却影响深远的效果。

"并且，因为我们还在成长，这意味着我们在招聘。我们需要勤勉地评估、管理、培训我们的新员工，这样才不会削弱我们的文化。"山姆说。

他们分享财务计分板、主题关键财务数据计分板和他们每个部门团队使用的计分卡的照片。山姆解释这些串联的计分卡是如何在可视化和责任感上创造与众不同的。"当团队里的每个人都知道公司的前进目标，这真的是很棒！"他这样说着，观众们大声地笑起来。

"对每个人来说，其中的舶来品之一是前景预测。实际上，山姆起初称之为'破预测'……"这引起了又一阵笑声。兰迪继续说："但我们及时地学习到了它。而现在，我们的员工不能……也不会……离开它。这是他们掌控自己命运的机会。"观众们在兴奋地记笔记。

（🌐）YOYO 公司正式培训和文化课程：www.greatgame.com/gigguide

三位演讲嘉宾留出了提问时间，无须重复强调，大家都举手提问。

一位年轻的女士站起来喊道："所以，你们最终实现自己的关键财务指标了吗？"

山姆回答道："我们获得了很多次的胜利！我们在第一季度和第二季度都分发了奖金。我们第二季度的税前利润关键指标支付比例甚至达到了第七等级！每个人都很享受5天半的额外收益，并且他们在第三季度的预测做得更准确了。能够看到每个人都在驱动效益的提升，这感觉很棒。"

"但你们的公司开展多元化业务了吗？你们实现其他的关键财务指标了吗？"有人提出了一个挑战性的问题。人们纷纷向前倾斜，想听清这个问题的答案。

兰迪准备回答这个问题："坦白地讲，我不认为我们将这样做。第一季度的时候，我们很纠结这个问题。我们花了很多的时间沟通，让员工们保持关注。他们在赚取利润方面是摇滚明星，但让他们改变行为进而关注非蓝色代码业务毛利润，这着实是一项挑战。幸运的是，至今为止，我们这一年的蓝色代码修复业务进展良好。但威胁始终存在。如果蓝色代码业务发展不好怎么办？我希望我们能够消除这些缺点。"

山姆补充道："是的。设想一下实现税前收入的第七等级，而非蓝色代码业务却是第零等级。员工们都很好奇，为什么我们还会有第二个关键财务指标。"

兰迪继续说："他们真的这样做了，这是人类的本性。但我们坚持了下来，持续地进行大讨论和员工培训。显然，是迷你游戏真正地破解了密码。它们是不可思议的创新、参与和解决问题的源泉。它们让员工们持续地在游戏中投入，并把注意力集中在重要的非蓝色代码工作上。第二季度是他们开始看到曙光的时候。

我们最终在多元化方面做得非常好，或者我们可以称之为'绿色代码效果'。虽然它并不像税前利润那么立竿见影，但也很不错。我们的员工贡献了8.8万元非蓝色代码业务毛利润，达到了第四等级，又支付了三天的额外收益！朋友们，我们十分愉快地庆祝了那次胜利！"

汤姆补充说："与税前利润奖金相结合，如果大家都保持这样的动力，每个人在第二季度结束时，都可以获得相当于他们年度工资11%的奖金。他们都准确地知道将要获得的收益是什么。"

人群中自发地响起了掌声。这些故事是人们来参加大聚会的首要原因。前排，一个穿着海军蓝上衣的人平静地问："那么，接下来是什么，兰迪？"

高度参与计划

"好问题。"兰迪回答，"最近，关于下一步，我思考了很多。从我们接触游戏开始，到现在已经有一年的时间了，而开始游戏也有9个月的时间了。我们的员工已经真正意义上理解了公司的运营，如此深入以至于他们现在只会提出正确的问题，而且会给出相应的解决方案。我认为，我们已经准备好让他们更多地参与到公司下一年计划当中。"

汤姆开始讲话："一年前，你不会相信，这个人会站在这里讲他自己的故事，更不会讲到让他的员工高度地参与到计划当中。"汤姆因自己公司的游戏实践获得全明星奖，人群给他热烈的拥抱。"引入一个高参与度计划流程，是我们把公司游戏带入下一阶段的方式。这在很大程度上确保每个人理解和接受公司的目标，因为这个计划是他们输入的直接结果。"

兰迪继续说："汤姆说得绝对正确。我从未想到这种方法居然可行。但当我们回来时，我们会重新实行360度评估流程。从游戏实践评估，到员工调查、财务趋势分析和相应的工作，这一轮评估的不同之处在于，所有这些将成为公司计划流程的一部分。执行我们的计划会凝聚整个公司层面的努力。

"一般来说，我们的计划流程由我和我们的经理们形成，由大家认为的'会议室里的聪明人'想出明年的经营计划。但我们会从上到下来实现，手里拿着神圣的计分板，不会因员工对我们伟大的目标失去热情而异常失望。我想改变大家的思维方式，从'你们的计划'转变为'我们的计划'。公司上下所有级别人员的意见应该达成一致。全体认可之后，管理团队会继续努力把计划汇集，但这个流程会包括公司所有股东的意愿。汤姆指向我：'为了在计划中体现真正的所有权，我们需要关注员工们如何参与整个流程。如果员工们不能参与，他们就不会认同。如果他们不认同，他们就不会承诺。如果他们不承诺，他们就不会全力以赴。'"

汤姆补充说："我们发现，我们的员工对于公司的市场环境、战略策略、竞争优势、发展方向和发展策略，变得越来越好奇，他们想知道未来为他们储备了什么。实际上，如果没有这个背景，他们没有任何理由关心这些数字。"

兰迪说："我们明白，这是全面实施游戏的进一步。我们也承认，让每个人都参与到游戏的年度计划当中，这是一个艰巨的任务。第一年的推进可能不会顺利，但我们会利用这些时间在进程中教育每个人，为他们提供需要的工具使他们尽可能多地参与和贡献力量。第一步是让大家认可这一切。为了做到这一点，我们会从现在开始，按计划每月进行销售和市场活动的宣讲解决这个问题。员工们早已嚷着要把他们能够找到的所有竞争情报信息整合到一起。能够成为其中的一员真让人激动不已！"兰迪几乎要激动得说不出话来了。

这个环节将要结束了，汤姆让观众们提最后一个问题。在大家都举手的时候，后排喊出一个声音："杰拉尔德怎么样了？"每个人都大笑，因为山姆在演讲中提到，并不是所有人都积极参与这次实施。

兰迪努力想保持微笑，但没做到："杰拉尔德还是停滞不前。但到春天的时候，很明显我们获得了更多的透明性和责任，而这也是杰拉尔德更不喜欢工作的环境。他自己选择离职，换了其他的工作。但幸运的是，他到了我们的竞争对手那里。"每个人都大笑起来。

汤姆禁不住补充道："所以你们会把资金投到哪里……是满是'兰迪'的公司，还是满是'杰拉尔德'的公司？"

山姆大声地说："但严肃认真地来看，这为助理经理梅雷迪思创造了条件，她可以进阶并掌管干洗业务的运营。"

观众群中传来笑声和掌声，他们在庆祝和感谢兰迪和他的嘉宾团队为大家带来这么神奇的故事。环节结束后，答应提供帮助的人和要求实地参观考察的人络绎不绝，慢慢人们都离开会议室了。兰迪很明确一件事情，他要给他的父亲打电话。那个周末，他们在钓鱼船上一起开心地交流着。

"伟大的商业游戏"原则和实践综述

"伟大的商业游戏"的目标

提升企业经营结果,改善员工生活水平。

"伟大的商业游戏"的战略

创建一家"商人的企业",人们"思考,行动,就像个所有者"。

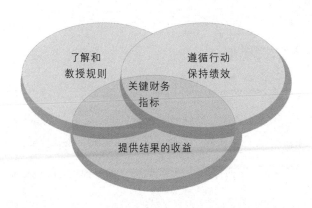

"伟大的商业游戏"原则

（1）了解和教授规则：每位员工应该被告知企业成功的标准，并通过培训理解这些规则。

（2）遵循行动和保持业绩：每位员工应该被期待和被赋予权利，运用他们的知识来提升业绩。

（3）提供结果的收益：每位员工应该直接享受公司的成功和失败的风险。

"伟大的商业游戏"的实践

了解和教授规则

财务数据经常是体现公司每个部门和每个人集体贡献的唯一成绩单。所以，为什么不利用它把所有员工聚集在一起呢？

如果战略是要创造一家"商人的企业"，它就会遵循员工必须学习业务经营的语言——财务数据。没有什么可以复制非正式、实践式学习，它能够帮助员工保持业绩，每天跟进这些真实的数字。但可以明确的是正式的财务透明和培训——如果它的实施是正确的。

高参与度计划

当游戏被设计成广泛参与的模式——尤其是包括那些与行动密切相关的和那些理解真实情况的人——它创造了一种无可比拟的承诺和结盟感。高参与度计划帮助公司把他们的计划流程从一年一次、耗时费力的惯例转变成一个高信息量、教育的旅程，让公司里的每个人都参与进来，理解公司的全局观和市场地位前景的重要性。

关键财务数据

关注关键财务数据是让每个人专注于业务和为结果负责的重要一步。关键财务数据定义了成功的标准。它把员工们团结在一个共同的目标下，专注于对公司成败至关重要的事情上。当关键财务数据被正确地识别，成为公司的目标，与收益绑定——游戏的规则被设定，关键财务数据成为游戏的重点。

一旦你的员工知道何者对于成功尤为重要，他们就必须明白该怎么做才能实现成功。识别正确的驱动力，可以帮助人们开始理解他们从个人和团队的角度应该怎么做，从而影响关键财务数据和最终的财务结果。

遵循行动，保持绩效

保持绩效

成功者对于保持绩效近乎痴迷。他们明白，如果没有绩效，这就只是实践练习。保持绩效的主要目标是为了简化和持续地告诉参与者，他们是成功还是失败，以及谁来负责。

遵循行动

通过一系列大讨论遵循行动，提供了一种交流沟通的机制，每个人都可以知晓最新的信息，参与其中，共同助力公司前行。

前景预测

你不能改变历史。前景预测是实施"伟大的商业游戏"的各类公司推进的基本方式。大家借此沟通财务数据，构建预测性、教育性和专注于结果的大讨论。

提供结果的收益

回报和认可

所有那些直接参与游戏并借此强化公司运营的人都很可能这样做，因为他们会获得一些与结果相关的收益。他们努力工作，旨在获胜，因为他们知道工作的结果会带来重要的回报、认可和所有者权益。

迷你游戏

迷你游戏是短期、高度集中、改善绩效的活动，它被设计出来用于在公司内部产生改变，改善弱点，或抓住机会。这包括一个团队目标、一块计分板和成功的回报。

所有者权益

并不是所有实行"伟大的商业游戏"的人都会或愿意分享股权。那些确实分享股权的人明白，员工所有权并不会保障成功。但经验和研究表明，员工成为所有者能够对他们的公司、工作和责任产生不同的态度，增加他们公司成功的可能性。获取更多关于员工所有权的信息，请联系员工所有权国家中心（🌐）nceo.org。

致谢 1.0

　　我真心感谢所有在本书写作过程中给我引导和帮助的所有人。我永远不会忘记当年的情景，我父母驾车载着全家人路过父亲上班的工厂，母亲让我们4个兄弟姐妹低头祈祷"感谢上帝给了父亲一份工作"。为了让我们能够得到圣诞礼物，父亲和母亲总要在圣诞节期间找好几份兼职，母亲甚至会去找邮局的工作，这样他们的孩子们就可以在圣诞树底下得到礼物。我的家人教会了我自立、尊重每一个人、敬爱上帝，以及享受信任的感觉。因此，我将永远感激他们。

　　我要感谢所有与我在梅尔罗斯帕克共事的人们。他们是不畏艰难、善于攻克难关的伟大员工。他们一直坚守着自己的岗位，这是很了不起的。从我到那儿直到我离开，生存的考验时刻存在，但凭着十足的决心、团队协作和必胜的渴望，他们仍坚守在那里。我为自己曾经是他们中的一员而感到自豪。

　　对于我在春田再造公司的合伙人、同事以及朋友，我真心感谢你们这么多年里与我齐心协力，终使美梦成真。虽然过程艰辛不易，但也充满乐趣。我非常欣赏你们所有人的热情、让世界变得更美好的意愿、对知识的渴望以及对别人的尊重。我希望我们能实现这些梦想，每一个人的付出都有回报，让我们的生活比以前更加美好。

最后，我要感谢为本书的出版而工作和做出贡献的人们，感谢他们付出的辛劳汗水。感谢Currency公司的哈里特·鲁宾，她自邂逅本书开始，便成为我们真诚的导师。感谢她的两位同事，珍妮特·科尔曼和林恩·芬威克，她们总会在需要时提供帮助。感谢帕特·帕斯卡尔、珍妮特·希尔和洛林·海兰，是他们超人般的工作使得本书能够按时出版。感谢彼得·库赞和玛丽萨拉·奎因，是他们惊人的才智为本书进行了引人瞩目的包装和设计。感谢凯西·罗宾斯、伊丽莎白·麦基和罗宾斯办公室的其他人，在我们需要他们时给我们提供帮助，他们确保我们能专心致志。

感谢贝琪和孩子们，在我经历跌宕起伏时，他们仍对我满怀信心，帮助我继续前进。感谢我的妹妹玛格丽特·隆巴迪，是她整理了我那长达数小时的录音稿。感谢丹尼斯·谢帕德，是他为本书的出版做了前期准备工作。感谢贝基·莱恩，是他处理了伴随书稿而来的一切事务。感谢理查德·坎宁安对我自始至终无私的帮助。感谢卢西恩·罗兹对我提供了前期帮助。

最后，而且当然同样重要的是，我要衷心感谢丽莎·伯林汉姆的坚韧和耐心。感谢鲍·伯林厄姆，是他的热心和才智促使我将所有这一切落实到纸上。没有他，就没有本书的出版。

正如你知道的那样，本书第一版已经成为典藏版，没有最新的介绍和"进入游戏指南"。

这个20周年纪念版，是皇冠出版社的罗杰·邵尔和《伟大的商业游戏》作者史蒂夫·贝克聪明才智的结果，他们看出了本书对人们生活产生的巨大影响，知道我们需要接触新一代商业领袖。"伟大的商业游戏"的主席里奇·阿姆斯特朗值得表扬，他构建了一个团队、一个组织，以及逐渐壮大的实践者群体，全力支持本书的原则和价值主张。

把书中的原则和思想实践到生活中，在这一方面，唐娜·科波克是目前我所认识的最值得称赞的、富有热情的、活力四射的老师。

最后，我想要感谢所有"伟大的商业游戏"的教练们；如果没有他们对本书的信任和投入，就不会有20周年纪念版。汤姆·山姆赛尔、里奇·阿姆斯特朗、史蒂夫·贝克、比尔·科利尔和帕特里克·卡朋特只是伟大的商业游戏教练的一小部分，他们投入了大量的精力帮助人们成长。他们通过教导人们如何创造一个更美好的世界而成功验证了所有的概念。

致谢 2.0

创作的过程是真实需要勇气的。一旦你开始写书，就扩大了朋友圈的范围，为自己开启了新的机会。它成为你生活和财产的一部分。但我们的读者值得最衷心的感谢，因为正是你们指引我们在过去的30年走上了一条精彩的旅程。

因为这本书的存在，许多人进入了我们的生活。似乎我们公司每天开门的时候，就向全世界的人们发出了邀请，邀请他们分享做正确事情的想法。坐在运动的中心，观看人们使用"伟大的商业游戏"体系，进行多年的改善和提升，这实在是一种绝佳的特殊待遇。

我们要由衷地感谢所有"伟大的商业游戏"的实践者，同事、创作者家庭以及其他那些帮助进行验证的人们。如果没有你们，这将只能成为又一部尘封在书架上的书。书也像电影一样，如果没有观众的支持，就一无是处。

许多读者在阅读的时候，会发出这样的感慨："哇哦，这是一个可以改变人们生活的工具。"或许，它允许你倾听自己的心声，以其他人所不及的方式经营一家企业。你是那个充满勇气、尝试新领导机制并检验它是否有效的人。并且，通过这样的方式，你改变了自己的生活、公司的情况和整个社群。

我人生中的一大激动时刻，就是看到有人通过利用这种机制成了一个企业家——从只是为了完成一份工作进化成明白如何经营企业的人。正是这种水平的参与，永远地改变了某些人的人生。你的想法会变得与众不同。你会看到那些怀有不安全感或怀疑自己的天赋的人，逐渐培养自信、意志和创造力，来组建并开始家庭生活，也许甚至是开办一家有6～7个成员的公司。

如果你喜欢，可以将其称之为"美国梦"，这是一条通向繁荣之路，每个人都有机会过上公平和令人满意的生活。不论你怎么称呼它，它都在创造美好的结果。

但所有这一切，都将由你来实现。感谢你为其他人的生活，以及你自己的生活带来的积极影响。通过大家齐心协力，我们会让这个世界变得更美好。

出版后记

  美国春田再造公司原本是一家农用机械公司旗下的子公司，母公司因经营不善便要将这一只有百余人的小企业像一个包袱一样甩掉。一时之间，这家主要业务是回收旧发动机翻新再出售的小公司，百余员工面临失业，百余个家庭即将陷入生活困境。在巨大的现实压力下，12个主要经理人决定接盘这家公司，换个方式经营。

  他们将自己慎重思考后的经营方式命名为"伟大的商业游戏"，并坚定不移地推行下去。这一经营模式获得了巨大成功，迅速将企业拖出泥潭，在短时间内将销售额从1600万美元提升为8300万美元，每股盈余更是从10美分暴涨至20美元。每一个员工都成了人生赢家。著名管理大师汤姆·彼得斯大为感叹：在美国经营制度备受质疑的情况下，"伟大的商业游戏"犹如一道曙光，以朴实的概念，让美国的企业管理者拓宽了视野。此后，春田再造公司成为"管理的麦加圣地"，成百上千的企业管理者聚集到这里参观学习。春田再造公司每年不得不举办数十场研讨会，向急切的"粉丝"传授经验，并深刻影响了世界管理理念。

　　本书就是春田再造公司经验的客观总结。值得一提的是，"伟大的商业游戏"并不是什么难以想象的管理秘籍，它在本质上就是要让企业的每一个员工都能将自己视为企业所有者，像所有者那样思考问题和采取行动。为此，企业管理者需要让每一个员工精确了解自己对公司绩效的贡献，以及为了达到更大的目标需要如何与其他员工密切配合，而这一切都建立在员工对企业财务数据的深刻理解上。所谓的"伟大的商业游戏"，简而言之，就是公开企业一切经营数据，促使员工理解这些数据，并共同致力于形成改善数据所需采用的行动策略。最终，企业业绩的提升将会普惠每一个为此付出努力的员工。至于具体的行动方案，本书不仅将春田的自己的经历详细讲述，还对其他企业学习"伟大的商业游戏"的成功案例做了仔细剖析，对国内企业，尤其是中小企业极具借鉴价值。

图书在版编目（CIP）数据

伟大的商业游戏 /（美）杰克·斯塔克，（美）鲍·
伯林厄姆著；汪晓波，裴虹博译 . -- 北京：九州出版
社，2020.11

ISBN 978-7-5108-9361-2

Ⅰ . ①伟… Ⅱ . ①杰… ②鲍… ③汪… ④裴… Ⅲ .
①企业管理 Ⅳ . ① F272

中国版本图书馆 CIP 数据核字 (2020) 第 153467 号

著作权合同登记号：01-2020-4819

伟大的商业游戏

作　　者	［美］杰克·斯塔克　鲍·伯林厄姆　著　　汪晓波　裴虹博　译
责任编辑	周　昕
封面设计	墨白空间·李国圣
出版发行	九州出版社
地　　址	北京市西城区阜外大街甲 35 号 (100037)
发行电话	（010）68992190/3/5/6
网　　址	www.jiuzhoupress.com
电子信箱	jiuzhou@jiuzhoupress.com
印　　刷	天津创先河普业印刷有限公司
开　　本	889 毫米 × 1194 毫米　　32 开
印　　张	12.5
字　　数	246 千字
版　　次	2020 年 11 月第 1 版
印　　次	2020 年 11 月第 1 次印刷
书　　号	ISBN 978-7-5108-9361-2
定　　价	52.00 元